# 케어매니지먼트

# 케어매니지먼트

이 근 홍

공동체

*Care Management*

# 머 리 말

최근 사회적 기능상의 심각한 문제로 인하여 정상적인 인간다운 삶을 영위하지 못하는 사람들이 점점 증가하고 있다. 즉, 노인인구의 급속한 증가와 노인부양 의식의 약화로 인하여 가족과 지역사회로부터 소외된 허약한 고령노인들이 점점 증가하고 있으며, 각종 사고와 재해, 환경오염 및 약물남용으로 인하여 장애인의 수가 계속적으로 증가하고 있다. 또한 산업화·도시화에 따른 가족유형의 변화와 가족해체로 인하여 학대·유기·방임되는 아동 및 발달장애아동이 증가할 가능성이 높아지고 있다.

이러한 클라이언트들은 대부분 사회적 기능상의 심각한 문제로 인하여 다양하고 복합적인 욕구를 가지고 있으면서도, 신체적인 허약성, 정보와 인식 능력의 부족, 경제적인 무능력, 보호자의 부재, 접근성의 결여 등으로 인하여 그들의 욕구를 제대로 충족시키지 못하고 있다. 그와 더불어 그들에게 원조를 제공하는 서비스의 공급주체도 상당히 다양하고 복잡해지고 있으며, 이러한 공급주체들은 대부분 특정한 표적인구집단을 대상으로 단편적으로 조직되어 있어서 복합적인 욕구를 가진 장기보호를 요하는 클라이언트에게 포괄적이며 연속적인 보호를 제공하지 못하고 있다.

또한 사회복지의 방향이 시설복지에서 지역사회복지로 이행되는 대인서비스의 탈시설화 현상과 지방자치의 실시에 따른 사회복지서비스의 지방분권화로 인하여 지역사회에 기반을 둔 서비스가 필요하게 되었다. 그와 동시에 사회복지실천의 방향이 점차 치료에서 보호(care)로 이행되고 있으며, 사회복지에 대한 공공부문의 지출이 축소되어 가족을 포함한 비공식 지원체계의 사회적 지지와 사회적 관계망에 대한 인식이 점점 증가하게 되었으며, 한정된 자원으로 대인서비스 전달의 효과를 최대화하고 비용을 절감하려는 데 관심이 집중되고 있다.

이와 같은 현실에서 클라이언트에 대한 서비스가 지역사회에 기반을 두고 포괄적이고 장기적으로 제공되며, 다양하고 복잡한 서비스들이 통합·조정되고, 클라이언트의 비공식 지원체계와 사회적 관계망의 역할과 기능을 강화하며, 대인서비스에서 접근성과 비용효과성이 증대될 수 있는 새로운 사회복지실천의 방법이 필요하게 되었다. 이에 따라 1970년대 중반 이후에 미국에서 케이스매니지먼트(case management)가 등장하게 되었다.

미국에서 케이스매니지먼트로 불리는 케어매니지먼트(care management)는 다양하고 복합적이며 장기적인 욕구를 가진 클라이언트를 대상으로 케어매니저(care manager)가 클라이언트의 욕구를 충족시키고 사회적 기능을 향상시키기 위해서 클라이언트와 사회자원과의 연결과 점검을 통하여 클라이언트에 대한 보호(care)를 개별적·연속적으로 관리하는 과정이다. 이것은 접근성, 서비스 제공의 포괄성, 보호의 연속성, 비용효과성, 책임성 등을 증진할 수 있는 대인 서비스의 새로운 전달방식인 것이다.

케어매니지먼트는 전통적인 사회복지실천의 방법과는 달리 클라이언트의 심리사회적인 문제의 해결을 통한 사회적응에 역점을 두지 않고, 클라이언트의 복합적인 욕구에 초점을 두어 그들의 욕구를 충족시키고 사회적 기능을 향상시키기 위해 사회자원과의 연결과 점검을 통하여 보호를 포괄적·연속적으로 제공하는데 역점을 두고 있다. 즉, 전통적인 사회복지실천방법들이 개인, 가족, 집단, 지역사회 등에 대한 단편적인 접근이라면, 케어매니지먼트는 개별적 접근과 지역사회 접근을 통합한 사회복지실천의 통합적 형태를 취하고 있어서 복합적인 욕구를 가진 클라이언트에게 더 잘 대처할 수 있는 장점을 지니고 있다.

현재 미국, 영국, 일본 등의 대인서비스 분야에서 케어매니지먼트는 가장 널리 보급되어 있는 서비스 전달방식으로서, 다양한 대인서비스 분야에서 효과적이고 적절한 사회복지실천 방법으로 인식되고 있다. 한편 미국사회복지사협회(NASW)는 1984년 '기능손상자를 위한 사회복지실천 케이스매니지먼트의 기준과 지침'을 제정하였으며, 그 이후부터 사회복지기관들에게 케이스매니지먼트 서비스를 제공할 수 있는 사회복지사를 적극적으로 고용할 것을 권고하였다. 영국에서도 1989년 지역사회보호에 관한 백서인 'Caring for People'을 발간하면서 정부 차원에서 케어매니지먼트를 채택하여 활용하고 있다.

앞으로 우리나라에서도 케어매니지먼트는 사회복지실천 연구의 주요한 대상이 될 것이며, 다양한 사회복지실천 분야에서 널리 활용될 것으로 예상된다. 특히 2008년 7월부터 노인장기요양보험이 실시됨에 따라 그 필요성은 더욱 제기될 것으로 보인다. 그러므로 사회복지실천 분야를 연구하는 사람들이나 사회복지실천 분야에 종사하는 사회복지사들은 케어매니지먼트에 대한 정확한 지식과 기술을 습득하고 활용할 필요가 있다.

따라서 이 책은 이러한 시대적인 요청과 사회복지실천 분야의 발전을 위해서 케어매니지먼트에 관한 가치, 지식 및 기술에 관한 전반적인 내용을 폭넓게 제시하고 있으며, 사회복지실천을 연구하는 사람들과 사회복지실천 분야에 종사하는 사람들에게 좋은 길잡이가 될 것이다. 그러나 이 책은 케어매니지먼트의 실천 분야인 노인복지, 정신보건, 발달장애, 직업재활 등에서 실천할 수 있는 구체적이고 세부적인 방안을 제대로 제시하지 못하고 있어서 그에 대한 후속적인 출판이 시급히 요청되고 있다.

앞으로 케어매니지먼트의 활성화를 기대하면서 개정증보판을 낼 때는 본 서의 실천적인 면을 뒷받침할 수 있는 구체적인 실천방안과 실무를 강화한 더 좋은 내용으로 출판할 것을 약속드린다.

2008년 8월 20일

**이 근 홍**

# 차 례

# 01

# 케어매니지먼트의 개념

## 1. 케어매니지먼트의 개념

케어매니지먼트(care management)는 최근 미국, 영국 및 일본의 대인서비스 기관에서 가장 널리 보급되어 있는 서비스 전달방식이며, 가장 급속히 성장하고 있는 사회복지실천의 분야이다.[1] 이것은 대인서비스의 여러 분야에서 다양한 취약집단들에게 효과적으로 서비스를 전달하는 주요한 실천전략으로 인식되고 있으며, 정신보건, 노인복지, 발달장애, 직업재활 등의 다양한 분야에서 활용되고 있다.[2]

이러한 케어매니지먼트는 1990년대에 접어들면서 대인서비스 분야에서 가장 빈번하게 사용되고 있는 전문적인 용어 중의 하나이다. 그러나 아직도 그것의 개념에 대한 명료성이 부족하여 케어매니지먼트는 그것을 담당하고 있는 사회복지사, 정신의학자, 심리학자, 간호사 및 다른 전문가들에 따라 상당히 다양하게 정의되고 있으며, 보호관리, 보호조정, 사례조정, 사례관리, 연속적 보호조정, 연속조정, 서비스통합, 서비스조정 등의 다양한 용어로 사용되고 있다.[3]

1) J. Rothman, *Guidelines for Case Management: Putting Research to Professional Use*, Itasca, IL: F. E. Peacock Publishers, Inc., 1992, p.1.

2) D. P. Moxley, *The Practice of Case Management*, Newbury Park, CA: Sage Publications, Inc., 1989, p.10.

3) F. E. Netting, "Case Management: Service or Symptom?", *Social Work*, 37(2), Washington D.C.: National Association of Social workers, Inc., 1992, p.160.

따라서 여기에서는 케어매니지먼트의 개념에 대한 다양성과 명료성의 부족을 고려하여 기존의 대표적인 학자들의 개념에 대한 견해를 기술하고, 이것을 바탕으로 명확한 개념과 특성을 규정하도록 한다.

### 1) 케어매니지먼트의 개념에 관한 견해

#### (1) Steinberg와 Carter

케어매니지먼트란 재가노인을 비롯한 복합적인 서비스 욕구를 지닌 사람들을 대상으로 사례를 발견하고 사전적격심사를 하여 클라이언트를 확정하며, 포괄적인 사정을 실시하여 보호계획을 수립하고, 능력조성과 보호계획을 수행하며, 재사정과 종결 또는 관계유지 등을 통하여 클라이언트의 욕구를 충족시키는 접근방법이다.

이것은 서비스를 제공하는 전문가에 따라 다양한 관점에서 고찰할 수 있다. 임상사회복지사에게 케어매니지먼트는 심리사회적 또는 의료적 치료에서의 개입기술의 하나이며, 행정가에게 케어매니지먼트는 취약집단에 대한 보호의 연속성(continuity of care)을 제공하기 위해 추구하는 프로그램의 중심요소이다. 한편 프로그램 개발자와 입법자에게 케어매니지먼트는 광범위한 지역사회의 장기보호 체계를 통제하는 이론적 근거인 것이다.

따라서 케어매니지먼트란 독립성이 상실될 위험에 놓여 있는 복합적인 상황을 지닌 클라이언트를 대상으로 그들의 서비스 욕구를 충족시키고 보호의 연속성을 보장하기 위한 유익하고 다방면적인 접근방법인 것이다.[4)]

#### (2) Weil과 Karls

케어매니지먼트란 대인서비스에서 서비스의 조정을 통하여 양질의 서비스를

4) R. M. Steinberg & G. W. Carter, *Case Management and the Elderly*, Lexington, MA: Lexington Books, 1983, pp.1-3.

제공하고 보다 효율적이고 비용효과적인 방식으로 서비스를 전달하는 방법으로서, 취약집단에게 서비스의 연속성을 포함하는 책임성 있는 서비스 전달을 보장하기 위한 수단인 것이다.

이것은 대인서비스 체계의 클라이언트로 하여금 서비스, 치료, 보호, 기회 등을 적절히 제공받을 수 있도록 보장하는 연속적인 과정으로서, 클라이언트에게 제공되는 자원에 대한 조정과 공정한 할당을 통하여 그들의 욕구를 충족시키기 위해 고안된 서비스 전달방식인 것이다.

따라서 케어매니지먼트란 클라이언트가 지지적, 효과적, 효율적 및 비용효과적인 방식으로 필요한 서비스를 제공받을 수 있도록 보장하는 서비스망 내의 상호작용의 과정이며, 접근성(accessibility), 보호의 연속성, 책임성(accountability) 등을 보장하기 위한 수단인 것이다.[5]

(3) Moxley

케어매니지먼트란 대인서비스 실천의 다양한 분야에서 복합적인 욕구를 가진 클라이언트를 대상으로 케어매니저(care manager)가 그들의 욕구를 사정하며, 적절한 서비스, 기회 또는 급여를 확인하고, 포괄적인 서비스계획을 개발하며, 클라이언트의 서비스에 대한 접근과 이용을 위한 옹호(advocacy)를 제공하고, 적절하고 효과적인 서비스의 전달을 점검하거나 평가하는 것 등을 통하여 클라이언트의 욕구를 충족시킬 수 있도록 원조하는 것이다. 즉, 이것은 대인서비스, 기회 또는 급여의 조정을 증진시키는 클라이언트 수준의 전략으로서 서비스의 통합과 보호의 연속성을 달성하기 위한 수단인 것이다.

케어매니지먼트는 단기적으로는 복잡한 조직적인 분야에서 클라이언트의 다양하고 복합적인 욕구를 확인하고 충족시키는 수단이며, 장기적으로는 클라이언트가 성장, 발달 또는 새로운 경험에 대한 도전을 통하여 변화하고 새로이 발생

5) M. Weil & J. M. Karls, et al., *Case Management in Human Service Practice*, San Francisco, CA: Jossey-Bass, Inc., Publishers, 1985, pp.1-2.

하는 그들의 욕구에 대응할 수 있도록 하는 역동적인 전략인 것이다.

따라서 케어매니지먼트란 다양하고 복합적인 욕구를 지닌 클라이언트를 대상으로 케어매니저 또는 케어매니지먼트 팀이 공식적·비공식적 지원망과 클라이언트의 기능과 복지를 최대화하기 위해 고안된 활동을 조직하고, 조정하며, 유지하는 것이다. 이것은 ① 클라이언트가 지원과 서비스에 더 잘 접근하고 활용할 수 있도록 그들의 기술을 증진시키며, ② 클라이언트의 기능과 복지를 증진할 수 있도록 사회적 관계망과 대인서비스 제공자의 능력을 개발하고, ③ 가장 효과적인 방법으로 서비스와 지원이 제공될 수 있도록 서비스의 효과성(effectiveness)을 증진시키는 데 목표를 두고 있다.[6]

### (4) Moore

케어매니지먼트란 심리치료자의 임상적 기술과 지역사회조직가의 옹호기술이 요구되는 사회복지실천의 새로운 분야로서, 단편적인 서비스 전달체계를 통합하는 방법을 통하여 클라이언트의 욕구를 충족시키기 위해 개별적으로 서비스를 기획하고 조정하는 것이다.[7]

케어매니지먼트는 클라이언트와 일차집단(primary group)이 그들의 잠재력을 최대한 발휘할 수 있도록 조장하는 것과 그들이 더 큰 사회환경과 더욱 효과적인 상호작용을 할 수 있도록 촉진하는 것에 초점을 두고 있다. 즉, 이것은 심리사회적 개입을 통한 조장과 개인과 사회환경 간의 상호작용을 통한 촉진과의 조화를 이루어 나가는 것이다. 이러한 케어매니지먼트 서비스들의 조화는 클라이언트의 욕구와 관련되어 있다. 여기에서 조장기능은 케어매니지먼트의 모든 영역에서 필수적이며, 촉진기능은 자원과 효과적으로 협상할 수 있도록 클라이언트에게 권한을 부여하는 것으로 체계의 복잡성과 관계없이 대단히 중요하다.[8] 따라서 케

---

6) D. P. Moxley, *op. cit.*, pp.10-17.

7) S. T. Moore, "A Social Work Practice Model of Case Management: The Case Management Grid", *Social Work*, 35(5), Silver Spring, MD: National Association of Social workers, Inc., 1990, p.444.

8) S. T. Moore, "Case Management and the Integration of Services: How Service Delivery Systems Shape Case

어매니지먼트란 클라이언트의 욕구를 충족시키기 위해 가족을 포함하는 비공식 보호체계와 공식 보호체계의 활동을 통합하는 것으로, 클라이언트와 일차집단으로 하여금 그들의 잠재력을 최대한 발휘할 수 있도록 조장하며, 더 큰 사회환경 내에서 더욱 효과적으로 상호작용할 수 있도록 촉진하는 것이다.[9]

(5) Rothman

케어매니지먼트란 대인서비스 분야에서 가장 두드러지게 발전하고 있는 개입 방법으로서, 장기보호를 요하는 클라이언트에게 연속적인 서비스를 제공하기 위한 수단이다. 즉, 이것은 정신보건, 노인복지, 아동복지, 건강보호, 발달장애 등과 같은 대인서비스 분야에서 활용하는 실천방식이며, 지역사회 내에 거주하는 만성적 또는 심하게 손상된 클라이언트에게 다양하고 지속적인 보호를 제공하는 서비스 전달방식이다.[10]

케어매니지먼트는 지역사회에 거주하는 클라이언트를 대상으로 개별적인 조언, 상담과 치료를 제공하며, 서비스와 지지를 필요로 하는 클라이언트를 지역사회기관 및 비공식적인 원조망과 연결시키는 두 가지의 주요한 기능을 통합한 것이다.

따라서 케어매니지먼트란 지역사회에 거주하는 장기보호를 요하는 클라이언트를 대상으로 개별적인 상담, 치료와 옹호를 제공하며, 다양하고 지속적인 보호를 제공하기 위하여 지역사회기관 및 비공식적인 지원망과 연결시키는 대인서비스의 실천방식이다.[11]

management", *Social Work*, 37(5), Washington D.C.: National Association of Social workers, Inc., 1992, pp.418-419.

9) S. T. Moore, *op. cit.*, 1990, p.444.

10) J. Rothman, "A Model of Case Management: Toward Empirically Based Practice", *Social Work*, 36(6), Silver Spring, MD: National Association of Social workers, Inc., 1991, p.520.

11) J. Rothman, *op. cit.*, 1992, p.3.

### 2) 케어매니지먼트의 개념

케어매니지먼트는 전통적인 사회복지실천 방법의 모든 측면을 통합한 것으로서, 다양하고 복합적인 욕구를 가진 클라이언트를 대상으로 그들의 욕구를 충족시키고 사회적 기능을 향상시키기 위하여 고안된 사회복지실천의 새로운 접근방법이다.

특히 이것은 케어매니저와 클라이언트의 협력을 통하여 개발한 보호계획을 바탕으로 클라이언트의 장기보호의 욕구를 충족시키고, 클라이언트 지원망의 기능적 능력을 향상시키거나 극대화시키며, 연속적이고 포괄적인 서비스의 제공과 서비스의 조정을 통하여 효과적이고 효율적인 서비스의 전달을 촉진하고 보장하는 케어매니저와 클라이언트 사이의 전문적 관계에 기초한 대인관계의 과정인 것이다.

케어매니지먼트는 다음의 여섯 가지 측면에 초점을 두고 있다. 첫째는 접근성, 보호의 연속성, 서비스 제공의 포괄성, 독립성 및 책임성을 보장한다. 둘째는 클라이언트의 잠재능력을 최대한 발휘할 수 있도록 조장한다. 셋째는 클라이언트가 사회환경과의 효과적인 상호작용을 할 수 있도록 촉진한다. 넷째는 가족을 포함한 비공식 지원체계의 보호능력을 향상시킨다. 다섯째는 공식 지원체계의 클라이언트를 위한 지원망을 개발하고 강화한다. 여섯째는 비공식 지원체계와 공식 지원체계를 통합한다. 그 밖에도 클라이언트와 관련된 기능적 손상 또는 질병을 동반한 문제를 개선하거나, 상담, 치료, 옹호 등을 제공하기도 한다.

따라서 케어매니지먼트란 다양하고 복합적이며 장기적인 욕구를 가진 클라이언트를 대상으로 케어매니저가 클라이언트의 욕구를 충족시키고 사회적 기능을 향상시키기 위해서 클라이언트와 사회자원과의 연결과 점검을 통하여 클라이언트에 대한 보호(care)를 개별적 · 연속적으로 관리하는 과정이다.

### 3) 케어매니지먼트의 특성

케어매니지먼트가 전통적인 사회복지실천과 현존하는 다른 실천 분야의 여러 측면을 포함하고 있을지라도, 그것은 목적, 과업 및 서비스 전달방식에 있어서 독특한 성질을 지니고 있다. 특히 그것은 다른 실천 분야와는 달리 만성적인 의존과 장애를 가진 클라이언트에게 장기적으로 보호의 연속성을 보장할 수 있으며, 다양하고 복합적인 욕구를 가진 클라이언트에게 단편적인 접근보다는 포괄적인 접근을 통하여 효과적으로 서비스를 제공할 수 있다는 특성을 지니고 있다.

또한 케어매니지먼트는 클라이언트에 대한 접근에서도 출장원조(出場援助, outreach), 안내와 의뢰(information and referral) 등과 같은 적극적인 방식을 채택하고 있으며, 클라이언트와 서비스를 연결시킨 이후에도 서비스의 조정·점검(monitoring)·옹호 등을 실시한다. 그리고 이것은 개별적인 실천기술과 지역사회 실천기술을 통합한 형태를 취하고 있다.

이러한 특성으로 인하여 케어매니지먼트는 고도의 복합적인 기능과 사정자, 계획자, 중개자, 조정자, 점검자, 평가자, 옹호자 등과 같은 다양한 역할과 기술이 요청되는 실천 분야이다.

한편 케어매니지먼트는 다양하고 복합적인 욕구를 가진 클라이언트와 그들의 욕구를 충족시킬 수 있는 적절한 사회자원이 존재해야 한다는 전제가 있어야 실천이 가능한 분야이다. 또한 이것은 개인과 공식·비공식 지원체계와 같은 그의 환경과의 상호작용에 관심을 집중시키고 있다. 즉, 이것은 하나의 변수가 다른 것에 영향을 미치는 클라이언트에 관한 인과적 관점의 문제보다는 오히려 클라이언트와 그의 환경의 연속적이고 상호적인 변화에 관심을 집중시키는 것이다.

상기의 내용을 바탕으로 케어매니지먼트의 특성을 열거하면 다음과 같다.

① 다양하고 복합적이며 장기적인 욕구를 가진 클라이언트를 대상으로 한다.
② 클라이언트의 문제해결과 치료보다는 욕구 충족과 보호에 더 중점을 둔다.
③ 클라이언트의 사회적 기능과 독립을 극대화하기 위해서 보호의 연속성과 책임성을 보장한다.

④ 서비스의 효과성과 효율성(efficiency)을 높이기 위해 포괄적인 서비스를 제공하고 서비스의 조정과 점검을 실시한다.

⑤ 클라이언트와 그의 사회환경과의 상호작용에 관심을 집중시키며, 다양한 지원체계의 광범위한 서비스를 활용한다.

⑥ 출장원조, 안내와 의뢰 등과 같은 적극적인 클라이언트와의 접근을 강조한다.

⑦ 클라이언트 수준에서 클라이언트 각자의 욕구를 개별화하며, 개입과정에서 클라이언트의 참여와 자기결정을 촉진시킨다.

⑧ 경계범주 접근방법(boundary spanning approach)을 활용한다.

⑨ 개별적인 실천기술과 지역사회 실천기술을 통합한 형태이다.

케어매니지먼트가 비록 다른 사회복지실천 분야와 전혀 다른 특성을 가지고 있을지라도, 개입과정에서 전통적인 사회복지실천의 가치, 지식 및 기술의 많은 부분이 공통적으로 활용되고 있다.

## 2. 케어매니지먼트의 목적

케어매니지먼트의 목적은 대개 클라이언트의 다양하고 복합적인 욕구를 충족시키고 사회적 기능과 독립을 극대화하려는 노력과 관련되어 있다. 이러한 측면에서 케어매니지먼트의 목적은 다음과 같다.[12)]

① 개인이 회복과 재발의 순환으로 지역사회와 시설 사이에서 이동하는 것과 같이, 어떤 일정한 장소나 기간 내에서 계속적으로 서비스를 제공하는 보호의 연속성을 보장하는 것이다.

② 일정기간 동안, 필요하다면 개인의 일생을 통하여 개인의 욕구가 변화할 때, 서비스가 개인의 욕구의 모든 영역에 제공되도록 보장하는 것이다.

12) J. Intagliata, "Improving the Quality of Community Care for the Chronically Mentally Disabled: The Role of Case Management", *Schizophrenia Bulletin*, 8(4), 1982, pp.655-674.

③ 적격성(eligibility) 기준, 규정, 정책, 절차 등과 관련된 서비스의 접근에 대한 장애물을 극복하고 개인이 필요한 서비스에 쉽게 접근할 수 있도록 원조하는 것이다.

④ 서비스가 클라이언트의 욕구에 적합하고, 적시에 적절한 방식으로 제공되며, 부적절하게 중복되지 않도록 보장하는 것이다.

또한 클라이언트의 복합적인 욕구를 충족시키기 위한 케어매니저의 활동을 중심으로 케어매니지먼트의 목적을 살펴보면 다음과 같다.[13]

① 공식적·비공식적 지원과 서비스에 접근하고 이를 활용하는 클라이언트의 기술을 가능한 한 촉진시키는 것이다.

② 클라이언트의 기능과 복지를 증진시키기 위해 사회적 지원망과 관련 대인서비스 제공자의 능력을 개발하는 것이다.

③ 서비스와 지원이 가능한 한 가장 효율적인 방식으로 전달될 수 있도록 시도하여 서비스의 효과성을 증진시키는 것이다.

한편 사회복지실천으로서의 케어매니지먼트의 목표는 클라이언트의 능력과 그들의 사회자원 사이의 균형을 유지하는 데 기여하며, 클라이언트가 그들의 욕구를 충족시킬 수 있는 환경을 조성할 수 있도록 원조하는 것이다. 이러한 의미에서 케어매니지먼트의 목적은 ① 환경적인 도전에 대처하는 개인의 잠재력을 극대화하는 것, ② 가족과 일차집단의 보호능력을 극대화하는 것, ③ 공식 보호체계와 비공식 보호체계를 통합하는 것, ④ 개인과 일차집단의 욕구를 충족시키기 위한 공식적인 보호체계 내에서의 능력을 극대화하는 것 등이다.[14]

이러한 여러 견해들을 바탕으로 케어매니지먼트의 목적을 살펴보면, 그것은 ① 보호의 연속성의 보장, ② 서비스 전달의 비용효과성(cost-effectiveness)의 증대, ③ 서비스에 대한 접근성과 책임성의 증진, ④ 일차집단의 보호능력의 향상, ⑤

13) D. P. Moxley, *op. cit.*, p.17.

14) S. T. Moore, *op. cit*, p.446.

클라이언트의 사회적 기능의 향상 등이다.

### 1) 보호의 연속성

케어매니지먼트는 다른 사회복지실천 분야와는 달리 주로 장기적인 보호를 요하는 만성적인 장애와 의존을 지닌 클라이언트를 대상으로 하기 때문에 그들에게 보호와 서비스를 연속적으로 제공하는 것이 필요하다.

보호의 연속성이란 클라이언트의 다양하고 복합적이며 장기적인 욕구를 충족시키기 위해 서비스 제공자가 케어매니지먼트 과정에서 서비스 제공기간 사이의 간격을 최소화하면서 포괄적이고 연속적으로 서비스를 제공하는 것이다.

다시 말해서, 보호의 연속성은 장기보호의 욕구를 가진 클라이언트를 대상으로 그들의 변화하는 다양한 욕구를 충족시키기 위해 지속적인 서비스를 제공하는 것이며, 복합적인 욕구를 가진 클라이언트를 대상으로 그들의 욕구에 효과적으로 대처하기 위해서 포괄적인 서비스를 제공하는 것이다.

따라서 케어매니지먼트는 클라이언트의 복합적이고 장기적인 보호의 욕구를 충족시키기 위해 서비스 제공자들과의 포괄적이고 지속적인 관계를 촉진하고, 점검, 재사정, 평가, 사후검토(follow-up) 등을 통하여 클라이언트에 대한 계속적인 보호의 필요성을 제기함으로써 보호의 연속성을 보장하는 수단이 되고 있다.

### 2) 비용효과성

케어매니지먼트는 정신보건과 발달장애 분야의 탈시설화(deinstitutionalization) 운동에서 유래된 것으로서, 탈시설화는 인도주의와 재정적인 목적을 동시에 지니고 있다.[15] 즉, 시설에서의 보호는 클라이언트가 인간적이며 문화적인 생활을 하기가 어렵고, 자유, 인권 및 사생활을 침해받기 쉬우며, 그들의 복합적인 욕구에 포괄적으로 접근하기 어려울 뿐만 아니라 장기보호를 요하는 클라이언트에게는

15) J. Rothman, *op. cit.*, 1992, p.7.

상당한 부담이 되기 때문에 인권의 존중, 정상화, 비용의 절감 등의 필요성에 의해서 케어매니지먼트가 대두되었다.

이러한 케어매니지먼트는 한정된 자원 내에서 서비스 전달의 효과를 최대화하면서 대인서비스 전달의 비용을 억제하려는 데 관심이 집중되어 있으며,[16] 이것은 클라이언트에게 제공되는 서비스에 대한 조정과 점검을 통하여 서비스의 중복을 방지하려는 노력에서 나온다.

실제적으로 그동안 클라이언트들은 그들의 욕구에 적합한 서비스를 제공받지 못하거나, 그들이 서비스를 제공받더라도 적시에 적절하고 연속적인 서비스를 제공받지 못하는 경우가 많았다. 이로 인하여 이용 가능한 서비스의 잠재적인 긍정적 효과가 크게 감소되어 왔다. 그러나 케어매니지먼트는 한 개인이나 기관이 조정된 서비스계획을 개발하고 수행하는 책임을 맡고 있기 때문에 서비스의 효과를 높이면서 서비스 전달의 비용을 감소할 수 있는 비용효과성을 증진시킬 수 있다.[17]

한편 이론적으로 케어매니지먼트는 서비스 체계 내에서 비용을 감소시키는 결과를 가져오지만, 실제적으로 케어매니지먼트는 종종 클라이언트의 더 많은 욕구의 충족을 위해 더 많은 서비스의 전달을 초래하는 결과를 가져오기도 한다. Franklin 등은 정신장애인에 대한 케어매니지먼트 실천의 평가에서, 지역사회 내에서 제공되는 통상적인 서비스와 비교하여, 케어매니지먼트는 클라이언트들에게 병원과 지역사회에서 더 많은 서비스를 제공하며 클라이언트 개인별로 서비스의 비용이 증가하고 있는 것으로 평가하고 있다.[18]

이와 같이 케어매니지먼트는 클라이언트에게 전달되는 특수한 서비스에 대해서는 비용효과적이지만, 개별 클라이언트에 대한 전체적인 서비스 비용이 케어매니지먼트에 의해서 반드시 감소되는 것만은 아니다.[19]

---

16) D. P. Moxley, *op. cit.*, p.15.

17) J. Intagliata, "Improving the Quality of Community Care for the Chronically Mentally Disabled: The Role of Case Management", in S. M. Rose (Ed.), *Case Management and Social Work Practice*, New York: Longman Publishing Group, 1992, p.29.

18) J. Franklin(Ed.), "An Evaluation of Case Management", *American Journal of Public Health*, 77, 1987, p.677.

### 3) 접근성과 책임성의 증진

사회적 기능상의 심각한 문제를 지니고 있는 클라이언트들은 대부분 다양하고 복합적인 욕구를 가지고 있음에도 불구하고 서비스에 대한 정보와 인식이 부족하고 이용방법을 알지 못하여 서비스에 접근하지 못하는 경우가 많다. 또한 최근 서비스 제공자가 다양해지고 있으며, 서비스 제공기관의 적격성 기준, 규정, 정책 및 절차가 점점 복잡해지고 있고, 서비스와 관련된 프로그램의 범주가 복합화 되고 있다. 그 결과 클라이언트들은 그들이 필요로 하는 서비스에 접근하기 어렵고 서비스의 이용을 좌절당하는 경우도 있다.[20]

이러한 시점에서 케어매니지먼트는 클라이언트와의 접근을 보다 용이하게 하기 위해 출장원조, 안내와 의뢰 등과 같은 보다 적극적인 접근방식을 택하고 있어서 서비스에 대한 클라이언트의 접근성을 증진시키는 수단이 되고 있다.

한편 케어매니지먼트는 서비스 제공자들에 대한 조정과 점검을 통하여 클라이언트에게 적절한 서비스가 제공되도록 보장하고, 그러한 서비스의 제공이 클라이언트의 욕구를 충족시키는 결과를 가져올 수 있도록 책임을 지는 통합적인 서비스 전달방식이다. 즉, 다수의 서비스 제공자가 개별적으로 클라이언트의 욕구충족에 관여되어 있을 때 책임성을 보장하기가 어려운 반면, 케어매니지먼트는 지정된 한 명의 케어매니저 또는 한 기관이 서비스 체계의 전반적인 결과에 대하여 책임을 지도록 하기 때문에 책임성을 증진시킬 수 있게 된다.[21]

### 4) 일차집단의 보호능력의 향상

산업화・도시화로 인한 가족구조의 변화와 복지국가의 위기 이후의 사회복지비용의 삭감으로 가족을 포함한 일차집단의 보호와 사회적 지지에 대한 인식이 점차 증가하고 있다. 여기에서 일차집단이란 서로 친밀하고 빈번하게 대면적인

19) S. M. Rose(Ed.), *op. cit.*, p.29.

20) S. Onyett, *Case Management in Mental Health*, London: Champman & Hall, 1992, p.16.

21) S. M. Rose (Ed.), *op. cit.*, p.29.

접촉을 가지며, 공통적인 규범을 가지고 있으면서 서로 지속적이고 광범위한 영향을 미치는 사람들을 말한다. 즉, 일차집단에는 가족, 친척, 친구, 이웃 등이 있다.

이러한 일차집단은 사회적 기능상의 문제를 지닌 클라이언트를 보호하며, 그들의 복지증진과 기능화에 상당히 중요한 요소로 작용하고 있다. 특히 이것은 클라이언트를 즉각적이고 안락하게 보호할 뿐만 아니라 그들에게 정서적인 안정을 제공하고, 그들의 사회적응에 주요한 영향을 미치고 있다. 그러나 최근 가족구조의 변화와 가족부양의식의 약화 및 가족해체와 지역사회해체 현상 등으로 인하여 가족을 포함한 일차집단이 클라이언트에 대한 보호기능을 제대로 수행하지 못하고 있다.

이러한 점을 감안하여 케어매니지먼트는 가족을 포함한 일차집단과 클라이언트와의 연결 및 상호작용을 촉진하고, 일차집단으로 하여금 보호의 연속성의 보장, 즉각적이고 적절하며 안락한 서비스의 제공, 사회적 지지와 안정감의 제공 등을 행할 수 있도록 함으로써 일차집단이 클라이언트에 대한 보호기능을 최대한 발휘할 수 있도록 하고 있다. 그러므로 케어매니지먼트는 실천과정을 통하여 가족을 포함한 일차집단의 보호능력을 향상시킬 수 있다.

### 5) 클라이언트의 사회적 기능의 향상

케어매니지먼트의 클라이언트들은 대부분 사회적 기능상의 심각한 문제를 지니고 있는 사람들로서 자원과 기회의 부족, 동기의 결여, 능력의 부족, 정보의 부재, 자신감의 결여, 좌절감 등으로 인하여 자신의 욕구를 스스로 충족시키지 못하는 경우가 많다.

케어매니지먼트는 이러한 클라이언트들이 활용 가능한 자원, 성장과 발전의 가능성, 잠재능력, 장점, 건전한 기능, 문제해결 능력 등을 최대한 활용하고 발휘할 수 있는 환경을 조성하고 있다. 또한 케어매니지먼트는 클라이언트에게 서비스를 제공할 수 있는 사회적 지원망을 개발하고, 대인서비스 제공자의 능력을 증진시키며, 클라이언트로 하여금 공식적·비공식적 자원에 접근하고 이를 활용할 수 있는 기술을 촉진시키고, 클라이언트가 사회환경과 더욱 효과적인 상호작용을 할 수 있도록 조장하며, 만성적인 클라이언트에게 다양하고 지속적인 보호를 제공하고 있다.

이러한 일들을 통하여 케어매니지먼트는 클라이언트의 복합적인 욕구를 충족시키고 개인적·사회적인 만족과 독립을 성취할 수 있도록 그들의 사회적 기능을 향상시키고 있다.

## 3. 케어매니지먼트의 철학

케어매니지먼트의 근본적인 가치와 원리는 사회적 기능상의 심각한 문제를 지닌 클라이언트들이 인간으로서의 존엄성과 가치를 지니고 정상적인 생활환경 속에서 사회 구성원들과의 효과적인 상호작용을 수행하여 인간다운 삶을 영위할 수 있도록 해야 한다는 것이다. 따라서 케어매니지먼트의 근간을 이루는 철학은 인권존중, 정상화 및 통합화라 할 수 있다.

### 1) 인권존중

케어매니지먼트에서 일관성 있게 수용되고 준수해야 할 가치와 원리 중의 하나는 사람은 누구나 태어나면서부터 인간으로서의 존엄성과 권리를 지니고 있다는 것이다.

그러나 최근 사회적 기능상의 심각한 문제를 지니고 있는 노인, 장애인, 아동 등이 가족과 지역사회로부터 소외되고 무시당하는 경향이 있으며, 여러 가지 기능상의 문제나 심신의 손상으로 인하여 정상적인 인간다운 삶을 영위하지 못하거나 일상생활에서 불이익을 당하는 경우가 많다. 특히 이들은 대부분 상대적으로 사회경제적 지위가 낮고 능력이 부족하기 때문에, 인간으로서의 기본적인 권리가 무시되거나 사회적 약자로서 취급되기도 한다.

따라서 케어매니지먼트는 이러한 클라이언트들이 인간으로서 존엄성과 권리를 가지고 사회의 구성원으로서 가족 및 지역사회와 밀접한 상호작용을 하면서 그들의 복합적인 욕구를 충족시키고 인간다운 삶을 영위할 수 있도록 해야 한다.

### 2) 정상화

케어매니지먼트는 복합적인 욕구를 가진 클라이언트로 하여금 그들의 욕구를 충족시키고 사회적 기능을 향상시켜 가족과 지역사회 내에서 정상적인 생활을 영위할 수 있도록 하는 정상화(normalization)의 원리에 바탕을 두고 있다.

정상화란 무능력한 사람들이 인간으로서의 평등에 관한 신념을 바탕으로 가치 있는 일상적인 생활을 영위할 수 있는 권리를 갖는 원리이며,[22) ] 일상적인 생활의 유형과 조건을 사회의 주류의 규범과 양식에 가능한 한 밀접하고 이용 가능하도록 정비하는 것이다. 여기에서 일상적인 생활이란 정상적인 생활의 리듬, 통상적인 규모의 생활단위, 적절한 사생활, 다른 사람과의 사회적 · 정서적 · 성적인 관계에 대한 정상적인 접근, 정상적인 성장경험, 적절한 급여가 제공되는 일의 가능성, 개인의 미래에 영향을 미치는 결정에서의 선택과 참여 등을 포함하는 것이다.[23)]

또한 정상화란 사회적 역할의 안정화를 말하는 것으로 무능력한 사람들이 사회적으로 바람직한 역할을 수행하여 사회로부터 가치 있는 인간으로 취급되도록 하는 것이다.[24)] 즉, 이것은 한 사회 안의 모든 구성원들이 동등한 권리와 가치를 가지고 삶을 영위하도록 하는 윤리적인 원칙으로서, 무능력한 사람이 사회 구성원의 한 사람으로서 역할을 수행하고 정상적인 생활을 누리도록 생활환경을 현

22) S. Ramon(Ed.), *Beyond Community Care: Normalization and Integration Work*, Houndmills: Macmillan Press Ltd., 1991, p.6.

23) B. Nirje, "The Normalization Principle and Its Human Management Implications", in R. Kugel and W. Wolfensberger(Eds.), *Changing Patterns in Residential Services for the Mentally Retarded*, Washington: President's Committee on Mental Retardation, 1969, p.255.

24) W. Wolfensberger, "Social Role Valorization: A Proposed New Term for the Principle of Normalization", *Mental Retardation*, 21(6), 1983, p.234.

실적으로 조성하는 것을 말한다.[25)]

이러한 정상화는 사회복지의 방향이 시설복지에서 지역사회복지로 이행되는 대인서비스에서의 탈시설화, 일상생활의 기회제공, 사회적 역할의 안정화, 인간존중, 자기결정의 권리, 권한부여(empowerment) 등과 밀접한 관계를 가지고 있다.

따라서 케어매니지먼트는 사회적 기능상의 심각한 문제를 가진 클라이언트들이 보통의 생활환경 속에서 정상적인 생활을 영위할 수 있도록 정신적·물리적·교육적·사회적 환경을 조성하고, 사회의 구성원으로서 그들의 권리와 가치가 존중되도록 해야 한다.

### 3) 통합화

케어매니지먼트는 클라이언트의 다양하고 복합적인 욕구를 충족시키기 위해 클라이언트와 사회자원을 연결시키고 이들의 상호작용을 촉진하며, 비공식 지원체계와 공식 지원체계의 서비스를 통합하는 통합화(integration)의 원리와 밀접하게 관련되어 있다.

통합화는 본래 사회적 무능력자들을 보통사람들과 분리시키거나 그들을 집단화시키지 않고 사회 전체의 주류에 최대한 합류시키는 것을 말한다.[26)] 이것은 케어매니지먼트와 관련하여 두 가지의 차원으로 분류할 수 있다.

첫째는 사회적 통합으로서 사회적 기능상의 심각한 문제를 가진 클라이언트들이 가족과 지역사회의 정상적인 사람들과 접촉하고 상호작용을 하는 것이다. 즉, 이것은 다양한 사회집단들이 모여 조화로운 관계를 형성하는 과정으로서, 케어매니저와 클라이언트가 서로 밀접한 관계를 맺고 클라이언트와 가족 및 지역사회와의 효과적인 연결을 촉진시키는 것을 말한다.

둘째는 서비스의 통합으로서 클라이언트의 다양하고 복합적인 욕구를 충족시

25) W. Wolfensberger(Ed.), *The Principle of Normalization in Human Services*, Toronto: National Institute on Mental Retardation, 1972, p.27.

26) D. Brandon, "The Implications of Normalization Work for Professional Skills", in S. Ramon(Ed.), *Beyond Community Care: Normalization and Integration Work*, Houndmills: Macmillan Press Ltd., 1991, p.49.

키기 위해 공식 지원체계와 비공식 지원체계의 서비스를 동원하여 통합하는 것이다. 즉, 이것은 케어매니저가 서로 다른 서비스 제공자들이 제공하는 서비스를 개별적인 보호계획 하에 집결시키고 클라이언트에게 적절한 서비스를 선택하여 연결시키고 조정하는 것이다.[27]

따라서 케어매니지먼트는 클라이언트를 사회의 구성원들과 통합하여 효과적인 상호작용을 촉진하고, 사회자원과의 연결과 서비스의 통합을 통하여 클라이언트의 욕구를 충족시키고 그들의 사회적 기능을 향상시킬 수 있도록 해야 한다.

## 4. 욕구와 케어매니지먼트

케어매니지먼트는 다양하고 복합적인 욕구를 가진 클라이언트를 대상으로 그들의 욕구를 충족시키고 사회적 기능을 향상시키기 위한 노력이라고 할 수 있다. 따라서 욕구는 케어매니지먼트와 밀접하게 관련되어 있으며, 케어매니지먼트에서 필수불가결한 기본적인 요소이다.

### 1) 욕구의 개념

욕구란 인간의 생존, 복지 및 성취를 위해 필요한 신체적 · 심리적 · 경제적 · 사회적 · 문화적인 필수요소이다.[28] 즉, 이것은 인간이 일반적인 수준의 사회적 독립이나 생활의 질을 달성하거나, 유지하거나, 또는 회복시킬 수 있는 필요조건이다.[29]

또한 욕구는 적절한 생활양식을 획득하는 데 필요한 자원의 결핍상태로서, 복잡한 사회에서 성공적으로 살아가는 사람들에게 생활의 유지와 향상을 위해 요

27) D. P. Moxley, *op. cit.*, p.12.
28) R. L. Barker, *The Social Work Dictionary*, 3rd ed., Washington D.C.: NASW Press, 1995, p.251.
29) Department of Health, *Care Management and Assessment: Managers', Guide*, London: HMSO, 1991, p.14.

구되는 필수적인 조건이다.[30)]

이와 같이 욕구는 다양하고 복합적인 개념으로서 절대적이라기보다는 상대적이기 때문에 객관적인 개념을 확립하기가 상당히 어렵다. 그러나 욕구는 대개 인간의 생존, 복지 및 성장을 위해서 반드시 필요한 필수요소임에는 틀림없다.

### 2) 욕구의 범위

욕구는 복합적인 개념으로서 여러 가지 다른 방식으로 규정되고 분류될 수 있다. Maslow는 욕구를 생득의(innate) 욕구와 인식의(cognitive) 욕구로 나누고 있다. 생득의 욕구는 생리적 욕구, 안전의 욕구, 소속감과 사랑의 욕구, 존중의 욕구 및 자아실현의 욕구로 나누어진다. 인식의 욕구는 생득의 욕구의 단계 외부에 존재하는 만족을 위해 추구하는 추진력으로서 호기심, 지식과 정보, 정서적 안정 등이 있다고 말하고 있다.[31)]

또한 Gil은 욕구를 생리적 욕구, 사회적 욕구 및 자아실현의 욕구로 나누고 있다. 생리적 욕구는 보편적인 생리적 욕구와 안전의 욕구를 말한다. 사회적 욕구는 상호적인 사회적 관계의 욕구로서 지역사회의 일원으로 소속되어 소외를 느끼지 않으며, 다른 사람들에게 알려지고 그들을 알며, 다른 사람들로부터 인정을 받고 그들을 인정하고자 하는 욕구이다. 자아실현의 욕구는 의미 있고, 창조적이며, 생산적인 활동을 통하여 스스로 발견하고, 표현하며, 실현하고자 하는 욕구이다.[32)]

한편 욕구는 기본적 욕구와 사회적 욕구가 있다. 기본적 욕구는 인간으로서 생활을 영위하는 데 필요한 최소한의 기본적인 요소로서 음식, 주택, 건강보호, 교육, 안전 등이 여기에 속한다.[33)] 사회적 욕구란 각 개인이 가지고 있는 욕구가 사

30) D. Gil, *Unravelling Social Policy*, Cambridge, MA: Schenkman, 1976, D. P. Moxley, *op. cit.*, p.33.

31) A. H. Maslow, *Motivation and Personality*, 2nd ed., New York: Harper & Row, 1970, pp.80-90.

32) D. Gil, *The Challenge of Social Equality*, Cambridge, MA: Schenkman, 1976, p.49.

33) M. Sheppard, *Care Management and the New Social Work: A Critical Analysis*, London: Whiting and Birch Ltd., 1995, p.130.

회의 다수인에게 공통적으로 확산되어 필요하게 된 것을 말하며, 인간이 만족스런 사회생활을 영위하는 데 필요한 요소이다. 사회적 욕구에는 소득, 보건의료, 교육, 주택, 취업, 교통, 정신건강, 문화, 여가, 안전, 공공시설의 이용, 사회생활의 참여 등이 있다.

케어매니지먼트에서는 주로 인간의 사회적 욕구에 초점을 두며, 그러한 욕구에는 대개 소득, 의료, 주택, 취업, 교통, 정신보건, 사회활동, 여가, 교육, 신체적 수발 등이 있다.

### 3) 욕구와 케어매니지먼트의 관계

사회복지와 다른 학문 분야와의 가장 큰 차이점은 사회복지가 인간의 욕구를 바탕으로 한다는 것이다. 즉, 사회복지는 인간의 사회적 욕구라는 사회현상을 이해하고 해결하기 위한 과학적 지식체계이며, 사회적 욕구를 충족시키지 못함에 따라 발생하는 사회문제에 대처하기 위한 사회적 대책인 것이다.

이와 같이 사회적 욕구는 사회복지에서 가장 핵심적인 요소로서 사회복지의 대상자인 클라이언트에게 전문적인 서비스를 제공하는 사회복지실천에서 뿐만 아니라 사회복지정책에서도 널리 활용되고 있다.[34)]

따라서 사회복지실천의 한 분야라고 할 수 있는 케어매니지먼트는 클라이언트의 다양하고 복합적인 욕구를 충족시키고 사회적 기능을 향상시키기 위해 그들의 욕구와 관련된 전문적인 서비스를 제공하는 것이기 때문에, 욕구는 케어매니지먼트에서 가장 중심적인 요소 중의 하나이다.

34) G. Smith, *Social Need, Policy, Practice and Research*, London: Routledge & Kegan Paul Ltd., 1980, p.1.

## | 참고문헌 |

Barker, Robert L.(1995), *The Social Work Dictionary*, 3rd ed., Washington, D.C.: NASW Press.

Brandon, David(1991), "The Implications of Normalization Work for Professional Skills", in Ramon, Shulamit(Ed.), *Beyond Community Care: Normalization and Integration Work*, Houndmills: Macmillan Press Ltd.

Department of Health(1991), *Care Management and Assessment: Managers' Guide*, London: HMSO.

Franklin J.(Ed.)(1987), "An Evaluation of Case Management", *American Journal of Public Health*, 77.

Gil, D.(1976), *The Challenge of Social Equality*, Cambridge, MA: Schenkman.

Gil, D.(1976), *Unravelling Social Policy*, Cambridge, MA: Schenkman.

Intagliata, J.(1982), "Improving the Quality of Community Care for the Chronically Mentally Disabled: The Role of Case Management", *Schizophrenia Bulletin*, 8(4).

Intagliata, James(1992), "Improving the Quality of Community Care for the Chronically Mentally Disabled: The Role of Case Management", in Rose, Stephen M.(Ed.), *Case Management and Social Work Practice*, New York: Longman Publishing Group.

Maslow, Abraham H.(1970), *Motivation and Personality*, 2nd ed., New York: Harper & Row.

Moore, Stephen T.(1990), "A Social Work Practice Model of Case Management: The Case Management Grid", *Social Work*, 35(5), Silver Spring, MD: National Association of Social workers, Inc.

Moore, Stephen T.(1992), "Case Management and the Integration of Services: How Service Delivery Systems Shape Case management", *Social Work*, 37(5), Washington D.C.: National Association of Social workers, Inc.

Moxley, David P.(1989), *The Practice of Case Management*, Newbury Park, CA: Sage Publications, Inc.

Netting, F. Ellen(1992), "Case Management: Service or Symptom?", *Social Work*, 37(2), Washington D.C.: National Association of Social workers, Inc.

Nirje, B.(1969), "The Normalization Principle and Its Human Management Implications", in Kugel, R. and Wolfensberger, W.(Eds.), *Changing Patterns in Residential Services for the Mentally Retarded*, Washington: President's Committee on Mental Retardation.

Onyett, Steve(1992), *Case Management in Mental Health*, London: Champman & Hall.

Ramon, Shulamit(Ed.)(1991), *Beyond Community Care: Normalization and Integration Work*, Houndmills: Macmillan Press Ltd.

Rothman, Jack(1991), "A Model of Case Management: Toward Empirically Based Practice", *Social*

*Work*, 36(6), Silver Spring, MD: National Association of Social workers, Inc.

Rothman, Jack(1992), *Guidelines for Case Management: Putting Research to Professional Use*, Itasca, IL: F. E. Peacock Publishers, Inc.

Sheppard, Michael(1995), *Care Management and the New Social Work: A Critical Analysis*, London: Whiting and Birch Ltd.

Smith, Gilbert(1980), *Social Need, Policy, Practice and Research*, London: Routledge & Kegan Paul Ltd.

Steinberg, Raymond M. & Carter, Genevieve W.(1983), *Case Management and the Elderly*, Lexington, MA: Lexington Books.

Weil, Marie & Karls, James M., et al.(1985), *Case Management in Human Service Practice*, San Francisco, CA: Jossey-Bass, Inc., Publishers.

Wolfensberger, Wolf(Ed.)(1972), *The Principle of Normalization in Human Services*, Toronto: National Institute on Mental Retardation.

Wolfensberger, Wolf(1983), "Social Role Valorization: A Proposed New Term for the Principle of Normalization", *Mental Retardation*, 21(6).

# 02

# 케어매니지먼트의 등장배경

## 1. 케어매니지먼트 등장의 개요

케어매니지먼트는 최근의 사회경제적 배경과 대인서비스 전달의 구조와 방법의 변화에 영향을 미치는 여러 가지 요인으로 인하여 대인서비스 전달의 새로운 기법의 필요성이 제기됨에 따라 등장하게 되었다.

최근 사회복지의 방향이 시설복지에서 지역사회복지로 이행되는 대인서비스 전달의 탈시설화 현상이 나타나고 있으며, 사회복지서비스의 지방분권화가 이루어지면서 지역사회에 기반을 둔 서비스가 필요하게 되었다.

또한 노인인구의 상대적 증가, 각종 사고와 재해, 가족해체 등으로 인하여 사회적 기능상의 심각한 문제를 지닌 노인, 장애인, 아동 등이 점차 증가하고 있으며, 이러한 사회적 취약계층의 욕구도 점점 다양화·복합화·장기화되고 있다. 그와 더불어 그들에게 원조를 제공하는 서비스의 공급주체도 다양하고 복잡해지고 있다. 그러나 그들에 대한 서비스의 제공이 포괄적·장기적이지 못하고 단편적으로 이루어지고 있으며, 다양한 서비스들이 통합·조정되지 못하여 그들에게 적절하고 효과적인 서비스가 제공되지 못하고 있다. 따라서 클라이언트를 위한 각종 서비스들이 포괄적이고 장기적으로 제공되며, 다양하고 복잡한 서비스를 통합하고 조정할 새로운 서비스 전달방식이 필요하게 되었다.

한편 가족구조의 변화, 가족기능의 약화 및 국가의 사회복지 부담의 증가로 인하여 비공식 지원체계의 사회적 지지와 사회적 지원망에 대한 인식이 점차 증가하고 있다. 그리고 복지국가의 위기 이후의 사회복지 비용의 삭감으로 인하여 한정되고 부족한 자원으로 서비스 전달의 효과를 최대화하고 대인서비스 전달의 비용을 절감하려는 데 관심이 집중되고 있다. 이로 인하여 클라이언트의 비공식 지원체계의 역할과 기능을 강화하며, 사회적 관계망을 개발하여 그들과 연결시키고, 대인서비스에서 비용효과성을 증대할 수 있는 새로운 개입기법이 필요하게 되었다.

그리고 사회복지실천의 방향이 점차 치료(cure)에서 보호(care)로 이행되고 있으며,[1] 클라이언트의 문제보다는 욕구에 초점을 두게 되면서 새로운 사회복지실천의 방법이 필요하게 되었다.

이와 같이 클라이언트에 대한 서비스가 지역사회에 기반을 두고 제공되며, 각종 서비스들이 포괄적이고 장기적으로 제공되고, 다양하고 복잡한 서비스들이 통합되고 조정되며, 클라이언트의 비공식 지원체계와 사회적 지원망의 역할과 기능이 강화되고, 대인서비스에서 비용효과성이 증대될 수 있는 새로운 사회복지실천의 방법이 필요하게 됨에 따라 1970년대 중반 이후에 케어매니지먼트가 등장하게 되었다.

## 2. 케어매니지먼트의 등장배경

### 1) 탈시설화

1960년대에 접어들면서 서구의 선진 복지국가에서는 탈시설화의 시대라고 할 만큼 정신병원과 정신지체인시설의 수용자의 수가 급격히 감소하게 되었다.[2]

1) R. Morris, "Caring for vs. Caring about People", *Social Work*, 22(5), Silver Spring, MD: National Association of Social workers, Inc., 1977, p.357.

탈시설화란 환자의 호전과는 관계없이 병원과 같은 하나의 시설에서 요양시설과 같은 또 다른 시설로 환자를 이전(移轉)시키거나, 시설보호의 대안으로 비시설적(非施設的) 치료형태와 보호를 제공하거나 강조하는 수발체계의 설계 또는 구성을 의미한다. 즉, 이것은 ① 시설 의존으로부터의 재활, ② 병원이나 정신지체인학교와 같은 시설로부터 환자의 이전, ③ 비시설적 대안을 제공하는 보호체계 등을 포함하고 있다.[3]

탈시설화는 시설에서의 생활이 시설생활자들을 외부와 차단・격리시키고, 개인의 인권, 자율성 및 사생활을 침해하기 쉬우며, 개인의 개별성을 말살하거나 주체성을 잃게 하기 쉽고, 규격화되고 통제된 생활 속에서 인간적이며 문화적인 생활을 영위하기 어렵게 한다는 비판이 나오게 되면서 제기되기 시작하였다. 이로 인하여 시설생활자들이 시설에서의 생활에서 벗어나 지역사회에 기반을 둔 프로그램으로 이동하거나, 자신의 가족에게 되돌아감으로써 시설보호에서 지역사회보호로 전환되는 움직임이 나타나게 되었다.

시설보호는 시설생활자를 위한 모든 서비스가 한 시설 내에서 제공되기 때문에 클라이언트의 욕구를 일괄적으로 충족시키는 일이 가능하지만, 지역사회보호는 클라이언트의 욕구를 충족시킬 수 있는 사회자원이 지역사회 내에 산재되어 있어서 그들의 다양하고 복합적인 욕구를 일괄하여 충족시키기가 상당히 어렵다.[4] 즉, 지역사회에 기초한 서비스는 생활시설의 서비스와는 달리 어떤 한 조직의 권위 하에 집중되어 있지 않고 분산되어 있는 경향이 있으며, 클라이언트의 욕구에 포괄적으로 대응할 수 있는 통합적인 체계를 마련하지 못하고 있다.[5]

따라서 탈시설화의 영향으로 지역사회에 기반을 둔 서비스의 중요성이 강조되고 있으나, 그것이 서비스의 포괄성(comprehensiveness)과 통합성의 부족으로 클라이언트의 복합적인 욕구를 제대로 충족시키지 못하고 있기 때문에, 그들의 욕구를

2) J. W. Conroy, "Trends in Deinstitutionalization", *Mental Retardation*, 15(4), 1977, pp.44-46.

3) J. Halpern et al., *The Myths of Deinstitutionalization: Policies for the Mentally Disabled*, Boulder, CO: Westview Press, Inc., 1980, pp.9-10.

4) 白澤政和,『ケースマネージメントの理論と實際』, 東京: 中央法規出版, 1992, p.26.

5) D. P. Moxley, *The Practice of Case Management*, Newbury Park, CA: Sage Publications, Inc., 1989, p.13.

충족시킬 수 있는 포괄적이고 통합적인 서비스 제공의 필요성에 따라 어느 한 전문가나 기관이 일괄적으로 서비스를 연결·통합·조정할 수 있는 케어매니지먼트가 등장하게 되었다.

### 2) 클라이언트의 증가와 욕구의 다양화·복합화·장기화

최근 사회적 기능상의 심각한 문제로 인하여 정상적인 인간다운 삶을 영위하지 못하는 사람들이 점점 증가하고 있다. 이들은 대개 가족과 지역사회로부터 소외된 노인, 장애인, 아동 등이다. 즉, 오늘날 의학의 발달과 생활수준의 향상으로 평균수명이 연장되어 전체인구 중에서 노인인구가 차지하는 비율이 점차 증가하고 있으며, 노인부양의식이 약화되어 가족으로부터 소외된 노인들이 점점 늘어나고 있다. 또한 각종 사고와 재해, 환경오염 및 약물남용으로 인하여 장애인이 날로 증가하고 있으며, 산업화·도시화에 따른 가족유형의 변화와 가족해체로 인하여 학대, 유기 및 방임되는 아동들이 계속적으로 증가하고 있다.

이러한 클라이언트들은 대부분 사회적 기능상의 심각한 문제를 지니고 있기 때문에 소득뿐만 아니라 보건의료, 주택, 취업, 교육, 교통, 사회활동, 여가, 정신보건, 신체적 수발, 법률 등과 같은 다양한 욕구를 가지고 있다. 특히 이러한 욕구들은 단편적인 것보다는 복합적이고 지속적으로 발생되고 있다.

이와 같이 복합적이고 지속적인 욕구를 가진 클라이언트가 점점 증가하고 있음에도 불구하고, 이들을 위한 국가와 민간의 사회복지대책간의 유기적인 연계와 탄력성이 부족하여 이들의 다양화·복합화·장기화되어 있는 욕구를 충족시키기에 부족한 실정이다. 만일 이러한 클라이언트들이 가족과 지역사회로부터 포괄적이고 장기적인 서비스를 제공받을 수 없다면, 이것은 그들의 욕구를 충족시키거나 사회적 기능을 향상시키는 데 저해요인이 될 것이다.

따라서 클라이언트의 증가와 더불어 다양화·복합화·장기화되고 있는 그들의 욕구를 충족시키고 그들이 지역사회 내에서 원활하게 생활할 수 있도록 하기 위하여, 필요한 서비스를 개발하고, 동원하며, 조직화하고, 조정해야 할 필요성이 제기됨에 따라 케어매니지먼트가 등장하게 되었다.

### 3) 사회복지서비스 공급주체의 다양화

클라이언트의 증가 및 그들의 욕구의 다양화·복합화와 함께 그들에게 원조를 제공하는 서비스의 공급주체도 상당히 다양하고 복잡해지고 있다. 즉, 그동안 대부분의 서비스는 정부기관이나 사회복지법인 등과 같은 공공기관에 의해서 제공되었지만, 최근에는 비영리단체와 조직, 영리단체와 조직, 자원봉사자 등과 같이 민간의 사회복지 참여의 활성화로 인하여 클라이언트를 위한 서비스의 공급주체가 상당히 다양해지고 있다.

이러한 사회복지서비스의 공급주체는 대개 비공식 지원체계와 공식 지원체계로 나눌 수 있다. 비공식 지원체계란 공식적인 조직이 없이 자발적·비전문적으로 사회적 지지와 서비스를 제공하는 사람이나 단체를 말하며, 여기에는 가족, 친척, 친구, 이웃, 직장동료, 종교단체, 자조집단(self-help groups), 자원봉사자 등이 있다. 공식 지원체계는 공식적인 조직을 가지고 있는 정부기관과 시설, 민간기관과 시설, 협의체, 회원조직 등을 말하며, 여기에는 사회복지직공무원, 사회복지협의회, 각종 사회복지시설(기관)협회, 사회복지기관, 사회복지시설, 국공립병원, 보건소, 비영리단체와 조직, 영리단체와 조직, 기업과 노동조합 등 다양한 형태가 존재한다.

이와 같이 클라이언트에게 서비스를 제공하는 공급주체가 다양하고 복잡할 뿐만 아니라 그들이 제공하는 서비스의 내용도 상당히 다양하기 때문에, 사회적 기능상의 심각한 문제를 지닌 클라이언트가 서비스의 공급주체에 대해 인식하고 접근하며 이용하기가 대단히 어렵다. 또한 다양한 공급주체에 의해 제공되는 서비스는 서비스의 중복과 낭비를 초래할 위험이 크다.

따라서 클라이언트가 다양한 공급주체의 서비스에 대해 쉽게 인식하고 접근하며, 서비스의 중복과 낭비를 막아 서비스의 효율성을 높이고, 적절하고 포괄적인 서비스가 제공될 수 있도록 하기 위해 출장원조, 안내와 의뢰, 서비스의 통합과 조정 등을 행할 수 있는 케어매니지먼트에 대한 필요성이 제기되었다. 그 결과 사회복지서비스 공급주체의 다양성은 케어매니지먼트가 등장하게 된 하나의 배경이 되고 있다.

### 4) 사회복지서비스의 지방분권화

지방자치는 중앙정부와 지방정부 간에 사회복지 재정을 균형적으로 분담할 수 있게 하며, 사회복지서비스가 중앙정부 차원의 획일적인 행정에서 벗어나 지방자치단체에서 지역주민의 욕구와 수준에 알맞게 제공될 수 있도록 한다.

지방자치란 일정한 지역의 주민들이 자치단체를 구성하여 그 지역 내의 공공문제를 스스로 또는 그 대표자를 통하여 처리하는 것이다.[6] 지방자치의 사상적 기초는 지방분권(decentralization) 사상과 민주주의 사상이다. 지방분권 사상은 지방자치단체에 법인격을 부여함으로써 통치능력을 취득케 하는 것이며, 민주주의 사상은 지역주민들이 지역의 문제를 스스로의 책임 하에 자신들에 의해서 처리하는 것이다.

이러한 지방자치의 실시는 지역주민의 욕구에 의거한 사회복지행정을 실현함으로써 지역주민의 사회복지 수준을 높이는 계기가 되고 있으며, 사회복지에 대한 민간부문의 참여를 활성화시키는 기회를 제공하고 있다.

그러나 지방자치에 따른 사회복지서비스의 지방분권화는 지역사회 내에서 클라이언트의 욕구를 충족시킬 수 있는 자원을 적극적으로 개발하며, 자원에 대한 정확한 정보를 확보하고, 분산된 서비스 사이의 통합을 위한 장치를 마련하며, 지역주민의 욕구와 문제를 효과적·효율적으로 해결할 수 있는 능력을 갖추도록 요구하고 있다.

따라서 사회복지서비스의 지방분권화로 인하여 클라이언트의 욕구를 충족시키기 위해 지역사회 내의 자원을 개발하고 동원하며, 자원에 대한 정보를 확보

6) 유훈, 『지방재정론』, 법문사, 1996, p.19.

하고 안내하며, 분산된 서비스를 조직화하고 통합하며, 서비스 제공기관들의 경계를 넘어 그들을 조정해야 할 필요성이 제기됨에 따라 케어매니지먼트가 등장하게 되었다.

### 5) 대인서비스의 단편성과 불연속성

대부분의 대인서비스들은 특정한 표적인구집단을 대상으로 단편적으로 조직되어 있다. 즉, 대인서비스가 연령집단별로는 아동, 청소년, 노인 등으로 구분되어 있으며, 욕구 영역별로는 소득, 보건, 의료, 주택, 교육, 취업, 교통, 정신보건, 사회활동, 여가 등으로 나누어져 있고, 문제 영역별로는 정신지체, 발달장애, 교정 등으로 조직되어 있다.[7)]

또한 한 분야의 서비스를 제공받는 사람들을 대상으로 살펴보더라도 서비스를 제공하는 장소, 연령집단, 전문가, 시간 등이 상당히 분산되어 있다. 예를 들면, 정신보건서비스를 제공받는 사람들의 경우에는 서비스를 제공하는 장소가 병원, 생활시설, 중간시설(halfway house), 지역사회정신보건센터 등으로 구분되어 있으며, 연령집단은 청소년, 장년, 노인 등이 있고, 전문가는 심리학자, 정신의학자, 간호사, 사회복지사 등이 있으며, 시간은 주간보호, 야간보호, 주말보호, 일시보호 등으로 나누어져 있다.[8)]

한편 그동안 대인서비스 프로그램들은 서비스망(service network)이 아주 복잡하고, 단편적이며, 중복되어 있고, 서비스들 간에 조정되어 있지 못하여 대부분 범주별 경로를 통하여 제공되어 왔다.[9)]

이러한 대인서비스들이 여러 영역별로 분산되어 있다고 하더라도, 클라이언트가 이러한 서비스들을 편리하게 이용할 수 있다면 별다른 문제가 없을 것이다. 그러나 복합적인 욕구를 지닌 많은 클라이언트들이 서비스의 분산으로 인하여

7) D. P. Moxley, *op. cit.*, p.14.

8) S. Onyett, *Case Management in Mental Health*, London: Champman & Hall, 1992, p.7.

9) J. Intagliata, "Improving the Quality of Community Care for the Chronically Mentally Disabled: The Role of Case Management." *Schizophrenia Bulletin*, 8(4), 1982, p.655.

한 가지 욕구 영역에서 서비스를 제공받으면서 다른 욕구 영역으로부터 서비스를 획득한다는 것은 극히 어렵기 때문에, 그들이 다양한 서비스를 제공받지 못하고 단편적인 서비스만을 제공받는 경우가 많다. 이러한 상황에서는 클라이언트들이 필요한 서비스에 접근하거나 서비스를 획득하는 데 실패할 수 있으며, 적절하게 통합된 서비스를 제공받지 못할 수 있다.[10)]

그와 동시에 대부분의 대인서비스들이 장기보호를 요하는 만성질환자들을 대상으로 하면서도 서비스가 분산되어 있고 서비스들 간의 연계와 조정이 이루어지지 않아서 그들에게 연속적인 보호를 제공하지 못하였다. 또한 대인서비스의 단편성(fragmentation)으로 인하여 클라이언트에게 서비스를 제공하는 다양한 공급주체들이 통합되어 있지 못하고 분산되어 있어서, 클라이언트가 전반적인 서비스 제공과 관련된 책임성을 보장받기 어렵다.

그러므로 복합적인 욕구를 지닌 클라이언트에게 포괄적이고 연속적인 서비스를 제공하기 위해서는 단편화된 많은 서비스 제공자들 상호간에 상당한 협력과 조정이 이루어져야 하며,[11)] 서비스 제공에 대한 책임성을 보장하기 위해서는 어느 한 전문가나 기관이 서비스 제공과 관련된 전반적인 책임을 맡고 서비스를 관리해야 할 것이다.

따라서 대인서비스 제공자의 분산에 따른 서비스의 단편성과 불연속성을 극복하고 클라이언트에게 포괄적이고 통합된 서비스를 연속적으로 제공하며, 클라이언트에 대한 서비스 제공과 관련된 책임성을 보장해야 할 필요성이 초래됨에 따라 케어매니지먼트가 등장하게 되었다.

### 6) 사회복지 비용의 삭감

1950년대부터 서구의 선진 자본주의 국가들은 괄목할 만한 경제성장으로 복지

10) H. Goldstein, "Generalist Social Work Practice", In N. Gilbert & H. Specht(Eds.), *Handbook of the Social Services*, Englewood Cliffs, NJ: Prentice-Hall, Inc., 1981, p.419.

11) C. A. Rapp & R. Chamberlain, Ronna, "Case Management Services for the Chronically Mentally Ill", *Social Work*, 30(5), Silver Spring, MD: National Association of Social workers, Inc., 1985, p.418.

국가로서의 면모를 갖추고 점차 풍요로운 사회가 형성되어가면서 국가의 사회복지 비용을 꾸준히 증가시켜 왔다. 그러나 1970년대 중반 이후 경제불황 하에 인플레이션이 나타나는 이른바 스테그플레이션(stagflation) 현상으로 서구 자본주의 국가의 경제가 침체되면서 완전고용의 시대는 끝나고 대규모 실업이 발생하여 선진 복지국가들이 위기에 직면하게 되었다.[12)]

이로 인하여 선진 복지국가들이 사회복지에 대한 공공부문의 지출을 축소해야 할 처지에 직면하게 되었으며, 그 결과 사회복지의 공적인 책임이 약화되고 점차 민간의 책임을 강조하게 되어 사회복지의 민영화 현상이 대두되었다.[13)] 물론 복지국가의 전성기에도 민간부문의 복지가 계속적으로 발전해 왔지만,[14)] 이 시기에는 특히 사회복지의 공공부문의 일부분을 민간부문에 떠넘기기 위한 정책을 펴기 시작하여 사회복지의 민영화의 문제가 중요한 논제가 되었다.

따라서 사회복지의 공공부문의 비용의 삭감으로 민간부문의 역할이 증대되면서 지역사회에 잠재되어 있는 사회자원을 개발하여 활용하고, 비공식 지원체계의 클라이언트에 대한 보호기능을 강화하며, 제한된 자원 내에서 서비스 전달의 효과를 최대화하고, 서비스 전달의 비용을 억제하고자 하는 노력이 나타나기 시작하였다. 그 결과 사회복지 비용의 삭감은 케어매니지먼트가 등장하게 된 하나의 요인으로 작용하게 되었다.

### 7) 사회적 관계망에 대한 관심의 증가

탈시설화와 복지국가의 위기 이후의 사회복지 비용의 삭감으로 사회적 기능상의 심각한 문제를 지닌 클라이언트들을 지역사회 내의 자원을 개발하고 동원하

12) R. Mishra, *The Welfare State in Crisis: Social Thought and Social Change*, Sussex: Wheatsheaf Books Ltd., 1984, p.20.

13) P. Starr, "The Meaning of Privatization", in S. B. Kamerman & A. J. Kahn(Eds.), *Privatization and the Welfare State*, Princeton, NJ: Princeton University Press, 1989, p.15.

14) E. Papadakis & P. Taylor-Gooby, *The Private Provision of Public Welfare: State, Market, and Community*, Sussex: Wheatsheaf Books Ltd., 1987, p.12.

여 보호해야 할 필요성이 증대됨에 따라,[15] 사회적 관계망(social networks)의 역할에 대한 관심이 증가하게 되었다.

사회적 관계망이란 공유하는 사회적 지위, 유사하거나 공유하는 기능, 지리적인 또는 문화적인 관련성 등과 같은 어떤 공통적인 유대에 의해서 연결된 개인들이나 집단들을 말한다. 사회적 관계망의 유형으로는 사회적 지지체계, 자조집단, 자연원조망(natural helping network), 공통적인 문제를 다루는 공식기관의 집단 등이 있다.[16]

또한 사회적 관계망은 다음과 같이 10가지 관계 영역으로 구분할 수 있다. 그것은 ① 가족의 성원, ② 일차적인 친척관계, ③ 확대 친척관계, ④ 일을 통해 유지되는 관계, ⑤ 근린지역 내에서의 관계, ⑥ 상점주인과의 관계와 같은 지역사회 내에서의 비공식적인 관계, ⑦ 종교적 유대를 통해 형성된 관계, ⑧ 클럽과 사회집단을 통해 형성된 관계, ⑨ 대인서비스 조직들을 통해 형성된 관계, ⑩ 학교를 통해 형성된 관계 등이다.[17]

이러한 사회적 관계망의 사회적 지지와 원조는 클라이언트의 욕구를 충족시키고 복지를 증진시킬 수 있으며, 그들의 상당수는 실제로 가족, 친척, 친구, 이웃, 동료, 자원봉사자, 자조집단, 종교집단 등과 같은 비공식 지원체계로부터 실질적인 원조, 안내, 정서적 지지 등을 제공받고 있다.[18] 특히 이러한 비공식 지원체계에 의해 제공되는 사회적 지지는 클라이언트의 건강, 정신건강, 지역사회생활 등을 향상시키는 데 중요한 영향을 미친다.[19]

그러나 사회적 지지가 절대적으로 필요한 클라이언트들이 오히려 가족, 친척, 친구들로부터 고립되어 있으며,[20] 비공식 지원체계를 포함한 사회적 관계망들이

15) 장인협, 『지역복지실천방법론 -케어/케이스 관리-』, 서울대학교 출판부, 1995, p.28.

16) R. L. Barker, *The Social Work Dictionary*, 3rd ed., Washington D.C.: NASW Press, 1995, p.355.

17) D. P. Moxley, *op. cit.*, p.44.

18) G. Caplan, *Support Systems and Community Mental Health*, New York: Behavioral Publications, 1974, D. P. Moxley, *op. cit.*, p.15.

19) J. K. Whittaker & J. Garbarino(Eds.), *Social Support Networks: Informal Helping in the Human Services*, New York: Aldine De Gruyter, Inc., 1983, p.5.

20) J. K. Whittaker & E. Tracy, *Social Treatment*, 2nd ed., New York: Aldine De Gruyter, Inc., 1989, p.1.

상당히 분산되어 있고, 그들의 서비스를 개발하고, 조직화하며, 조정할 수 있는 장치가 거의 없어서,[21] 클라이언트의 욕구 충족과 사회적 기능 향상에 크게 기여하지 못하고 있다.

따라서 비공식 지원체계를 포함한 사회적 관계망들을 개발하여 클라이언트와 유기적으로 연결시키고, 클라이언트와 그들과의 상호작용을 촉진하며, 클라이언트를 보호하는 그들의 역할과 기능을 강화하고, 그들의 서비스를 조정할 필요성이 제기됨에 따라 케어매니지먼트가 등장하게 되었다.

### 8) 대인서비스 비용의 절감

복지국가의 위기 이후에 서구의 선진 자본주의 국가들이 사회복지에 대한 공공부문의 지출을 감소시키고 민간부문의 역할을 강조하면서 대인서비스의 비용을 절감하려는 노력이 나타나게 되었다.

이러한 노력으로 인하여 사회적 기능상의 심각한 문제를 지니고 있는 클라이언트를 시설에서 보호하지 않고 가족과 지역사회 내에서 보호하려는 운동이 더욱 확산되었으며, 클라이언트의 비공식 지원체계의 중요성에 대한 인식이 점점 증가되었고, 한정된 자원을 가지고 서비스 전달의 효과를 최대화하려는 비용효과성에 대한 관심이 증대되었다. 즉, 이러한 노력은 대인서비스가 지역사회에 기반을 두고 포괄적으로 제공되며, 클라이언트와 비공식 지원체계와의 연결을 촉진시키고 그들 간의 상호작용을 증진시켜 비공식 지원체계로 하여금 클라이언트를 적절히 보호하도록 하며, 클라이언트에게 서비스가 효과적 · 효율적으로 제공되도록 하는 방향으로 대인서비스의 전달방식을 변화시키게 되었다.[22]

그 결과 대인서비스의 비용을 절감하기 위한 이러한 노력은 비공식 지원체계로 하여금 클라이언트를 적절히 보호할 수 있도록 하며, 서비스의 조정을 통하여

21) W. R. Curtis, *The Future Use of Social Networks in Mental Health*, Boston: Social Matrix, 1979, D. P. Moxley, *op. cit.*, p.15.

22) M. Weil & J. M. Karls, et al., *Case Management in Human Service Practice*, San Francisco, CA: Jossey-Bass, Inc., Publishers, 1985, p.2.

서비스의 비용효과성을 증진시킬 수 있게 하는 지역사회에 기반을 둔 새로운 서비스 전달방식인 케어매니지먼트가 등장하게 된 배경이 되었다.

## | 참고문헌 |


유훈(1996), 『지방재정론』, 법문사.

장인협(1995), 『지역복지실천방법론－케어/케이스 관리－』, 서울대학교 출판부.

白澤政和(1992), 『ケースマネージメントの理論と實際』, 東京: 中央法規出版.

Barker, Robert L.(1995), *The Social Work Dictionary*, 3rd ed., Washington, D.C.: NASW Press.

Caplan, G.(1974), *Support Systems and Community Mental Health*, New York: Behavioral Publications.

Conroy, J. W.(1977), "Trends in Deinstitutionalization", *Mental Retardation*, 15(4).

Curtis, W. R.(1979), *The Future Use of Social Networks in Mental Health*, Boston: Social Matrix.

Goldstein, Howard.(1981), "Generalist Social Work Practice", In Gilbert, Neil & Specht, Harry(Eds.), *Handbook of the Social Services*, Englewood Cliffs, NJ: Prentice-Hall, Inc.

Halpern, Joseph, et al.(1980), *The Myths of Deinstitutionalization: Policies for the Mentally Disabled*, Boulder, CO: Westview Press, Inc.

Intagliata, J.(1982), "Improving the Quality of Community Care for the Chronically Mentally Disabled: The Role of Case Management." *Schizophrenia Bulletin*, 8(4).

Mishra, Ramesh(1984), *The Welfare State in Crisis: Social Thought and Social Change*, Sussex: Wheatsheaf Books Ltd.

Morris, Robert(1977), "Caring for vs. Caring about People", *Social Work*, 22(5), Silver Spring, MD: National Association of Social workers, Inc.

Moxley, David P.(1989), *The Practice of Case Management*, Newbury Park, CA: Sage Publications.

Onyett, Steve(1992), *Case Management in Mental Health*, London: Champman & Hall.

Papadakis, Elim & Taylor-Gooby, Peter(1987), *The Private Provision of Public Welfare: State, Market, and Community*, Sussex: Wheatsheaf Books Ltd.

Rapp, Charles A. & Chamberlain, Ronna(1985), "Case Management Services for the Chronically Mentally Ill", *Social Work*, 30(5), Silver Spring, MD: National Association of Social workers, Inc.

Starr, Paul(1989), "The Meaning of Privatization", in Kamerman, Sheila B. & Kahn, Alfred J.(Eds.),

*Privatization and the Welfare State*, Princeton, NJ: Princeton University Press.

Weil, Marie & Karls, James M., et al.(1985), *Case Management in Human Service Practice*, San Francisco, CA: Jossey-Bass, Inc., Publishers.

Whittaker, J. K. & Garbarino, J.(Eds.)(1983), *Social Support Networks: Informal Helping in the Human Services*, New York: Aldine De Gruyter, Inc.

Whittaker, J. K. & Tracy, E.(1989), *Social Treatment*, 2nd ed., New York: Aldine De Gruyter, Inc.

# 03

# 케어매니지먼트의 발달

## 1. 케어매니지먼트의 기원

케어매니지먼트는 1863년 미국 매사추세츠 주의 자선국이 설립되어 공공 대인 서비스를 조정하고 빈민들과 병자들의 보호에 사용된 공공기금을 보존하려는 노력을 최초의 선례로 보고 있다. 자선국은 빈민들을 원조하면서 동시에 공공기금을 억제하려고 하였으며, 원조가 가장 절실한 사람과 가능한 한 많은 표적인구집단(target population)에게 원조를 제공할 수 있도록 부족한 재정과 직원을 효과적으로 활용하고자 하였다.[1)]

자선조직협회 운동이 미국에서 시작된 1877년부터 1920년대까지 자선조직협회는 각 자선단체 상호간의 협력과 구제활동의 조정을 통하여 빈민들에게 제공되는 서비스를 효율적·비용효과적으로 전달하고자 하였다. 즉, 자선조직협회는 구제의 합리화와 조직화를 목적으로 클라이언트의 가족을 등록하여 기록을 보존하였으며, 구제의 중복을 방지하고 자원을 효율적으로 활용하기 위해서 다른 자선단체들의 자료와 대조하여 사례를 조정하였다.[2)] 이것은 인보관 운동이 서비스

1) M. Weil & J. M. Karls, et al., *Case Management in Human Service Practice*, San Francisco, CA: Jossey-Bass, Inc., Publishers, 1985, p.4.

2) J. Leiby, *A History of Social Welfare and Social Work in the United States*, New York: Columbia University

가 필요한 사람들을 위해서 서비스의 개발과 조정을 강조한 것과는 대조적으로 서비스망 내에서의 사례의 조정이었다.

인보관은 1889년 시카고에 헐 하우스(Hull House)가 설립된 이후 지역의 이주자들과 저소득 가족을 대상으로 그들이 필요로 하는 서비스를 제공하기 위해서 초보적인 서비스 조정체계를 개발하였다. 즉, 인보관은 이주자들과 저소득 가족의 욕구와 관여, 지역주민의 문제 및 사회문제 등을 목록화한 색인카드철을 만들었으며, 그들을 위한 서비스의 개발, 옹호 및 조직화를 통하여 그들에게 양질의 서비스가 전달되도록 하였다.

사회서비스의 선구자인 Mary Richmond는 클라이언트가 다양한 욕구를 가지고 있으며, 클라이언트를 위해 대인서비스 기관 상호간의 협력과 조정이 필요하다고 지적하였다. Richmond는 1901년 사례조정모형을 개발하여 클라이언트의 가족에게 적용하였으며, 이것은 현재의 케어매니지먼트의 서비스 조정과 비슷한 것이다. 또한 그는 클라이언트에게 관심을 집중시키는 케어매니지먼트의 가치지향에 공헌했으며, 체계적인 정보의 수집, 자원봉사자의 훈련, 클라이언트에 대한 토론과 계획에서의 다양한 학문 분야의 전문가들과의 협력, 다른 기관의 목적, 방법 및 서비스에 대한 이해, 사례회의(case conference)의 개발 등을 강조하였다.[3)]

1920년대 중반 공동모금회(community chest) 운동은 사회계획협의회와 기관연합회에 의해서 수행되었으며, 이들 조정기관들은 지역사회의 자원을 더욱 효과적으로 활용하기 위해서 조직화되었다. 또한 1920년대 중반 아동안내소는 서비스 전달과 사례조정의 팀모형을 시도하였으며, 이러한 팀은 사회복지사, 정신의학자 및 심리학자의 지식과 기술을 활용하였다. 제2차 세계대전 직후 로스앤젤레스에서는 가정으로 돌아오는 퇴역군인들을 원조하기 위해서 복합서비스 센터를 개발하였으며, 이러한 센터들은 주요 공공 서비스기관과 민간 서비스기관에서 파견한 직원들에 의해 운영되었다. 한편 1952년 미네소타 주의 세인트 폴에서 추진한 복합문제가족의 치료계획을 보면, 모든 기관들의 서비스의 과반수 이상이 극소

Press, 1978, pp.114-119.

3) M. Weil & J. M. Karls, et al., *op. cit.*, pp.4-8.

수의 문제가족들에게 제공되고 있었으며, 문제별로 단편적으로 제공되고 있었기 때문에 이러한 문제점들을 해결하고자 문제의 체계적인 분류와 우선순위의 설정 및 지역사회서비스의 조직화를 시도하였다.[4)]

1950년대 동안 사례조정은 복합적인 문제를 가진 가족에게 더욱 효과적인 접근방법을 발전시키는 데 주요 관심사가 되었으며, 그러한 조정장치로서 사례회의의 활용이 보편화되었다.[5)] 이러한 사례조정은 1960년대까지 장애인 및 아동학대나 청소년비행과 같은 일탈행동을 지닌 가족에 대한 서비스에서 주로 활용되었다. 이 시기에는 시민권 운동과 빈곤과의 전쟁 프로그램의 영향으로 서비스와 자원에 대한 개인의 권리의식이 증대되어 서비스의 대상자가 수동적인 수령자인 환자에서 적극적인 수령자인 클라이언트 또는 수요자(consumer)로 변화되었으며, 클라이언트에 대한 중개와 옹호역할이 발전하였다. 그 결과 수요자의 관여와 권한부여에 대한 개념은 보호의 조정에 기여하게 되었다.[6)] 또한 1962년 정신지체에 관한 대통령위원회는 수요자가 필요로 하는 서비스를 획득할 수 있는 서비스의 효과성에 대한 관심을 표명하였으며, 서비스 체계의 계획자들에게 중대한 가치로서 보호의 연속성을 제안하였다.[7)]

한편 1960년대의 대인서비스의 상대적인 증가로 인하여 수많은 프로그램들이 나오게 되었으며, 이러한 프로그램들에 대한 비평과 서비스를 증진하기 위한 전략 등이 나타났다. 즉, 이러한 프로그램들은 서비스망이 아주 복잡하고 단편적이며, 중복되어 있고, 조정되어 있지 않았기 때문에,[8)] 복합적인 욕구와 문제를 가진 사람들이 단편적인 프로그램에 의해서 그들의 욕구와 문제의 한정된 측면만을

4) J. Leiby, *op. cit.*, pp.284-285.

5) A. V. Bertsche & C. R. Horejsi, "Coordination of Client Services", *Social Work*, 25(2), Silver Spring, MD: National Association of Social workers, Inc., 1980, p.94.

6) F. E. Netting, "Case Management: Service or Symptom?", *Social Work*, 37(2), Washington D.C.: National Association of Social workers, Inc., 1992, p.161.

7) M. H. Linz, P. McAnally & C. Wieck(Eds.), *Case Management: Historical, Current, and Future Perspectives*, Cambridge, MA: Brookline Books, Inc., 1989, p.2.

8) J. Intagliata, "Improving the Quality of Community Care for the Chronically Mentally Disabled: The Role of Case Management", *Schizophrenia Bulletin*, 8(4), 1982, p.655.

해결하는 결과를 가져오고 있다는 인식이 나타나게 되었다.[9] 그 결과 다양한 대인서비스를 하나의 조정된 관리적인 방향으로 대치하려는 노력이 나타났으며, 서비스를 통합할 수 있는 프로그램들을 확립하려는 중대한 시도가 있었다. 이러한 프로그램들이 케어매니지먼트의 선구자의 역할을 하게 되었다.

## 2. 케어매니지먼트의 발달

### 1) 미국

1970년대에 접어들어 미국에서 '케이스매니지먼트(case management)'로 불리는 케어매니지먼트가 여러 문헌에서 나타나기 시작하였으며, 이 시기에는 서비스의 조정역할을 수행하는 케어매니저의 노력이 주요한 관심사이었고, 케어매니지먼트와 관련된 기술이 발전되었다.

1971년 보건교육복지성은 주와 지방 수준에서 연방 서비스 프로그램의 통합을 증진하기 위한 다양한 접근방법을 시험하는 일련의 시범사업(demonstration projects)을 전개하였다. 이러한 서비스 통합사업은 ① 클라이언트에게 가장 이익이 되는 조정된 서비스의 전달, ② 개인에 대한 전체론적 접근방법(holistic approach), ③ 지역수준에서의 포괄적인 서비스의 제공, 그리고 ④ 지역의 욕구에 알맞은 지역수준에서의 합리적인 자원할당 등을 목적으로 하였다. 여기에서 서비스 통합이라는 용어는 사회서비스 체계의 조정을 가져온 대인서비스 프로그램 사이의 연결을 추진하려고 시도한 연방의 활동을 묘사하기 위해서 만들어진 것이다.[10]

이러한 시범사업은 클라이언트 추적체계, 안내와 의뢰 기제(機制), 복합서비스 센터, 전문적인 관리정보체계, 기관 상호간의 기획과 서비스 전달의 협정, 전산화

9) A. Rubin, "Case Management", in S. M. Rose(Ed.), *Case Management and Social Work Practice*, New York: Longman Publishing Group, 1992, p.6.

10) M. H. Linz, P. McAnally & C. Wieck(Eds.), *op. cit.*, p.2.

된 자원목록, 관리 재조직사업 등과 같은 대인서비스에서의 다양한 기술의 개발과 확산을 가져왔다.[11] 이러한 사업의 초점은 대부분 클라이언트에게 제공되는 자원의 조정에 관한 것이었으며, 서비스 체계를 통하여 자원과 클라이언트 사이의 책임 있는 적절한 통로가 될 수 있는 체계대행자라고 부른 케어매니저에 관한 것이었다.

한편 1970년대 초기에 케어매니지먼트의 발달을 촉진한 가장 강력한 요인 중의 하나는 대인서비스 프로그램의 신속한 팽창이었다. 이러한 팽창의 결과로 인하여 서비스 체계의 중복, 단편화된 서비스 체계, 쇠약해지는 클라이언트 등과 같은 서비스 체계의 결함들이 끊임없이 지적되었다. 그리고 장애인과 그들의 가족에게 제공되는 서비스들이 복잡하고, 조정되지 않았으며, 서비스가 가장 필요한 사람과 서비스에 쉽게 접근하는 사람을 혼동하고 있다는 연구결과들이 많이 나왔다. 특히 발달장애인들이 사회서비스의 클라이언트들 중에서 가장 어려움을 겪고 있었으며, 이들에 대한 공정한 배려가 필요하게 되었다.[12] 즉, 서비스 체계의 통합과 서비스의 조정을 통하여 서비스의 중복을 방지하고 클라이언트에게 보다 공정하고 효과적인 서비스를 제공하려는 노력이 케어매니지먼트의 발달로 나타나게 되었다.

케어매니지먼트 발달을 촉진한 또 다른 힘은 정신보건과 발달지체 분야의 탈시설화 운동이다. 정신보건체계는 사람들을 시설에서 지역사회로 이동시키기 시작했으며, 이 시기 동안 지역사회에 기반을 둔 대인서비스 프로그램이 확대되었다. 그러나 1970년대 동안 심각한 복합적인 욕구를 가진 이전의 시설생활자들이 지역사회에서 편히 살아가는 것만은 아니며, 불결하게 살거나, 그들의 이웃에 의해 거절당하고 고통당하며 산다는 증거가 나타나기 시작했다. 그것은 그 당시 대부분의 지역사회에서 포괄적인 보호를 제공하지 못하였으며, 시설생활을 대체하기 위해 설립한 지역사회 정신보건센터들이 클라이언트들에게 부적절하게 대처했기 때문이었다.[13]

11) J. Intagliata, *op. cit.*, p.656.
12) M. H. Linz, P. McAnally & C. Wieck(Eds.), *op. cit.*, p.3.

이러한 사실들이 여러 문헌에 의해 폭로되면서, 정신보건과 발달지체 분야에서는 지역사회에 많은 범주별 서비스들이 존재한다고 하더라도 그러한 서비스들이 반드시 활용될 수 있는 것만은 아니며, 지역사회가 생활시설보다 반드시 덜 제한적이며 더욱 인간적인 것만은 아니라는 인식이 나타나게 되었다.[14] 특히 심각하게 손상된 사람들은 그들 스스로 서비스 전달체계와 협상할 수 없을 뿐만 아니라 협상하려고 하지도 않았던 것이다. 그 결과 클라이언트들에게 서비스에 대한 접근성을 높이고 포괄적인 서비스를 책임성 있게 제공하는 것이 필요하게 되었으며, 이것은 케어매니지먼트 발달의 원동력이 되었다.

1974년 이후 미국정신보건연구원(National Institute of Mental Health)은 19개 주에서 서비스 통합의 개념을 실행하고 확인하기 위해서 지역사회 지원체계로 불리는 시범사업을 전개하였다.[15] 지역사회 지원체계는 지역수준의 지정기관에 특수한 조정의 힘과 권위를 할당하여 서비스의 통합을 실행하는 것이다. 이러한 지역사회 지원체계의 주요 기관들은 그 지역 내의 만성정신장애인의 욕구를 사정하고, 필요한 모든 지원서비스를 제공하기 위하여 기관 상호간의 연결과 협정을 교섭하며, 서비스망 내의 현존하는 격차를 해소하기 위해서 새로운 서비스 구성요소들을 개발하였다.[16]

지역사회 지원체계는 이러한 사업을 전개하면서 다음과 같은 10가지의 필수적인 기능 또는 구성요소를 규정하였다.[17]

① 병원 또는 지역사회에서의 표적인구집단의 확인 및 서비스를 필요로 하는 사람에게 적절한 서비스를 제공하기 위한 출장원조

13) A. Rubin, *op. cit.*, pp.6-7.

14) L. L. Bachrach, "Continuity of Care for Chronic Mental Patients: A Conceptual Analysis", *American Journal of Psychiatry*, 138(11), 1981, pp.1449-1456.

15) J. Turner & I. Shiffren, "Community Support System: How Comprehensive?", in L. Stein(Ed.), *Community Support Systems For the Long-term Patient*, San Francisco, CA: Jossey-Bass Inc., Publishers, 1979, pp.1-13.

16) A. Rubin, *op. cit.*, p.7.

17) B. Stroul, "Community Support Programmes for People with Long-term Mental Illness: A Conceptual Framework", *Psychosocial Rehabilitation Journal*, 12(3), 1989, pp.9-26.

② 권리의 신청에 대한 원조
③ 다른 선택이 부적당할 때 병원입원과 같은 이용 가능한 최소의 제한적인 환경에서의 위기안정화
④ 지역사회 생활을 통한 목표지향적인 재활훈련, 취업능력 증진을 위한 기회, 기능의 증진을 조장하는 분위기를 갖춘 적절한 생활조건, 그리고 지역사회 참여의식과 가치를 증진시키는 사회적 기술, 관심 및 여가활동을 발전시키는 기회 등을 포함하는 심리사회적 재활서비스
⑤ 생활과 일의 준비에 대한 지원 및 그와 관련된 필요한 다른 서비스를 포함하는 지속적인 지원서비스
⑥ 의료적·정신의학적 보호
⑦ 가족, 친구 및 지역사회 성원들에 대한 지지
⑧ 주택 또는 직업의 기회를 계획하고 제공하는 데 관련된 지역사회 성원들의 관여
⑨ 병원과 지역사회에서의 이용자의 권리의 보호
⑩ 적절한 원조의 계속적인 이용가능성(availability)을 보장하는 케어매니지먼트

이러한 지역사회 지원체계 접근방법의 근본원리는 역시 케어매니저의 노력에 의한 것이었으며, 그의 조정노력은 주요 기관과 협상하고 클라이언트에게 지정된 서비스를 전달하기 위해서 서비스 제공자들을 한정하는 일련의 정식계약에 의한 권한의 부여를 통하여 이루어졌다.

1974년 의회는 발달장애법의 제정을 통하여 케어매니저들로 구성된 서비스 통합기제가 시설생활에서 벗어난 발달장애인들에게 우선적으로 제공되어야 한다고 하였다. 1975년 제정된 장애아동교육법은 최초로 국립학교에서 케어매니지먼트 접근방법의 형태를 공식화하였다. 또한 병원인가공동위원회(Joint Commission on Accreditation of Hospitals)는 지역사회 정신보건서비스에서 케어매니지먼트를 제공해야 한다고 규정하였다. 그 이후 1970년대 후반부터 1980년대 초반까지 많은 주에서 케어매니지먼트에 관한 법률을 제정하기 시작하였으며, 케어매니지먼트

와 그것을 수행하기 위한 실무지침에 관한 지식이 필요하게 되었다. 1981년 미네소타 주 의회는 미네소타 주 법령의 수정안을 통과시켰으며, 거기에서 케어매니지먼트의 기능에 대한 기본적인 틀을 설정하였다.

1980년대는 케어매니지먼트가 미국의 모든 주로 확산되어 실시되면서 그것의 발전을 가속화시킨 시기이다. 이 시기에도 서비스의 팽창, 서비스 비용의 증가 및 서비스 체계의 복잡성으로 인하여 장기보호를 요하는 무능력한 사람들에게 어려움을 가중시켰다. 이러한 문제를 해결하기 위하여 장기보호의 욕구를 가진 사람들에게 서비스를 제공하는 각각의 분야에서는 서비스의 조정에 관한 전략으로 케어매니지먼트를 발전시키고 포함시켜 왔다. 한편 장기보호를 위한 주의 의료급여(medicaid) 예산의 적자는 이러한 비용을 억제할 수 있는 방법을 강구하도록 압력을 가중시켜 지역사회서비스들의 조정과 시설생활의 대안의 개발을 통하여 비용을 감소시키게 되었으며, 그 결과 케어매니지먼트는 비용억제의 주요한 요소로 간주되게 되었다.

이러한 케어매니지먼트는 건강문제를 가진 노인들에게도 점차 필요한 요소가 되었다. 미국의 노인들의 약 80% 이상은 각종 만성질환을 앓고 있으며, 이들은 국가의 건강보호서비스의 가장 큰 수요자들이다. 이러한 서비스의 증가는 노인요양시설에서의 보호를 위한 의료부조 지출의 증가와 더불어 건강보호 전달체계의 위기를 가져오게 하였다. 많은 주에서는 가능한 한 지역사회보호 프로그램을 통하여 노인들이 가정에서 보호를 받도록 권고하였으며, 케어매니지먼트는 이러한 프로그램의 필요한 구성요소로서 포함되었다.[18)]

이와 같이 대인서비스의 다양한 분야에서 케어매니지먼트가 필요하게 되면서, 미국사회복지사협회는 케어매니지먼트를 제공 모든 분야에서 전문사회복지사를 활용할 것을 강조하였으며, 사회복지실천 전문직에서의 케어매니지먼트의 활용을 클라이언트 서비스의 질과 포괄성을 보장하는 주요한 수단으로 간주하였다. 사회복지실천 전문직에서의 이러한 접근방법의 활용은 케어매니지먼트가 대인

18) M. H. Linz, P. McAnally & C. Wieck(Eds.), *op. cit.*, p.4.

서비스의 다양한 분야에서 효과적이고 적절하다는 것을 보증하는 계기가 되었다. 또한 미국사회복지사협회는 케어매니지먼트 서비스에 대한 책임을 보장하는 전문사회복지사를 모집하고 고용하는 기관들을 격려했으며, 1984년 '기능손상자를 위한 사회복지실천 케어매니지먼트의 기준과 지침'을 제정하기에 이르렀다.[19)]

그 이후 케어매니지먼트는 장기보호를 요하는 복합적인 욕구를 가진 클라이언트들에게 서비스에 대한 접근성과 이용가능성을 높이고, 보호의 연속성을 보장하며, 비용효과성을 증대시키고, 책임성 있게 서비스를 전달하는 효과적이고 적절한 대인서비스의 전달방식으로 자리를 잡게 되었다. 그 결과 케어매니지먼트는 정신보건, 노인복지, 아동복지, 신체장애, 발달장애 등과 관련된 많은 사회복지실천 분야에서 활용되고 있으며, 최근 대인서비스 기관에서 급속하게 성장하고 가장 널리 보급되어 있는 서비스 전달방식이 되었다.[20)]

### 2) 영국

영국에서 케어매니지먼트는 정신보건 분야의 탈시설화와 지역사회보호 정책을 효과적으로 수행하기 위한 보건과 사회서비스 기관 상호간의 조정노력에 의해서 발달하게 되었다. 여기에서 케어매니지먼트라는 용어는 몇 번의 변화를 거쳐 확정되었다. 1986년 감사위원회는 이것을 케이스매니지먼트로 불렀으며, 1988년 Griffiths 보고서는 케어매니지먼트라고 하였고, 1989년 정부의 백서는 케이스매니지먼트란 용어를 사용하였다. 1990년 관리자와 실천가들을 위해 출판한 보건부의 지침은 케이스매니지먼트가 관리되어지는 보호(care)이며, '케이스'란 용어가 품위를 떨어뜨리기는 것처럼 인식될 수 있다는 사실에 의거하여 이것을 케어매니지먼트로 언급하였으며, 그 이후부터 계속 이러한 명칭으로 사용되고

19) National Association of Social workers, "Case Management in Health, Education, and Human Service Settings", in S. M. Rose(Ed.), *Case Management and Social Work Practice*, New York: Longman Publishing Group, 1992, p.24.

20) J. Rothman, *Guidelines for Case Management: Putting Research to Professional Use*, Itasca, IL: F. E. Peacock Publishers, Inc., 1992, p.1.

있다.[21]

탈시설화의 주요한 추진력이 미국에서는 대인서비스 비용의 억제이었던 반면에, 영국에서는 재활노력에 자극을 제공한 노동력에 대한 전후의 수요이었다. 이러한 노동시장의 변화는 정신보건 문제를 이해하고 완화시키는 사회환경적 접근방법의 효력을 낙관적으로 보는 철학적 변천에 영향을 미쳐왔다. 더구나 지역사회보호에 대한 촉진력은 생활시설의 열악성 및 치료를 강조하는 정신의학의 보호관리의 기능과 관련된 이념적인 변천에 의해서 증가되었다.[22]

1959년 정신보건법이 제정되어 정신병원의 입원을 줄이면서 지역사회 편의시설의 발달을 촉진하였으며, 1963년 '보건과 복지: 지역사회보호의 발달'이라는 정책문서를 통하여 지역사회보호 정책의 발전을 도모하고자 하였다. 또한 1975년 정부의 백서에서 사회서비스 부서들의 역할의 확대를 통하여 그들이 생활시설, 주간보호, 재가보호와 사회복지실천 지원, 전문적인 직원의 배치, 기관들 사이의 조정의 증진 등을 떠맡도록 하였다. 그러나 1970년대 중반까지 병원의 입원환자가 급격히 줄어들게 되어 그들이 지역사회에서 적절한 보호를 받아야 함에도 불구하고, 보건과 사회서비스 기관들 사이의 조정의 부족으로 그들이 제대로 보호를 받지 못하였다.

1970년대 동안 새로이 개발한 Seebohm 보고서는 개인적 사회서비스에서 보건과 사회적 보호 사이의 기관 상호간의 조정을 증진시키기 위하여 공동의 보호기획과 공동의 재원조달과 같은 형태를 제안하였다. 그 이후 통합된 기획과 서비스 전달을 촉진하기 위해서 보건국과 지방당국의 공동 재원조달체계가 도입되었다. 그것은 보건당국에게 공동으로 계획된 사업에 사용될 기금을 제공함으로써 국민보건서비스(NHS)에게 사회서비스의 발의권을 촉진시킬 목적이었다. 그러나 이러한 전략은 지역사회보호, 지방정부의 재정 및 사회보장과 관련된 부서들의 정책을 조정할 정부 차원의 중앙의 지도력의 결핍, 사회서비스 검사관의 지방당국에

21) D. J. Challis, et al., *Care Management and Health Care of Older People: The Darlington Community Care Project*, Aldershot: Ashgate Publishing Ltd., 1995, p.18.

22) S. Onyett, *Case Management in Mental Health*, London: Champman & Hall, 1992, p.26.

대한 점검역할의 부족, 보건국과 지방당국 사이의 관리문화의 차이, 공동점검을 위한 균형적인 체계의 부재 및 기관 상호간의 기획의 성공이나 실패에 대한 책임성 분할의 결여 등으로 인하여 성공하지 못하였다.[23)]

1985년 하원사회서비스위원회는 지난 10년 동안의 공동 재원조달의 실패를 강조했으며, 정신병원을 떠나는 모든 사람들을 위해서 명백히 규정된 보호계획과 그것의 실행을 위한 자원들을 주창하였다. 그것은 또한 시설생활이 지역사회와 격리된 대규모의 시설에서만 이루어져야 한다는 관념을 배격하였다. 1986년 감사위원회는 처음으로 케어매니저의 활동을 상세히 기술하였다. 그들은 보고서를 통하여 병원을 떠나는 사람들을 위한 서비스 투자의 적자 및 정신보건 문제를 가진 사람들을 위한 서비스 지출에서의 지방당국 간의 다양성을 지적하였다. 또한 그들은 지역보건당국이 지방당국에 거의 관여하지 않았으며 대안적인 서비스의 제공을 고려하지 않고 폐쇄하는 병원들에 몰두하고 있었기 때문에, 지역사회보호로의 이동을 좌절시킬 수 있었다는 사실을 시사하였다. 그들은 자원활용의 점검을 위한 체계들의 부적절성을 강조하였으며, 조직 상호간의 협력을 촉진할 수 있도록 예산의 자율권을 가진 케어매니지먼트 체계를 제안하였다.

1986년 정부는 Griffiths 경에게 지역사회보호 정책의 검토를 위임하였다. Griffiths는 1988년의 보고서를 통하여 '만일 지역사회보호가 어떤 의미를 가지려면, 그것은 책임이 개인과 그의 보호자(carer)들에게 가능한 한 가까이 놓여 있어야 한다'고 결론을 내렸으며, 케어매니지먼트의 역할이 전략적·재정적인 책임을 포함하고 있다고 권고하였다.[24)]

1989년 정부는 Griffiths 보고서에 기반을 둔 지역사회보호에 관한 백서인 'Caring for People'을 발간하였다. 그것은 국민보건서비스와 지방당국의 서비스의 제공에 관한 사고에 있어서 대단한 변화를 제시하였으며, 정부 차원에서 케어매니지먼트를 채택하는 계기가 되었고, 1990년 국민보건서비스와 지역사회보호법

---

23) G. Wistow, *Community Care Planning: A Review of Past Experiences and Future Imperatives*, Leeds: Nuffield Institute for the Health Services Studies, 1990, S. Onyett, *op. cit.*, p.27.

24) R. Griffiths, *Community Care: Agenda for Action*, London: HMSO, 1988, S. Onyett, *op. cit.*, p.28.

을 통과시키는 밑거름이 되었다. 그 백서의 중심적인 요지는 경쟁이 효율성을 증대시키고 부적당하고 바람직하지 않은 서비스 제공을 추방한다는 가정에 기초한 보건과 사회적 보호의 제공에 대한 시장의 원리를 적용하는 것이었다. 그것은 지역사회보호에서 경제적인 서비스의 제공뿐만 아니라 기관 상호간의 협력을 통하여 서비스의 단편화를 극복하고 조정된 효율적인 서비스의 제공을 촉진하기 위한 시도를 포함하고 있다.

한편 1990년 보건부가 관리자와 실천가들을 위해 출판한 정책지침은 케어매니지먼트의 목적을 다음과 같이 기술하였다.[25)]

① 자원의 가장 효과적인 활용을 통하여 개별적인 보호의 욕구를 충족시킨다.
② 지역사회의 어디에서나 살아갈 수 있도록 사람들에게 능력을 부여함으로써 독립을 회복하고 유지하도록 한다.
③ 모든 연령층의 사람들을 대상으로 장애, 질병 또는 정신적인 고통의 부정적인 효과를 방지하고 최소화한다.
④ 모든 사람들이 동등한 기회를 획득하도록 한다.
⑤ 개별적인 선택과 자기결정을 증진시키며, 현재의 강점(strength)들과 보호의 자원들을 확립시킨다.
⑥ 모든 분야의 이용자들, 보호자들 및 서비스 제공자들 사이의 협력관계를 증진시킨다.

또한 이러한 정책지침은 이용자와 보호자의 참여를 강조한 케어매니지먼트의 세 가지의 핵심적인 과정을 다음과 같이 기술하였다.

① 보호자의 지원욕구를 포함한 사정
② 이용자, 보호자 및 다른 관련 기관들이 관여하는 지원에 대한 기획과 동의. 비록 그 계획이 필연적으로 현존하는 자원 내에서 존재할지라도, 이용할 수

25) Department of Health, *Community Care in the Next Decade and Beyond*, London: HMSO, 1990, S. Onyett, *op. cit.*, p.29.

없는 어떤 더 좋은 해결책에 관한 정보는 기획과정에 제공되어야만 한다.

③ 수행, 점검, 검토(review) 및 수정. 마지막 과정인 이것은 케어매니지먼트의 연속적인 본질 및 이용자와 보호자에게 가능한 한 가장 훌륭한 결과가 성취될 수 있도록 제공한 원조의 계속적인 조정을 강조한 것이다.

이와 같은 정책지침은 케어매니저들이 그들 스스로 서비스 제공에 관여하거나 서비스 제공기관을 관리하지 않도록 강조하였다. 이것은 욕구를 사정하고 서비스 제공의 효과를 점검할 때 이해관계의 갈등을 피하기 위한 것이었다.

현재 영국에서 케어매니지먼트는 시설생활에서 벗어나 지역사회보호로의 이동과 재가보호의 강화를 달성할 수 있도록 고안된 새로운 기제로서 지역사회보호 정책의 수행에서 중심적인 위치를 차지하고 있다.[26] 이것은 심각하게 손상된 사람들의 복지와 자원의 억제를 동시에 달성할 수 있도록 하며, 서비스 제공의 수준에서 사회적 · 경제적 기준의 통합에 중요한 역할을 수행하고 있다. 여기에서 욕구와 자원의 균형 및 결핍과 선택의 균형이 이루어져야 한다. 케어매니지먼트가 적절한 지역사회보호를 제공하기 위해 복합적인 욕구와 문제를 해결하는 만병통치약은 아니지만, 그것은 지역사회보호를 적절히 실천하는 훌륭한 기제이며 지역사회보호의 발달에 기여하는 결정적인 수단이다.[27]

### 3) 미국과 영국의 비교

케어매니지먼트는 1970년대와 1980년대 동안 미국과 영국에서 탈시설화에 따른 적절한 대안을 촉진하는 조직적인 준거를 마련하고, 대인서비스의 단편화를 감소시킬 방안을 모색하며, 상승하는 클라이언트의 보호비용을 억제하려는 수단을 강구하기 위한 국가적인 필요성에 따라 등장하게 되었다. 그 이후 이것은 연속적인 기반 위에서 클라이언트가 필요로 하는 서비스를 효과적이며 책임성 있

26) M. Payne, *Social Work and Community Care*, London: MacMillan Press Ltd., 1995, p.51.

27) D. J. Challis, et al., *op. cit.*, p.20.

게 보장하는 훌륭한 수단이 되었다.[28)]

이러한 케어매니지먼트는 미국과 영국 사이에 등장배경을 비롯한 다양한 측면에서 상당한 공통점과 차이점을 가지고 있다. 따라서 여기에서는 케어매니지먼트의 등장배경, 대상과 목적, 기능과 과업, 과정 등을 중심으로 비교한다.

### (1) 등장배경

케어매니지먼트의 등장배경은 양국 간에 상당한 공통점이 존재한다. 그것은 정신보건과 발달지체 분야의 탈시설화 운동, 사회적 기능상의 심각한 문제를 가진 사람들의 증가, 대인서비스 체계의 단편화 및 사회복지 비용의 삭감으로 인한 대인서비스 비용의 절감이 주요한 요인이었다.

미국은 1960년대 동안 대인서비스 프로그램의 상대적인 팽창으로 인하여 서비스 공급체계가 상당히 다양하고 복잡할 뿐만 아니라 서비스 체계간의 연계성이 부족하여 서비스가 중복되고 단편적으로 제공되었으며, 서비스 비용이 점점 증가하게 되어 재정적으로 큰 부담이 되었다. 이러한 문제를 해결하기 위해서 주와 지방수준에서 연방 서비스 프로그램의 통합을 증진시키기 위한 다양한 접근방법이 시도되었으며, 이러한 시도를 통하여 케어매니지먼트가 등장하고 발전하게 되었다.

그 반면에 영국은 보건과 사회서비스의 지출을 줄이기 위한 방향으로 지역사회보호를 활성화시키는 과정에서 보건과 사회서비스 기관 상호간의 조정의 결여로 인하여 서비스가 단편적으로 제공되었다. 이러한 문제를 극복하고 클라이언트에게 경제적이고 효과적인 서비스를 제공하기 위해서 클라이언트 수준에서의 기관 상호간의 조정의 필요성이 제기됨에 따라 케어매니지먼트가 등장하고 발전하게 되었다. 즉, 미국의 케어매니지먼트의 발달의 특징이 하향식 발의(top-down initiative)이었다면, 영국은 상향식 관점(bottom-up perspective)에서 이루어졌다.

28) C. Tice & K. Perkins, "Case Management: A Comparative Analysis of the United States and Great Britain", *Journal of Case Management*, 2(2), New York: Springer Publishing Company, Inc., 1993, p.47.

### (2) 대상과 목적

케어매니지먼트의 대상은 두 나라가 공통적으로 사회적 기능상의 심각한 문제를 가지고 있는 장기보호가 필요한 사람들이다. 그러나 미국이 이러한 사람들뿐만 아니라 다양하고 복합적인 욕구를 가진 사람들을 포괄적으로 포함하고 있는 반면에, 영국은 주로 심각하게 손상된 허약한 노인과 만성적이며 다양한 문제를 가진 정신장애인을 대상으로 하고 있다. 즉, 영국이 미국보다 신체적인 손상과 의존이 더욱 큰 클라이언트를 대상으로 하고 있다고 볼 수 있다.

한편 케어매니지먼트의 목적은 대개 보호의 연속성을 보장하고, 서비스 전달의 비용효과성을 증대시키며, 서비스에 대한 접근성과 책임성을 증진시키는 것이다. 미국의 경우에는 여기에 가족을 포함한 일차집단의 보호능력의 향상과 클라이언트의 사회적 기능의 향상을 포함시키는 반면에, 영국에서는 재가보호 기회의 증대, 클라이언트의 복지의 향상 및 자원의 효율적인 활용 등을 포함시키고 있다.[29]

### (3) 기능과 과업

케어매니지먼트에서 가장 중요한 기능은 클라이언트와 필요한 서비스와의 연결이다. 미국은 이것을 비롯한 비공식 지원체계와 클라이언트 간의 상호작용의 촉진, 케어매니지먼트 기관 상호간의 조정, 상담, 문제해결 및 옹호 등을 기능에 포함시키고 있는 반면에, 영국에서는 서비스의 연결과 조정을 주요한 기능으로 간주하고 있다.

한편 케어매니지먼트의 주요 과업은 사례발견과 적격심사, 클라이언트와 사회자원의 사정, 목표설정과 보호계획의 수립, 보호계획의 수행과 조정, 점검과 재사정, 평가와 종결 등이며, 이러한 주요 과업에는 양국이 별다른 차이를 보이지 않고 있다.

29) D. J. Challis, et al., *op. cit.*, p.20.

### (4) 과정

케어매니지먼트의 과정은 대개 접수(intake), 사정, 기획, 실행, 점검, 평가 등과 같이 6가지 단계로 구분할 수 있다. 그러나 이러한 과정 중에서 양국 간의 비교가 거의 불가능한 실행을 제외한 접수, 사정, 기획, 점검 및 평가를 중심으로 비교한다.

① 접수

접수과정에서 미국은 클라이언트를 직접 찾아나서는 적극적인 사례발견(casefinding)의 전략인 출장원조를 강조하고 있으며, 후속적인 욕구에 대한 반응인 안내와 의뢰의 기제를 활용하고 있다.[30] 이러한 과정에서 케어매니저는 비공식 지원체계와의 접촉과 연결을 촉진하고, 사회자원을 적극적으로 개발하며, 서비스 제공기관을 안내하고 중개하는 활동을 수행한다.[31]

그 반면에 영국은 접수과정에서 클라이언트를 이용자 또는 수요자로 보고 현존하는 서비스에 대한 중개활동인 의뢰를 강조하고 있다. 이러한 의뢰는 적격심사팀, 지역사회서비스들 및 특히 보건서비스들과 같은 다양한 원천을 통하여 이루어진다. 이러한 과정에서 케어매니저는 신뢰, 존경, 기대의 명료성 및 자기결정과 같은 클라이언트와의 관계의 협력적인 힘을 활용한다.[32]

또한 접수과정에서 미국과 영국은 모두 잠재적인 클라이언트가 케어매니지먼트 프로그램에 적격한 사람인가를 판단하는 사전적격심사(prescreening)와 클라이언트가 서비스의 제공에 동의하는 서식에 서명하는 계약을 포함하고 있다.

② 사정

사정과정에서 미국은 클라이언트의 욕구와 기능수준, 강점과 잠재능력 및 지

---

30) R. M. Steinberg & G. W. Carter, *Case Management and the Elderly*, Lexington, MA: Lexington Books, 1983, p.6.

31) C. A. Rapp & R. Chamberlain, "Case Management Services for the Chronically Mentally Ill", *Social Work*, 30(5), Silver Spring, MD: National Association of Social workers, Inc., 1985, p.418.

32) C. Tice & K. Perkins, *op. cit.*, pp.48-49.

원체계의 능력과 결함 등을 확인하는 데 중점을 두고 있다. 이러한 사정은 개별화된 보호계획의 자료를 확보하기 위한 과정으로 활용되고 있으며, 보통 케어매니저가 행하지만 학제간 팀에 의해서 실시하는 경우도 있다.[33)]

영국은 사정과정에서 클라이언트의 욕구와 강점, 클라이언트의 변화의 달성에 대한 장애물 및 클라이언트를 위한 자원을 확인하는 데 중점을 두고 있다.[34)] 이러한 과정은 개별화된 보호계획의 자료를 확보하기 위한 기초라기보다는 오히려 서비스의 적격성을 결정하는 요소로서 기능하고 있다. 현재 영국은 클라이언트에게 더욱 다양한 범위의 서비스를 제공하기 위해서 보호계획으로부터 사정을 분리하고 있다.[35)]

한편 사정과정에서 부분적으로 클라이언트의 강점과 잠재능력을 강조하지 않고 문제와 결점에 초점을 두는 경우가 있다. 이것은 그들을 이해하는 데 유용할지라도 케어매니저와 클라이언트의 행동이 강점과 잠재능력보다는 결점에 의해서 좌우될 수 있으며,[36)] 개별화된 서비스보다는 표준화된 서비스를 제공할 수 있다는 한계를 지니고 있다. 즉, 강점의 관점은 권한부여, 성원의식, 쇄신, 상승작용, 대화, 불신의 중지 등을 포함하는 개념에 기초를 두고 있으며,[37)] 클라이언트에게 의존과 절망에서 벗어나 자존심과 자신감을 가질 수 있도록 하는 중요한 요소가 된다.

③ 기획

미국의 보호기획은 보통 학제간 팀(interdisciplinary team)접근을 통하여 이루어진다. 그 팀은 다양한 분야의 전문가들, 지역사회 성원들 및 클라이언트로 구성하며, 가능한 한 가장 포괄적이고 수용적인 방식으로 클라이언트의 욕구를 충족시

33) M. Weil & J. M. Karls, et al., *op. cit.*, pp.32-33.

34) J. Orme & B. Glastonbury, *Care Management: Tasks and Workloads*, London: The Macmillan Press Ltd., 1993, p.72.

35) C. Tice & K. Perkins, *op. cit.*, p.49.

36) C. Cowger, "Assessment of Client Strengths", in D. Saleebey(Ed.), *The Strengths Perspective in Social Work*, New York: Longman Publishing Group, 1992, pp.139-147.

37) D. Saleebey(Ed.), *The Strengths Perspective in Social Work*, New York: Longman Publishing Group, 1992, p.8.

키기 위한 공동의 목표를 달성하기 위해서 노력한다. 여기에서 케어매니저는 대개 다학문적인 서비스(multidisciplinary services)를 조정하고, 책임성의 체계를 점검하며, 집단의 문제해결을 지도하는 일을 포함하여 그 팀의 전반적인 책임을 지는 팀의 지도자로서 활동한다.

보호기획에서 영국은 미국과 마찬가지로 학제간 팀접근을 활용하며, 클라이언트에게 가능한 한 다양한 서비스를 제공하기 위해 다학문적인 관점에서 그 팀을 운영한다. 그러나 그 팀은 클라이언트의 공식 지원체계와 비공식 지원체계 사이의 보충적인 관계를 설정하는 것을 강조하고 있다. 즉, 클라이언트에게 보호를 제공하는 공식·비공식 체계를 지원하기 위한 비전문가의 훈련과 활용을 강조한다. 여기에서 케어매니저는 공식·비공식 지원체계 사이의 주요한 연락자의 역할을 수행하며, 사례를 검토하고, 자원을 점검하며, 동료검토(peer review)를 인도한다.[38)]

한편 동료검토는 훌륭한 실천을 보급시키고, 클라이언트와 그들의 가족과 함께 대안적인 전략의 고려를 통하여 보호의 질을 증진시키며, 검토과정을 통하여 케어매니지먼트 실천을 자세히 조사하는 것이다. 케어매니지먼트의 질적인 향상을 위해서 영국은 엄격한 동료검토 절차를 수행하도록 하고 있다.[39)]

④ 점검

점검과정에서 미국과 영국은 모두 보호계획에 따른 서비스의 수행을 점검하는 데 초점을 둔다. 이러한 과정에서 미국은 주로 클라이언트의 목표 달성을 위한 노력, 클라이언트에게 제공되는 서비스의 질과 적당성, 클라이언트와 서비스 제공자 및 서비스 제공자들 사이의 관계, 사회적 관계망 성원들의 관여 등을 점검한다.[40)]

영국은 점검과정에서 주로 클라이언트에 대한 서비스의 연속성, 클라이언트

38) C. Tice & K. Perkins, *op. cit.*, p.50.

39) D. J. Challis & B. P. Davies, *Case Management in Community Care: An Evaluated Experiment in the Home Care of the Elderly*, Aldershot: Gower, 1986, p.10.

40) D. P. Moxley, *The Practice of Case Management*, Newbury Park, CA: Sage Publications, Inc., 1989, p.22.

의 강점과 욕구의 변화, 비공식 지원체계의 지지, 사정된 욕구와 서비스 제공의 일치성, 클라이언트의 특수한 욕구에 대한 자원의 전달과 이용가능성 등을 점검한다.[41] 이러한 점검은 초기의 사정기록, 비용전표, 사례점검양식, 점검도표 등을 활용하여 이루어지며, 신속하고 규칙적인 전화, 가정방문, 정기적인 편지와 질문서, 자기점검표의 활용, 클라이언트의 비공식 지원체계의 점검 등의 방법을 활용한다.[42]

⑤ 평가

평가는 대개 표준화된 서식을 활용하기 때문에, 미국과 영국 두 나라가 거의 유사한 방법으로 케어매니지먼트 프로그램의 평가를 실시하고 있다. 미국은 대개 클라이언트 수준과 서비스체계 수준의 두 가지 수준에서 평가를 실시하고 있다. 클라이언트 수준에서의 평가의 척도는 서비스의 효과성과 효율성 및 클라이언트의 진척사항이며, 서비스체계 수준의 평가의 척도는 보호계획의 적합성과 서비스체계의 효율성이다.[43]

영국은 평가과정에서 클라이언트의 욕구를 충족시키는 보호계획의 효과성과 효율성을 검토하는 데 초점을 두고 있다. 즉, 이러한 검토는 클라이언트에게 영향을 미친 보호계획의 결과를 정기적으로 파악하며, 이에 따른 보호계획의 변화 또는 재수립을 계획하고, 클라이언트의 변화의 올바른 방향을 유도하는 것이다.[44] 여기에서 클라이언트의 변화는 전체론적 관점에서의 변화를 의미하며, 클라이언트의 강점이 신체적 건강, 재정상태, 주택, 정신보건 등과 같은 다양한 영역에서 제시되어 변화를 가져오는 것을 말한다.[45]

한편 종결은 클라이언트에 대한 서비스의 제공을 중단하는 과정으로, 클라이언트의 요구, 특수한 목표의 달성, 클라이언트의 강점의 일반화, 대안적인 지원체

41) S. Onyett, *op. cit.*, p.159.
42) M. Payne, *op. cit.*, p.214.
43) M. Weil & J. M. Karls, et al., *op. cit.*, pp.42-43.
44) M. Payne, *op. cit.*, pp.213-215.
45) D. J. Challis & B. P. Davies, "Long-term Care for the Elderly: The Community Care Scheme", *British Journal of Social Work,* 15, London: British Association of Social Workers, 1985, pp.563-579.

계의 유용성 등에 기반을 두고 이루어진다. 미국에서는 종결(termination)로, 영국에서는 사례종결(case closure)로 표현되는 종결과정은 케어매니저와 클라이언트의 관계의 단절을 의미하지만, 필요할 때면 언제든지 서로 재결합할 수 있는 계속적인 관계를 의미하기도 한다.

이와 같이 미국과 영국의 케어매니지먼트는 다양한 측면에서 상당한 공통점을 가지고 있으면서도 많은 차이점이 존재하며, 이러한 사항들은 <표 3-1>과 같이 나타낼 수 있다.

〈표 3-1〉 미국과 영국의 케어매니지먼트의 비교

| 구 분 | | 미 국 | 영 국 |
|---|---|---|---|
| 등장배경 | | 대인서비스 프로그램의 팽창으로 인한 서비스 프로그램들의 통합의 필요성, 하향식 발의(top-down initiative)에 의한 발달 | 지역사회보호의 활성화를 위한 보건과 사회서비스 기관 상호간의 조정의 필요성, 상향식 관점(bottom-up perspective)에 의한 발달 |
| 대 상 | | 다양하고 복합적인 욕구를 가진 장기보호가 필요한 클라이언트 | 심각하게 손상된 허약한 노인과 만성적이며 다양한 문제를 가진 정신장애인 |
| 목 적 | | 보호의 연속성의 보장, 비용효과성의 증대, 접근성과 책임성의 증진, 일차집단의 보호능력의 향상, 클라이언트의 사회적 기능의 향상 | 보호의 연속성의 보장, 통합된 보호의 제공, 재가보호 기회의 증대, 클라이언트의 복지의 향상, 자원의 효율적인 활용 |
| 기 능 | | 클라이언트와 서비스와의 연결, 비공식 지원체계와의 상호작용의 촉진, 기관 상호간의 조정, 상담, 문제해결, 옹호 | 클라이언트와 서비스와의 연결, 서비스의 조정 |
| 과 업 | | 사례발견, 사전적격심사, 계약, 클라이언트와 사회자원의 사정, 보호계획의 수립, 보호계획의 수행과 조정, 점검과 재사정, 평가와 종결 | 사례발견, 적격심사, 계약, 클라이언트와 자원의 사정, 보호계획의 수립, 보호계획의 점검과 검토, 사례종결 |
| 과정 | 접 수 | 출장원조의 강조, 안내와 의뢰 기제의 활용, 사전적격심사와 계약, 비공식 지원체계와의 연결의 촉진 | 의뢰의 강조, 서비스 이용자를 위한 중개활동, 적격심사, 케어매니저와 클라이언트의 협력적 관계 |
| | 사 정 | 클라이언트의 욕구와 기능수준, 강점과 잠재능력 및 지원체계의 능력과 결함의 확인, 학제간 팀접근의 활용 | 클라이언트의 욕구와 강점, 클라이언트의 변화의 장애물 및 자원의 확인, 서비스의 적격성의 결정 |

| 구 분 | | 미 국 | 영 국 |
|---|---|---|---|
| 과정 | 기 획 | 학제간 팀접근의 활용, 케어매니저의 다학문적인 서비스의 조정, 책임성 체계의 점검, 집단 문제해결의 지도 | 학제간 팀접근의 활용, 클라이언트의 공식 지원체계와 비공식 지원체계 사이의 보충적 관계의 설정 및 동료검토의 강조 |
| | 점 검 | 보호계획 수행, 클라이언트의 목표달성 노력, 서비스의 질과 적당성, 클라이언트와 서비스 제공자들과의 관계 및 사회적 관계망 성원들의 관여의 점검 | 보호계획의 수행, 서비스의 연속성, 클라이언트의 강점과 욕구의 변화, 비공식 지원체계의 지지, 사정된 욕구와 서비스의 일치성의 점검 |
| | 평 가 | 표준화된 서식의 활용, 서비스의 효과성과 효율성, 클라이언트의 진척사항, 보호계획의 적합성, 서비스체계의 효율성의 평가 | 표준화된 서식의 활용, 보호계획의 효과성, 보호계획의 변화와 재수립의 가능성, 클라이언트의 변화의 평가 |

## 3. 사회복지실천으로서의 케어매니지먼트

### 1) 사회복지실천으로서의 케어매니지먼트

케어매니지먼트는 사회복지실천의 전통적인 방법인 개별지도, 집단지도 및 지역사회조직의 몇 가지 측면들을 통합한 것으로서,[46] 사회복지실천의 새로운 핵심적인 기술 중의 하나이다.[47] 즉, 케어매니지먼트가 사회복지실천 영역의 일부분이라는 개념은 '미국사회복지사협회의 기능손상자들을 위한 사회복지실천 케어매니지먼트의 기준과 지침'에 잘 나타나 있다. 그 기준과 지침은 '케어매니지먼트가 일반적 사회복지실천의 신뢰와 조장의 인식에 기초한 과정이며, 사회복지실천의 모든 측면들처럼 케어매니지먼트는 전문적인 가치, 지식 및 기술의 토대에 기반을 두고 있다'고 말하고 있다.[48]

46) M. Roberts-DeGennaro, "Developing Case Management as a Practice Model", *Social Casework*, 68(8), Milwaukee, WI: Family Service America, 1987, p.466.

47) G. G. O'Connor, Gerald G., 1988, "Case Management: System and Practice", *Social Casework*, 69(2), Milwaukee, WI: Family Service America, 1988, p.97.

48) National Association of Social workers, "Standards and Guidelines for Social Work Case Management for the

한편 인간, 환경 또는 둘 다에 변화를 가져옴으로써 개인, 가족 및 집단의 복지를 향상시켜 온 사회복지실천의 역사적인 노력은 케어매니지먼트에 영향을 미치고 있다. 즉, 사회복지사가 클라이언트를 사회환경적인 측면에서 사정하고, 그들에게 직접적·간접적인 서비스를 제공하며, 지역사회 실천을 통하여 그들의 복지를 증진시켜 온 것들은 사회복지실천의 통합적인 요소들로서 케어매니지먼트에서도 그대로 적용되고 있다. 또한 케어매니지먼트는 사회복지실천의 주요 관심사인 자료수집과 사정의 체계적인 접근, 자원할당에서의 공평성의 가치 및 사례조정에 대한 관심 등을 중심적인 요소로 받아들이고 있다.

이러한 특징들은 케어매니지먼트가 사회복지실천의 일부분이라는 것을 증명하고 있다. 이러한 케어매니지먼트의 주요 특징을 통하여 케어매니지먼트가 사회복지실천의 한 분야라는 증거를 보다 상세히 제시하면 다음과 같다.[49)]

① 케어매니지먼트는 클라이언트와 사회복지사 간의 신뢰와 조장의 관계에 기초한 과정이다.

② 케어매니지먼트는 위험에 처한 사람들과 함께 일하는 환경 속에서 그 사람을 이해하는 사회복지실천의 이원집중을 활용한다.

③ 케어매니지먼트는 복합적인 문제와 장애를 지닌 클라이언트에 대하여 보호의 연속성을 보장하는 것을 목표로 삼는다.

④ 케어매니지먼트는 질병 또는 기능의 상실을 수반한 정서적인 문제를 개선하기 위해서 임상적인 개입을 시도한다.

⑤ 케어매니지먼트는 서비스 전달에 대한 경계범주 접근방법으로서 중개와 옹호와 같은 사회복지실천기술을 활용한다.

⑥ 케어매니지먼트는 경제적·보건의료적·사회적·개인적인 보호욕구를 포함하는 지역사회를 기반으로 한 장기보호 서비스를 요구하는 클라이언트를

---

Functionally Impaired", *Professional Standards*, No.12, Silver Spring, MD: National Association of Social workers, Inc., 1984, p.3.

49) R. R. Greene, "Case Management: An Arena for Social Work Practice", in B. S. Vourlekis & R. R. Greene(Eds.), *Social Work Case Management*, New York: Aldine De Gruyter, 1992, pp.11-12.

목표로 한다.

⑦ 케어매니지먼트는 최소한의 제한적인 환경 내에서 서비스를 제공하는 것을 목표로 삼는다.

⑧ 케어매니지먼트는 보호의 수준을 결정하는 데 있어서 클라이언트의 기능적인 능력과 지원망에 대한 사정을 활용한다.

⑨ 케어매니지먼트는 자기결정 및 개인의 가치와 존엄성과 같은 전통적인 사회복지실천의 가치와 의사결정에서의 상호 책임의 개념을 확고히 한다.

전문적인 가치의 측면에서 케어매니지먼트는 사회복지실천에서 그동안 중요한 가치로 전제되어 왔던 인간의 존엄성, 개별화, 클라이언트의 자기결정 및 비밀보장 등을 실무원칙의 핵심적인 요소로 받아들여 활용하고 있다.

케어매니지먼트는 또한 이론적인 기초로서 사회복지실천에서 그동안 활용해 왔던 일반체계이론을 응용한 통합사회복지실천방법(integrated social work methods) 및 생태학적 관점에서의 생활모형 접근방법과 깊은 관련성을 가지고 있다. 일반체계이론은 체계란 부분들 간의 관계를 맺고 있는 일련의 단위들로서, 전체는 부분들의 집합 이상으로 부분들 간의 상호작용과 상호의존적 관계를 통해서 체계의 한 부분의 변화는 전체로서의 체계와 체계 내의 모든 부분에 영향을 미친다는 것이다.[50] 통합사회복지실천방법에서는 이러한 이론을 응용하여 사회복지실천의 네 가지 기본체계인 변화매개체계, 클라이언트체계, 표적체계 및 행동체계를 설정하고 사회복지사가 실천과정에서 함께 일할 사람들을 분류하고 있다.[51] 이것은 케어매니지먼트에서 클라이언트와 관련된 다양한 부류의 사람들 및 여러 가지 지역사회 자원들과 함께 일하는 기틀을 마련해 주고 있다.

생태학적 관점은 인간이 환경의 제 요소들과 끊임없이 상호교류를 하면서 적응하고 진화한다는 견해로서, 인간이 그들의 물리적 · 사회적 환경을 변화시키며,

50) B. R. Compton & B. Galaway, *Social Work Processes*, 3rd ed., Homewood, IL: The Dorsey Press, 1984, pp.145-146.

51) A. Pincus & A. Minahan, *Social Work Practice: Model and Method*, Itasca, IL: F. E. Peacock Publishers, Inc., 1973, pp.54-74.

환경과의 지속적인 상호적응 과정을 통하여 환경에 의해서 변화된다는 것이다. 이것은 생활모형 접근방법에서 클라이언트와 환경과의 상호교류를 통하여 그들의 성장과 발전을 촉진하고, 그들의 생활상의 욕구와 문제를 해결해가는 것과 깊은 관련성을 가지고 있다.[52] 이러한 생활모형 접근방법은 케어매니지먼트에서도 클라이언트의 복합적인 욕구를 충족시키기 위하여 공식·비공식 지원체계와의 상호작용을 촉진하고 사회자원을 동원하는 것과 같은 방식으로 활용될 수 있다.

케어매니지먼트는 전문적인 기술의 측면에서 사회복지실천에서 그동안 활용해오던 출장원조, 안내와 의뢰, 대인관계, 면접, 상담, 계약교섭, 체계적인 자료수집과 사정, 의사소통, 감정이입, 지역사회 자원의 개발과 동원, 명료화, 직면, 옹호, 기록, 협상, 분쟁해결, 평가, 종결 등과 관련된 기술들을 적극적으로 활용하고 있다.[53]

이러한 사회복지실천의 가치, 지식 및 기술을 기반으로 케어매니지먼트의 정의를 내려 보면, 케어매니지먼트란 케어매니저와 클라이언트 사이의 관계에 기초한 대인관계의 과정이며, 이것은 상호관계에서 개발된 보호계획을 통하여 장기보호의 욕구를 충족시키고, 지원체계의 기능적 능력을 향상시키거나 극대화시키며, 연속적인 보호를 수반한 일련의 효과적인 서비스의 전달을 촉진하고 보장하는 것이다. 여기에서 개입은 사회복지실천의 가치를 반영하는 것이며, 클라이언트의 능력과 환경의 요구 사이의 조화를 증진하는 데 목적을 두고 있다. 이것은 기능의 손상 또는 질병을 동반한 문제를 개선하거나, 지원체계를 수립하거나, 클라이언트 수준에서 서비스 조정을 행하거나, 체계수준에서 효과를 창출하는 것 등을 포함하는 것이다.[54]

이러한 케어매니지먼트의 주요 특징을 고려해 볼 때, 케어매니지먼트는 사회복지실천과 별개의 전혀 다른 개념이 아니며, 사회복지실천의 한 분야인 것이다.

52) A. Gitterman & C. B. Germain, "Social Work Practice: A Life Model", *Social Service Review*, 50(4), Chicago, IL: The University of Chicago Press, 1976, pp.601-610.

53) P. J. Johnson & A. Rubin, "Case Management in Mental Health: A Social Work Domain?", *Social Work*, 28(1), Silver Spring, MD: National Association of Social workers, Inc., 1983, pp.51-52.

54) R. R. Greene, *op. cit.*, p.17.

### 2) 개별지도와 케어매니지먼트의 비교

케어매니지먼트는 사회복지실천의 새로운 분야이지만, 개별지도와 유사한 점이 많다. 즉, 그것은 클라이언트와 자원에 대하여 적절한 사정을 실시하고, 개별화, 클라이언트의 자기결정, 비밀보장 등과 같은 개별지도의 원칙을 활용하고 있으며, 보호의 성공적인 전달을 위한 매개체로서 케어매니저와 클라이언트 사이의 개별적인 관계의 중요성을 강조한다는 측면에서 유사한 점을 가지고 있다.[55)]

그러나 접근방법을 포함한 여러 가지 측면에서 상당한 차이를 보이고 있다. 개별지도는 주로 클라이언트의 문제에 초점을 두고 성격의 발달을 통하여 그러한 문제를 해결하고 사회에 적응시키는 데 역점을 두고 있다. 그 반면에 케어매니지먼트는 클라이언트의 복합적인 욕구에 초점을 두고 클라이언트와 사회자원과의 연결과 점검을 통하여 그들의 욕구를 충족시키고 사회적 기능을 향상시키는 데 역점을 두고 있다. 즉, 개별지도가 개인을 대상으로 한 개별적인 접근이라면 케어매니지먼트는 지역사회의 자원을 활용하여 개인과 환경에 동시에 개입하는 통합적인 접근이라고 할 수 있다.

개별지도는 주로 개별지도자의 직접적인 서비스의 제공을 통하여 클라이언트의 성격의 발달과 사회적응 능력을 향상시키는 것을 목적으로 하고 있다. 그 반면에 케어매니지먼트는 케어매니저의 직접적인 서비스의 제공보다는 오히려 간접적인 서비스의 제공을 통하여 보호의 연속성의 보장, 비용효과성의 증대, 접근성과 책임성의 증진, 일차집단의 보호능력의 향상 및 사회적 기능의 향상을 목적으로 하고 있다.

개별지도와 케어매니지먼트는 대상에서도 차이가 있다. 개별지도는 자기 스스로 해결하기 곤란한 문제를 가진 개인을 대상으로 하지만, 케어매니지먼트는 사회적 기능상의 심각한 문제를 지닌 복합적인 욕구를 가진 사람을 대상으로 하고 있다. 즉, 개별지도의 대상이 주로 사회적응에 장애가 되는 심리사회적인 문제를

55) P. Huxley, "Case Management and Care Management in Community Care", *British Journal of Social Work*, 23(4), London: British Association of Social Workers, 1993, p.370.

가진 사람이라면, 케어매니지먼트는 주로 장기보호가 필요한 복합적인 욕구를 가진 허약한 노인, 만성장애인 및 발달장애아동 등이다.

개별지도는 개인, 문제, 장소, 과정으로 구성되어 있지만,[56] 케어매니지먼트는

〈표 3-2〉 개별지도와 케어매니지먼트의 비교

| 구 분 | 개별지도 | 케어매니지먼트 |
| --- | --- | --- |
| 개 념 | 스스로 해결하기 곤란한 문제를 가진 개인에게 성격발달과 사회적응을 도모하기 위해서 전문가가 행하는 개별적·의식적인 문제해결과정 | 복합적인 욕구를 가진 클라이언트의 욕구 충족과 사회적 기능 향상을 위해서 클라이언트와 사회자원과의 연결과 점검을 통하여 클라이언트에 대한 보호를 개별적·연속적으로 관리하는 과정 |
| 목 적 | 성격의 발달과 사회적응 능력의 향상 | 보호의 연속성, 비용효과성, 접근성과 책임성, 일차집단의 보호능력 향상, 사회적 기능의 향상 |
| 대 상 | 사회적응에 장애가 되는 문제를 가진 클라이언트 | 다양하고 복합적이며 장기적인 욕구를 가진 클라이언트 |
| 구 성 | 개인, 문제, 장소, 과정 | 클라이언트, 케어매니저, 사회자원, 과정 |
| 기 능 | 치료, 상담, 손상된 능력의 회복, 개인적·사회적 자원의 제공, 사회적 역기능의 예방 | 클라이언트와 서비스의 연결, 비공식 체계와의 상호작용 촉진, 기관 상호간의 조정, 상담, 문제해결, 옹호 |
| 사회복지사의 역할 | 치료자, 상담자, 서비스 제공자, 지지자, 권한부여자, 교사, 평가자, 옹호자 | 사정자, 계획자, 중개자, 조정자, 점검자, 평가자, 옹호자, 경계범주자, 자원동원자 |
| 과 정 | 접수 → 조사 → 사정 → 치료 → 종결 | 접수 → 사정 → 기획 → 실행 → 점검 → 평가 |
| 수행장소 | 사회복지기관 | 다양한 기관과 지역사회 |
| 원 칙 | 개별화, 의도적 감정표현, 통제된 정서적 관여, 수용, 비심판적 태도, 클라이언트의 자기결정, 비밀보장 | 성장과 변화에 대한 신념, 욕구와 보호의 개별화, 장점과 잠재력의 강조와 개발, 클라이언트의 자기결정, 책임성과 보호의 연속성, 서비스 제공의 포괄성, 지역사회 자원의 적극적 개발과 활용, 권리와 비밀의 보장 |

56) H. H. Perlman, *Social Casework: A Problem-Solving Process*, Chicago, IL: University of Chicago Press, 1957, p.4.

클라이언트, 케어매니저, 사회자원 및 과정으로 구성되어 있다. 한편 개별지도의 기능은 치료, 상담, 손상된 능력의 회복, 사회자원의 제공, 사회적 역기능의 예방 등이며, 케어매니지먼트의 기능은 클라이언트와 서비스의 연결, 비공식 지원체계와 클라이언트 간의 상호작용의 촉진, 케어매니지먼트 기관 상호간의 조정, 상담, 문제해결, 옹호 등이다. 그 외에도 사회복지사의 역할, 과정, 수행장소, 원칙 등에서 상당한 차이가 존재한다. 이러한 사항들을 중심으로 개별지도와 케어매니지먼트를 비교하면 <표 3-2>와 같이 나타낼 수 있다.

이와 같이 개별지도와 케어매니지먼트는 유사한 점도 많지만, 상당한 차이점이 존재한다. 이러한 사항들은 케어매니지먼트를 보다 자세히 이해하는 데 도움이 될 것이다. 따라서 케어매니지먼트는 개별지도를 대체하기 위해서 등장한 사회복지실천의 방법만은 아니며, 탈시설화, 클라이언트의 욕구의 다양화·복합화, 서비스 공급주체의 다양화, 서비스의 단편성, 사회복지 비용의 삭감 등과 관련된 문제들을 보다 효과적으로 해결하기 위한 최근의 시대적인 요청에 따라 새롭게 개발된 사회복지실천의 전혀 새로운 분야인 것이다.

## | 참고문헌 |


Bachrach, L. L.(1981), "Continuity of Care for Chronic Mental Patients: A Conceptual Analysis", *American Journal of Psychiatry*, 138(11).

Bertsche, A. V. & Horejsi, C. R.(1980), "Coordination of Client Services", *Social Work*, 25(2), Silver Spring, MD: National Association of Social workers, Inc.

Challis, David J. & Davies, Bleddyn P.(1985), "Long-term Care for the Elderly: The Community Care Scheme", *British Journal of Social Work*, 15, London: British Association of Social Workers.

Challis, David J. & Davies, Bleddyn P.(1986), *Case Management in Community Care: An Evaluated Experiment in the Home Care of the Elderly*, Aldershot: Gower.

Challis, David J., et al.(1995), *Care Management and Health Care of Older People: The Darlington Community Care Project*, Aldershot: Ashgate Publishing Ltd.

Compton, Beulah Roberts & Galaway, Burt(1984), *Social Work Processes*, 3rd ed., Homewood, IL: The Dorsey Press.

Cowger, C.(1992), "Assessment of Client Strengths", in Saleebey D.(Ed.), *The Strengths Perspective in Social Work*, New York: Longman Publishing Group.

Department of Health(1990), *Community Care in the Next Decade and Beyond*, London: HMSO.

Gitterman, Alex & Germain, Carel B.(1976), "Social Work Practice: A Life Model", *Social Service Review*, 50(4), Chicago, IL: The University of Chicago Press.

Greene, Roberta R.(1992), "Case Management: An Arena for Social Work Practice", in Vourlekis, Betsy S. & Greene, Roberta R.(Eds.), *Social Work Case Management*, New York: Aldine De Gruyter, Inc.

Griffiths, Roy(1988), *Community Care: Agenda for Action*, London: HMSO.

Huxley, Peter(1993), "Case Management and Care Management in Community Care", *British Journal of Social Work*, 23(4), London: British Association of Social Workers.

Intagliata, J.(1982), "Improving the Quality of Community Care for the Chronically Mentally Disabled: The Role of Case Management", *Schizophrenia Bulletin*, 8(4).

Johnson, Peter J. & Rubin, Allen(1983), "Case Management in Mental Health: A Social Work Domain?", *Social Work*, 28(1), Silver Spring, MD: National Association of Social workers, Inc.

Leiby, James(1978), *A History of Social Welfare and Social Work in the United States*, New York: Columbia University Press.

Linz, Mary Hubbard, McAnally, Patricia & Wieck, Colleen(Eds.)(1989), *Case Management: Historical, Current, and Future Perspectives*, Cambridge, MA: Brookline Books, Inc.

Moxley, David P.(1989), *The Practice of Case Management*, Newbury Park, CA: Sage Publications, Inc.

National Association of Social workers(1984), "Standards and Guidelines for Social Work Case Management for the Functionally Impaired", *Professional Standards*, No.12, Silver Spring, MD: National Association of Social workers, Inc.

National Association of Social workers(1992), "Case Management in Health, Education, and Human Service Settings", in Rose, Stephen M.(Ed.), *Case Management and Social Work Practice*, New York: Longman Publishing Group.

Netting, F. Ellen(1992), "Case Management: Service or Symptom?", *Social Work*, 37(2), Washington D.C.: National Association of Social workers, Inc.

O'Connor, Gerald G.(1988), "Case Management: System and Practice", *Social Casework*, 69(2), Milwaukee, WI: Family Service America.

Onyett, Steve(1992), *Case Management in Mental Health*, London: Champman & Hall.

Orme, Joan & Glastonbury, Bryan(1993), *Care Management: Tasks and Workloads*, London: The Macmillan Press Ltd.

Payne, Malcolm(1995), *Social Work and Community Care*, London: MacMillan Press Ltd.

Perlman, Helen H.(1957), *Social Casework: A Problem-Solving Process*, Chicago, IL: University of Chicago Press.

Pincus, Allen & Minahan, Anne(1973), *Social Work Practice: Model and Method*, Itasca, IL: F. E. Peacock Publishers, Inc.

Rapp, Charles A. & Chamberlain, Ronna(1985), "Case Management Services for the Chronically Mentally Ill", *Social Work*, 30(5), Silver Spring, MD: National Association of Social workers, Inc.

Roberts-DeGennaro, Maria(1987), "Developing Case Management as a Practice Model", *Social Casework*, 68(8), Milwaukee, WI: Family Service America.

Rothman, Jack(1992), *Guidelines for Case Management: Putting Research to Professional Use*, Itasca, IL: F. E. Peacock Publishers, Inc.

Rubin, Allen(1992), "Case Management", in Rose, Stephen M.(Ed.), *Case Management and Social Work Practice*, New York: Longman Publishing Group.

Saleebey, D.(Ed.)(1992), *The Strengths Perspective in Social Work*, New York: Longman Publishing Group.

Steinberg, Raymond M. & Carter, Genevieve W.(1983), *Case Management and the Elderly*, Lexington, MA: Lexington Books.

Stroul, B.(1989), "Community Support Programmes for People with Long-term Mental Illness: A Conceptual Framework", *Psychosocial Rehabilitation Journal*, 12(3).

Tice, Carolyn & Perkins, Kathleen(1993), "Case Management: A Comparative Analysis of the United States and Great Britain", *Journal of Case Management*, 2(2), New York: Springer Publishing Company, Inc.

Turner, J. & Shiffren, I.(1979), "Community Support System: How Comprehensive?", in Stein, L. (Ed.), *Community Support Systems For the Long-term Patient*, San Francisco, CA: Jossey-Bass Inc., Publishers, 1979.

Weil, Marie & Karls, James M., et al.(1985), *Case Management in Human Service Practice*, San Francisco, CA: Jossey-Bass, Inc., Publishers.

Wistow, G.(1990), *Community Care Planning: A Review of Past Experiences and Future Imperatives*, Leeds: Nuffield Institute for the Health Services Studies.

# 04

# 케어매니지먼트의 구성

케어매니지먼트는 다양하고 복합적이며 장기적인 욕구를 가진 클라이언트를 대상으로 케어매니저가 클라이언트의 욕구를 충족시키고 사회적 기능을 향상시키기 위해서 클라이언트와 사회자원과의 연결과 점검을 통하여 클라이언트에 대한 보호를 개별적·연속적으로 관리하는 과정이라고 할 수 있다. 따라서 상기의 개념을 바탕으로 케어매니지먼트를 구성하는 기본적인 요소를 도출해 보면, 이러한 구성요소는 ① 다양하고 복합적이며 장기적인 욕구를 가진 클라이언트, ② 케어매니지먼트를 실시하는 케어매니저, ③ 클라이언트에게 보호를 제공하는 사회자원, 그리고 ④ 케어매니지먼트의 과정이다. 케어매니지먼트의 구성요소와 상호작용은 [그림 4-1]과 같다.

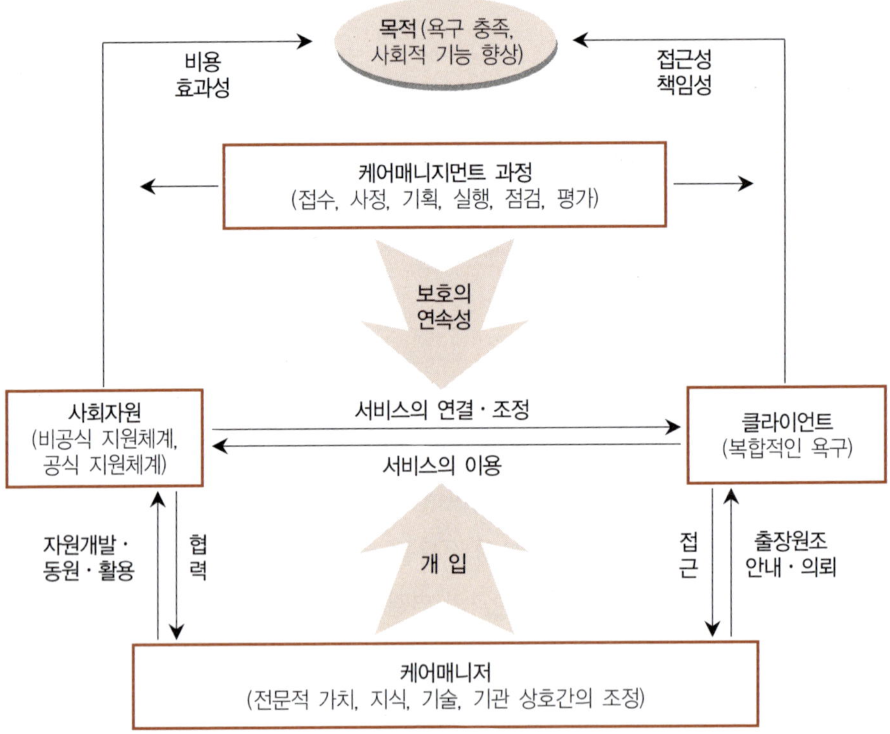


[그림 4-1] 케어매니지먼트의 구성요소와 상호작용

## 1. 클라이언트

케어매니지먼트의 클라이언트는 다양하고 복합적인 욕구를 가지고 있으면서도 사회적 기능상의 심각한 문제로 인하여 스스로 욕구를 충족시키지 못하는 사람들이다. 이러한 클라이언트의 일반적인 특성은 ① 복합적인 욕구를 충족시킬 수 있는 사회자원의 존재를 모르거나, 사회자원과의 연결에 어려움을 갖고 있거나, 사회자원의 이용방법을 알지 못한다, ② 만성질환을 가지고 있으며, 신체적 · 정신적으로 심하게 손상되어 있다, ③ 보호할 가족이 없거나, 가족이 있어도 그들을 적절히 보호하지 못하고 있다, ④ 공적 서비스뿐만 아니라 비공식 지원체계의 보호를 필요로 하고 있다, ⑤ 자기보호 능력이 상실되어 있으며, 개별적인 옹호가 필요하다는 것 등이다. 이러한 특성을 가진 클라이언트는 대개 일상생활의 기능수준이 낮은 노인, 중복신체장애인과 만성정신장애인, 발달장애아동과 학대받는 아동 등이다.

### 1) 노인

최근 노인인구가 전 세계적으로 급속히 증가하고 있다. 외국의 경우에는 2005년 현재 전체인구에서 65세 이상의 노인인구가 차지하는 비율이 일본이 19.7%로서 가장 높고, 이탈리아 19.6%, 프랑스 16.3%, 미국 12.3% 등으로 나타나고 있다. 우리나라도 전체인구의 9.1%로서 438만명에 이르고 있으며, 2018년에는 14.3%로서 707만명, 2026년에는 20.8%로서 1,022만명이 될 것으로 예상하고 있다.[1]

이러한 노인들은 그들의 특성상 대부분 복합적인 욕구를 가지고 있으면서도 신체적 허약성, 정보의 부족, 인식능력의 부족, 자원의 부족 등으로 인하여 자신들의 욕구를 충족시키지 못하는 경우가 많다. 특히 일상생활의 기능수준이 현저하게 낮은 노인들은 자기보호의 능력을 상실하게 되므로 그들에 대한 보호가 절실히 요청되고 있다.

노인들은 대개 상당히 다양한 욕구를 가지고 있다. 그것은 ① 경제적 욕구(소득, 취업), ② 의료욕구(보건, 의료), ③ 신체적 욕구(수발, 식사, 영양, 안전), ④ 사회심리적 욕구(의존, 사랑, 가족, 집단참여), ⑤ 주택욕구(노인주택, 3세대 주택, 생활시설), ⑥ 문화욕구(문화, 여가, 오락), ⑦ 교육욕구(사회교육, 정보, 지식), ⑧ 교통욕구, ⑨ 사회활동욕구 등이다.[2] 이와 같이 다양한 욕구를 가지고 있는 노인들은 그들의 특성상 여러 가지 욕구를 복합적으로 지니고 있다.

또한 노인들은 신체적으로는 생물학적 노화로 인하여 각종 노인성질환인 고혈

1) 보건복지부, 『노인보건복지사업안내』, 2008, p.3.
2) 아산사회복지사업재단, 『노인복지편람』, 1985, pp.169-232.

압, 뇌졸중, 당뇨병, 백내장, 신경통, 천식, 노인성치매 등과 같은 만성질환에 시달리고 있으며,[3] 신체적 기능이 현저하게 저하되어 기본적으로 수행해야 할 동작인 목욕, 옷 갈아입기, 식사하기, 앉기, 외출하기, 화장실 이용 등에 상당한 어려움을 가지고 있다. 정신적으로는 환경에 적응할 수 있는 인지능력, 정보나 기술을 습득하는 학습능력, 기억력, 사고능력, 문제해결능력, 창의력 등이 감소되어 있다.[4]

한편 노인들은 ① 우울증 경향의 증가, ② 내향성 및 수동성의 증가, ③ 경직성의 증가, ④ 조심성의 증가, ⑤ 생에 대한 회상의 증가, ⑥ 친근한 사물에 대한 애착심, ⑦ 생애의 나날이 짧아지고 있음을 느끼는 시간전망의 변화, ⑧ 유산을 남기려는 경향, ⑨ 의존성의 증가 등의 성격 특성을 나타낸다.[5] 이로 인하여 우울증, 강박증, 공포증, 건강염려증, 이인증(離人症), 과대망상 등이 나타나기도 하며, 무감각증, 공격적 불안감, 기분과 감정의 변화, 고독감 등이 발생하기도 한다.[6]

사회경제적 측면에서 보면, 산업화·도시화가 진행되면서 가족구조의 변화로 인하여 노인들의 지위와 역할이 상실되고 있으며, 신체적·정신적·기술적 능력의 부족으로 생산활동에 참여하지 못하여 경제적 의존성이 점점 증가하고 있다. 그 결과 사회적 활동이 줄면서 소외감, 상실감(권위상실, 역할상실, 경제능력상실), 무력감 등을 느낀다. 즉, 이러한 사회경제적 특성은 노인들로 하여금 심리적으로는 고독을, 사회적으로는 박탈감 및 지위와 역할의 상실을, 경제적으로는 빈곤을 겪게 하고 있다.

따라서 노인들은 다양하고 복합적인 욕구를 가지고 있으면서도 신체적 기능의 저하와 만성질환, 인지능력의 부족, 정보와 기술의 부족, 의존성의 증가, 사회경제적 역할상실, 경제적 능력의 부족 등으로 인하여 그들의 욕구를 충족시키지 못하고 있다. 그 결과 노인들은 케어매니지먼트의 주요 대상이 되고 있다.

3) 이가옥 외, 『노인생활실태 분석 및 정책과제』, 한국보건사회연구원, 1994, pp.114-115.
4) 장인협·최성재, 『노인복지학』, 서울대학교 출판부, 1994, pp.69-76.
5) 윤진, 『성인·노인심리학』, 중앙적성출판사, 1994, pp.181-189.
6) 아산사회복지사업재단, 전게서, pp.377-378.

## 2) 장애인

장애인은 신체적 결함으로 인하여 장기간에 걸쳐 일상생활이나 사회생활에 상당한 제약을 받는 신체장애인과 정신적 결함으로 인하여 이러한 제약을 받는 정신장애인으로 나눌 수 있다. 그러나 우리나라의 현행법은 장애인을 지체장애인, 뇌병변장애인, 시각장애인, 청각장애인, 언어장애인, 정신지체인, 발달장애인, 정신장애인, 신장장애인, 심장장애인, 호흡기장애인, 간장애인, 안면장애인, 장루·요루장애인, 간질장애인으로 분류하고 있다. 하지만 케어매니지먼트의 주요 대상이 되는 장애인은 대개 중복신체장애인과 만성정신장애인이기 때문에 여기에서는 신체장애인과 정신장애인으로 구분하여 기술하고자 한다.

### (1) 신체장애인

우리나라의 장애인은 2005년 현재 약 215만명 정도로 추정되고 있으며, 그 중에서 정신지체인과 정신장애인 22만명 정도를 제외하면 신체장애인은 약 193만명 정도로 추정되고 있다. 이들 중에서 전체의 89.0%는 각종 질환과 사고 등 후천적 원인에 의해 장애인이 된 것으로 나타나고 있으며, 이러한 후천적 원인으로 인하여 장애인의 수가 증가하고 있다는 것은 심각한 일이 아닐 수 없다.[7]

이러한 장애인들은 대개 그들의 특성상 상당히 다양하고 복합적인 욕구를 가지고 있다. 그들은 소득욕구(생계보장)와 의료욕구(치료와 수술, 검사, 물리치료)가 가장 크게 나타나고 있으며, 취업욕구(취업알선, 직업훈련), 주택욕구, 교통욕구(교통수단), 교육욕구(특수교육, 일반교육), 사회심리적 욕구(상담, 결혼, 장애인에 대한 인식개선), 사회활동욕구(생활편의시설, 보장구), 시설보호욕구, 문화 및 여가욕구 순으로 나타나고 있다.[8]

또한 장애인들은 전체의 61.3%가 일상생활에서 경제적인 어려움을 느끼고 있으며, 특히 장애의 치료에 필요한 의료비의 지출이 경제적인 어려움을 가중시키

7) 변용찬 외, 『2005년도 장애인 실태조사』, 한국보건사회연구원, 2006, p.41-43.

8) 권도용, 『장애인재활복지－체계와 실태－』, 홍익재, 1995, pp.211-212.

는 요인으로 나타나고 있다. 장애인의 13.9%가 장애의 진단 또는 발견 후 치료를 받지 않고 있으며, 2개 이상 장애를 가진 중복장애인이 전체의 18.7%인 40만명 정도로 추정되고 있고, 장애인의 35.4%가 일상생활에서 다른 사람의 도움을 필요로 하는 것으로 나타나고 있다.[9)]

따라서 신체장애인들이 다양하고 복합적인 욕구를 가지고 있으면서도 신체적 결함으로 인한 경제적 능력과 자립능력의 부족, 중복장애, 수발자의 부재 등으로 인하여 그들의 욕구를 충족시키지 못하고 있다. 그 결과 신체장애인, 특히 중복신체장애인들은 케어매니지먼트의 대상이 되고 있다.

### (2) 정신장애인

정신장애인의 수를 정확히 파악한다는 것은 극히 어렵기 때문에 정신장애의 유병률에 전체인구를 곱하여 추정하는 것이 바람직할 것이다. 2006년 현재 우리나라의 인구가 4,830만명 정도이고 정신장애의 유병률을 2.16%로 보면, 우리나라의 정신장애인의 수는 약 104만명 정도가 될 것으로 추정된다. 그 중에서 지속적인 보호가 필요한 만성정신장애인은 전체인구의 0.3%인 약 14만명 정도로 추정할 수 있다.[10)]

이러한 정신장애인들은 상당히 다양한 욕구를 가지고 있다. 그것은 ① 생리적 욕구(식사, 영양, 성), ② 소득욕구, ③ 보건의료욕구(신체적 · 정신적 건강, 의료, 치과보호), ④ 사회심리적 욕구(사회심리적 재활, 가족보호, 심리적 안정), ⑤ 사회관계 욕구(가족관계, 동료집단과의 관계, 친구관계, 이웃관계, 조직과의 상호작용), ⑥ 주택 욕구, ⑦ 교육욕구, ⑧ 교통욕구(교통편의시설), ⑨ 사회참여욕구(취업, 지역사회 참여), ⑩ 여가욕구(레크리에이션, 여가활동), ⑪ 문화욕구(문화정보, 행사참여, 체육), ⑫ 법적 욕구(법적 지위보호), ⑬ 종교욕구(종교생활) 등이 있다.[11)]

9) 변용찬 외, 전게서, pp.163-190.

10) 양옥경, 『지역사회 정신건강』, 나남출판, 1996, pp.43-44.

11) 김종천, "정신장애인의 욕구 결정요인", 중앙대학교 대학원 박사학위논문, 1996. 12., pp.12-13.

정신장애인들은 대부분은 수동성, 스트레스에 대한 높은 취약성, 고립화 현상, 낙인의식 등으로 인하여 그들이 필요로 하는 서비스에 접근하거나 서비스를 획득하는 데 심각한 어려움을 겪고 있다.[12] 또한 그들은 대체로 소득수준이 낮고, 그들을 보호할 가족 성원의 수가 적을 뿐만 아니라 배우자가 없는 경우가 많으며, 정신적 결함과 더불어 신체적 질병을 가지고 있는 사람이 많고, 대부분 직업이 없는 것으로 나타나고 있다.[13]

따라서 정신장애인들이 다양하고 복합적인 욕구를 가지고 있으면서도 정신적인 결함으로 인하여 그들이 필요로 하는 서비스에 접근하거나 이용하기가 어렵고, 소득수준이 낮으며, 그들을 보호할 가족 성원이 부족하여 그들의 욕구를 충족시키지 못하고 있다. 또한 정신장애인은 완치가 아닌 상태의 호전이나 개선을 통하여 사회에 적응할 수 있도록 해야 하기 때문에 그들에 대한 다양한 집단의 지속적인 보호가 필요하다. 그러므로 정신장애인, 특히 만성정신장애인들은 케어매니지먼트의 주요 대상이 되고 있다.

### 3) 아동

오늘날 아동인구는 점점 감소하고 있지만, 가족해체, 각종 사고와 재해, 약물남용, 취업모의 증가 등으로 인하여 요보호아동의 발생가능성이 더욱 높아지고 있다. 2006년 말 현재 소년소녀가정 아동은 2,086세대에 3,271명이며, 아동보호전문기관에 접수된 학대받는 아동의 수는 2001년에 2,105건이었던 것이 2006년에는 5,202건으로 2배 이상 증가하였다.[14] 또한 발달장애(정신지체, 뇌성마비, 다운증후군, 자폐증 등)아동과 유기된 아동이 증가할 가능성이 높다.

이러한 아동들은 의존성이 강하므로 건전한 성장·발달을 위해서는 타인들의 사랑, 관심 및 보호가 필요하며, 성숙하기 위해서 자기 수준에 알맞은 지식, 기술,

12) 장인협, 『지역복지실천방법론－케어/케이스 관리－』, 서울대학교 출판부, 1995, pp.57-58.
13) 김종천, 전게서, pp.56-60.
14) 보건복지부, 『2006년도 보건복지백서』, 2007, pp.214.

행동방식, 가치 등에 관한 학습의 기회가 필요하다. 그리고 아동들은 감정이 매우 예민하고 강렬하기 때문에 불안, 불신 및 적개심으로 인한 냉담함, 퇴행, 비행 등이 일어나지 않도록 지속적인 관심과 건전한 주변환경의 조성이 필요하다. 한편 아동들은 생리적 욕구, 교육욕구(일반교육, 특수교육), 사회심리적 욕구(의존, 사랑, 사회적 인정), 문화욕구(문화활동, 체육활동), 여가욕구(여가활동, 레크리에이션), 자기성장의 욕구(인격적 성장과 발달), 취업욕구(고용, 직업훈련) 등의 다양한 욕구를 가지고 있다. 또한 그들은 자기 스스로의 힘으로 환경에 적응할 수 없으므로 신체적·정신적 발전과정을 통하여 사회생활에 적응할 수 있는 능력을 키워주어야 한다.[15)]

이와 같이 아동들은 그들의 특성상 가족의 사랑과 보호, 지역사회의 관심과 분위기 조성, 수준에 알맞은 학습활동, 성장과 발전의 기회 제공 등이 반드시 필요하지만, 현실적으로 가족이 없거나, 가족이 있어도 보호기능을 수행하지 못하거나, 그들을 신체적·정신적·성적·정서적으로 학대하거나, 발달장애아동을 보호하거나 교육시킬 능력이 부족한 경우가 있다. 그 결과 요보호아동, 특히 발달장애아동, 학대받는 아동 및 소년소녀가정 아동은 케어매니지먼트의 주요 대상이 되고 있다.

## 2. 케어매니저

케어매니저는 케어매니지먼트에 관한 전문적인 지식, 기술 및 가치를 소유하고 클라이언트와 사회자원과의 연결과 조정을 통하여 포괄적인 서비스를 제공하고 보호의 연속성을 보장하여 클라이언트로 하여금 복합적인 욕구를 충족시키고 사회적 기능을 향상시킬 수 있도록 하는 전문가이다. 케어매니저는 대개 케어매니지먼트를 실천하는 기관이나 조직에 종사하면서 이러한 역할과 기능을 수행하

15) 아산사회복지사업재단, 『아동복지편람』, 1997, pp.22-24.

므로, 여기에서는 케어매니저와 케어매니지먼트 기관에 관하여 살펴보도록 한다.

### 1) 케어매니저

케어매니저는 클라이언트에게 접근성과 책임성을 보장하면서 그들이 적절하게 조정된 연속적인 보호를 받을 수 있도록 하기 위해서 출장원조자, 사정자, 계획자, 중개자, 조정자, 점검자, 평가자, 교사, 지도감독자, 행정가, 경계범주자 및 옹호자의 역할을 수행한다. 또한 케어매니저는 서비스 제공자와 클라이언트 또는 서비스 제공자들 사이의 갈등과 분쟁을 해결하는 상담자, 분쟁조정자 및 문제해결자의 역할을 수행하며, 클라이언트를 위한 자원을 개발하거나 동원하는 자원개발자 및 지역사회조직가의 역할을 수행하기도 한다.[16)]

또한 케어매니저는 케어매니지먼트를 실천하는 과정에서 세 가지의 핵심적인 기능을 수행한다.[17)] 첫째는 클라이언트의 포괄적인 욕구를 인식하는 것이다. 이것은 케어매니저가 클라이언트를 접수하고 사정하는 과정에서 인식할 수 있다. 클라이언트의 욕구에 대한 사정은 접수과정 이후부터 계속적으로 이루어져야 하며, 이를 위해서 케어매니저는 클라이언트와 정기적으로 접촉하고 그들의 욕구의 변화에 민감해야 한다.

둘째는 클라이언트의 욕구를 충족시킬 수 있는 서비스와 그들을 연결시키는 것이다. 여기에서 케어매니저는 클라이언트에게 유용한 자원이 무엇인가를 인식해야 하며, 자원의 범주에 서비스는 물론 권리도 포함시키고, 클라이언트에게 옹호를 제공해야 한다. 서비스를 제공하는 과정에서 케어매니저는 잠재적인 장애물이 될 수 있는 서비스 제공기관의 제한적인 규정과 정책, 정신장애와 같은 특수한 장애를 가진 클라이언트에 대한 서비스 제공자들의 저항 또는 클라이언트

16) M. Weil & J. M. Karls, et al., *Case Management in Human Service Practice*, San Francisco, CA: Jossey-Bass, Inc., Publishers, 1985, pp.17-20.

17) J. Intagliata, "Improving the Quality of Community Care for the Chronically Mentally Disabled: The Role of Case Management", in S. M. Rose(Ed.), *Case Management and Social Work Practice*, New York: Longman Publishing Group, 1992, pp.32-33.

자신의 서비스 제공에 대한 거절 등을 처리해야 한다.

셋째는 클라이언트에게 제공되는 서비스를 점검하는 것이다. 점검과정에서 가장 기본적인 측면은 서비스에 관한 협정을 준수하도록 보장하는 것이다. 이것은 약속이 지켜질 수 있도록 하기 위해서 케어매니저가 클라이언트와 서비스 제공자를 계속적으로 접촉해야 한다는 것을 의미한다. 또한 케어매니저는 제공된 서비스의 적절성(appropriateness)과 효과성을 사정해야 하며, 그러한 과정에서 클라이언트와 접촉을 유지하고 서비스가 실제로 제공되는 동안에 방문해야 한다. 이러한 직접적인 접촉은 유익한 환류(feedback)를 제공할 수 있다.

한편 케어매니저가 이러한 다양한 역할과 기능을 수행하는 과정에서 몇 가지 사항들이 제기될 수 있으며, 그들은 다음과 같다. 첫째는 케어매니지먼트를 실천하는 전문가의 명칭에 관한 것이다. 이러한 명칭은 케어매니지먼트를 실천하는 분야와 전문가에 따라 다양하게 존재하고 있다. 그것은 서비스 관리자, 사례관리자, 촉진자(facilitator), 정보제공자, 옹호자, 서비스 중개자, 개별사회복지사, 보조사회복지사(case aide) 등으로 사용되기도 하며, 전문가의 역할을 강조하는 측면에서 상담자, 사정자, 대인서비스 계획자, 자원조정자 등으로 불리기도 한다. 이러한 명칭은 사회복지사, 간호사, 재활전문가, 노년학자 등에 따라 다양하게 사용하고 있지만, 케어매니저라는 용어가 가장 널리 사용되고 있다.[18)]

둘째는 케어매니저의 자격에 관한 것이다. 케어매니저는 대개 사회복지실천, 간호학, 보건학, 상담학, 노년학 및 기타 관련 분야를 전공하고 학사학위를 받은 사람들이다.[19)] 미국의 경우 케어매니지먼트 사례의 70% 정도가 학사학위 이상의 학력을 가진 전문가에 의해서 다루어졌으며, 30% 정도는 학사학위 미만의 학력을 가진 사람들에 의해서 다루어졌고, 석사학위를 가진 전문가에 의해서 다루어진 사례도 전체의 15%나 된다.[20)]

18) R. M. Steinberg & G. W. Carter, *Case Management and the Elderly*, Lexington, MA: Lexington Books, 1983, pp.126-127.

19) J. Quinn, *Successful Case Management in Long-term Care*, New York: Springer Publishing Company, Inc., 1993, p.142.

20) R. M. Steinberg & G. W. Carter, *op. cit.*, p.127.

케어매니지먼트와 관련된 많은 프로그램들은 장기간의 책임성 있는 보호를 필요로 하기 때문에 전문적인 학력이 요구되는 경우가 많다. 특히 정신보건 분야와 같이 전문적인 지식과 기술이 요구되는 경우에는 케어매니저가 사회복지실천이나 상담을 전공하고 석사학위 이상의 학력을 소지하고 있거나, 정신보건 분야에서 광범위한 경험을 가진 학사학위 이상의 학력을 가진 사람들인 경우가 많다.[21] 그러나 케어매니저의 업무를 보조하기 위해서 훈련된 자원봉사자들도 케어매니저의 역할을 수행하기도 한다. 그들은 출장원조, 우애방문(friendly visiting), 전화접촉, 동행, 상담, 서비스 점검 등의 특수한 과업을 수행하는 중요한 자원이 된다.[22]

셋째는 어떤 분야의 전문가가 케어매니저가 될 수 있느냐에 관한 것이다. 사회복지사, 간호사, 심리학자 등의 다양한 전문가들이 케어매니저가 될 수 있지만,[23] 미국의 경우에는 케어매니지먼트 프로그램의 3/4 이상을 사회복지사가 담당하고 있으며, 그 외의 프로그램을 간호사와 같은 다른 전문가들이 담당하고 있다.[24]

넷째는 케어매니저의 사례담당건수(caseload)에 관한 것이다. 즉, 케어매니저가 과연 몇 건의 사례를 담당하고 있는 것이 가장 합리적인가에 관한 것이다. 사례담당건수는 서비스의 효과성과 책임성 및 케어매니저와 클라이언트 간의 접촉의 빈도와 질에 영향을 미친다. 그것은 클라이언트의 기능수준, 거주지역의 거리와 분산 정도, 케어매니저의 능력 등과 밀접하게 관련되어 있다. 실제로 이상적인 사례담당건수를 결정한다는 것은 극히 어려운 일이다. 대체로 케어매니저들은 50~60명 정도의 클라이언트를 담당할 수 있다. 그러나 케어매니저가 클라이언트의 욕구의 사정와 보호계획, 클라이언트와 서비스의 연결, 클라이언트의 진척사항에 대한 점검과 평가, 클라이언트의 가족의 욕구에 대한 관심 및 보호계획의 수정 등을 실행하기 위해서는 대략 30~40명 정도의 클라이언트를 담당하는 것이 적당하다.[25]

21) J. Intagliata, *op. cit.*, pp.41-42.
22) R. M. Steinberg & G. W. Carter, *op. cit.*, p.128.
23) J. Intagliata, *op. cit.*, p.41.
24) R. M. Steinberg & G. W. Carter, *op. cit.*, p.197.
25) J. Intagliata, *op. cit.*, pp.46-48.

다섯째는 케어매니지먼트 실천에서 개별접근과 팀접근 중 어느 것이 바람직한가에 관한 것이다. 케어매니저가 케어매니지먼트의 전 과정을 혼자서 담당하는 것과 여러 다른 학문 분야의 전문가들로 구성된 팀이 그러한 과정을 담당하는 것 사이에는 몇 가지의 장·단점이 존재한다.[26)]

개별접근은 클라이언트나 그의 가족이 단지 한 명의 전문가와 관계를 갖기 때문에 그들이 케어매니저와 안정적인 관계를 발전시키고 유지할 수 있도록 하며, 보호의 책임성을 보장할 수 있다. 그러나 장기보호를 요하는 복합적인 욕구를 가진 클라이언트에게는 적합하지 않으며, 다른 전문 분야와 협력하기가 어렵기 때문에 전문적인 고립을 초래할 수 있다.

팀접근은 사회복지사, 간호사, 의사, 심리학자, 정신의학자, 법률가, 영양학자, 후견인(conservator) 등의 전문가들로 팀을 구성하여 그러한 전문가들이 클라이언트의 사정과 보호계획의 수립 등에 상호 협력하고 각자의 책임을 떠맡는 것이다. 이러한 케어매니지먼트 팀은 대개 사회복지사나 간호사가 구성한다. 이것은 ① 클라이언트가 여러 명의 전문가를 이용할 수 있기 때문에 더욱 연속적인 연결과 조정을 행할 수 있으며, ② 다양한 분야의 전문가들에 의해서 클라이언트에게 포괄적으로 접근할 수 있고 더욱 바람직한 보호계획을 수립할 수 있으며, ③ 팀의 성원들과 함께 만성적인 클라이언트와 일하면서 에너지와 창조력을 유지할 수 있고, 케어매니저의 사기를 진작시키며, 소진(burnout)을 야기하는 고립화를 피할 수 있다는 장점들을 지니고 있다.[27)] 그러나 여러 명의 전문가들에 의해서 케어매니지먼트가 실천되기 때문에, 클라이언트가 많은 사람들과 관계를 유지하기가 어려울 뿐만 아니라 책임소재가 분산되어 클라이언트에 대한 책임성을 보장하기가 어렵다.

하지만 케어매니지먼트는 대개 팀접근에 의해서 실천되는 경우가 많다. 왜냐하면 팀접근은 클라이언트의 복합적인 욕구를 충족시킬 수 있도록 포괄적으로

---

26) J. Quinn, *op. cit.*, p.142.

27) M. Test, "Continuity of Care in Community Treatment", In L. Stein(Ed.), *Community Support Systems For the Long-term Patient*, San Francisco, CA: Jossey-Bass Inc., Publishers, 1979, pp.15-23.

접근할 수 있으며, 보호의 연속성을 보장하여 장기보호를 요하는 클라이언트에게 유리하기 때문이다.

여섯째는 케어매니저의 클라이언트에 대한 직접적인 접촉의 강도(强度)에 관한 것이다. 케어매니저는 대개 클라이언트 및 그들의 중요한 타자들(significant others)과의 연속적인 대면적 접촉을 유지하는 전문가이다. 그러나 많은 프로그램들은 케어매니저와 클라이언트와의 직접적인 접촉을 제한하고 있다. 그것은 자금의 압박, 기관 상호간의 관할권의 논쟁, 자격을 갖춘 직원의 부족 또는 임상가보다는 오히려 관리자로서의 케어매니저에 대한 이해 등이 원인이 되고 있다. 또한 케어매니지먼트 과정에서 사정과 기획 이후에 클라이언트 각자의 사례는 서비스 제공자에게 할당되기 때문에, 케어매니저는 고문 또는 지도감독자의 역할만을 수행하여 접수와 사후검토만을 하는 전문가로 여겨질 수 있다. 그러나 케어매니저는 케어매니지먼트의 모든 과정에 관여하고, 전 과정에 걸쳐 클라이언트와 직접적인 접촉을 해야 한다.[28)]

마지막은 케어매니저의 전문적 지위에 관한 것이다. 케어매니저들은 대개 학사학위 이상의 학력을 가진 전문가인 경우가 많다. 그들은 상담과 사정과 같은 직접적인 서비스를 제공하는 데 많은 시간을 보내는 반면, 케어매니지먼트에서 중요한 위치를 차지하고 있는 연결, 의뢰, 조정, 점검 등을 소홀히 다루는 경향이 있다. 그것은 전문가들이 종종 그들의 교육훈련과 지위에 일치하지 않는다고 느끼는 과업을 기꺼이 떠맡으려 하지 않기 때문이다. 그 결과 이러한 연결, 조정 및 점검과 같은 과업들은 오히려 준전문가(paraprofessional)들이 더 적절히 수행할 수 있을 것이라는 논란이 제기되고 있으며, 과연 케어매니저는 전문가이어야 하는가 준전문가이어야 하는가 하는 문제가 제기되고 있다.[29)]

그러나 케어매니저를 전문가로 고용하는 이유는 그들이 업무수행 과정에서 다양한 서비스 기관들 및 다른 관련 전문가들과 관계를 가질 때 전문가로서의 권

28) R. M. Steinberg & G. W. Carter, *op. cit.*, pp.129-130.
29) J. Renshaw, "Care in the Community: Individual Care planning and Case Management", *The British Journal of Social Work*, 18, London: The British Association of Social Workers, 1988, pp.87-88.

위를 인정받아 그들과의 협력이 가능하며, 클라이언트에 대한 보호의 질을 향상시킬 수 있기 때문이다. 또한 사정, 기획 및 평가와 같은 과업은 전문적 지위에 있는 사람에 의해서만 가능하며, 연결, 조정 및 점검과 같은 과업을 수행하는 과정에서도 클라이언트와 중요한 타자들 및 서비스 제공자들과 계속적인 관계를 유지하고, 클라이언트를 옹호하며, 그들 간의 분쟁을 조정하고, 기관 상호간의 조정을 행하는 등 전문가만이 수행할 수 있는 일을 해야 한다. 따라서 케어매니저는 준전문가보다는 전문가인 것이 바람직하며, 직접적인 개입활동은 물론 간접적인 개입활동도 적극적으로 수행해야 한다.

케어매니저와 관련된 이러한 다양한 논의는 케어매니저의 역할과 기능을 더욱 강화할 수 있는 계기가 될 것이며, 케어매니지먼트와 관련된 지식과 기술의 다양성과 발전에 기여할 수 있을 것이다.

### 2) 케어매니지먼트 기관

케어매니지먼트 기관이란 지역수준에서 권위를 가지고 일정한 표적인구집단에게 서비스의 체계적인 통합을 보장하는 조직이나 기관을 말한다. 이러한 기관은 서비스 제공자들을 결속시키는 일련의 공식적인 계약이나 협정 및 법률을 바탕으로 클라이언트에 대한 서비스의 통합과 조정을 행하며, 케어매니저가 그들의 역할을 효과적으로 수행할 수 있도록 서비스 체계의 안정성을 보장하고, 새로운 서비스 제공자를 개발하기도 한다. 케어매니지먼트 기관들이 이러한 역할을 효과적으로 수행할 수 있도록 하기 위해서는 지역수준에서 그들의 권위나 책임을 명백하게 부여해야 한다.[30)]

케어매니지먼트를 담당하는 기관은 상당히 다양하며, 그것은 케어매니지먼트 프로그램을 실천하는 장소와 제공자에 따라 일곱 가지 범주의 기관으로 나눌 수 있다. 이러한 기관들에는 독자기관, 기획기관 내의 특수단위, 안내와 의뢰기관 내

30) J. Intagliata, *op. cit.*, pp.36-37.

의 특수단위, 직접서비스기관 내의 특수단위, 시설 또는 복합기능기관 내의 특수단위, 조합 또는 연합 및 회원협회가 있다.[31)]

### (1) 독자기관

독자기관은 자율적으로 관리하는 조직체를 가지고 단지 케어매니지먼트만을 실시하는 기관으로서 상대적으로 드문 유형 중의 하나이다. 이 기관은 모든 의사결정에서 상당한 자율성이 보장되며, 직접적인 서비스를 제공하지 않고 케어매니지먼트만을 실시하기 때문에 다른 서비스 제공자들에게 경쟁적인 상대로 작용하지 않으며, 서비스 제공과 관련된 양적·질적인 논란이 없이 서비스의 조정기능을 행할 수 있다.

그러나 독자기관이 지역사회 내에서 서비스 제공기관들과 잠재적 클라이언트들에게 신뢰성을 확립하고 케어매니지먼트 실시에 필요한 재원을 확보하는 데 상당한 어려움이 존재한다. 한편 이 기관은 다양한 자금원(資金源)으로부터 재원을 확보할 수 있는 유연성을 가지고 있지만, 재원을 확보하기 위해서는 프로그램을 변경해야 하는 취약성을 지니고 있다.

### (2) 기획기관 내의 특수단위

기획기관 내의 특수단위는 매우 전형적인 것으로서 지방의 보건기획기관 또는 사회기획기관 내에 설치된 특수한 케어매니지먼트 단위를 말한다. 이것은 보건기관이나 사회기관 내에 위치하고 있어서 클라이언트가 쉽게 발견할 수 있으며, 서비스 제공자들에게 영향력을 행사할 수 있고, 서비스의 양적·질적인 측면에 영향을 미칠 수 있는 프로그램 기획자들에게 즉각적으로 접근할 수 있다.

그러나 이것은 클라이언트 수준보다는 조직 상호간이나 정치적인 수준에 관심이 많은 행정가가 책임을 맡고 있어서 클라이언트들에게 소홀할 수 있으며, 기관 내의 다른 분야에서 야기되는 서비스 제공자와의 갈등으로 인하여 클라이언트를

31) R. M. Steinberg & G. W. Carter, *op. cit.*, pp.34-43.

위해서 반드시 필요한 협력을 얻지 못할 수 있다.

### (3) 안내와 의뢰기관 내의 특수단위

안내와 의뢰기관 내의 특수단위는 그것의 위치 때문에 많은 장점을 가지게 된다. 즉, 그 기관이 지역사회의 많은 유용한 서비스들과 이미 연결되어 있으며, 직접적인 서비스를 제공하지 않기 때문에 서비스망에서 비경쟁적인 특성을 지닐 수 있고, 서비스 제공자나 서비스를 제공받는 사람 모두에게 진부한 느낌을 주지 않는다는 것이다. 또한 그 기관은 클라이언트의 욕구와 그들에게 유용한 서비스에 관한 필수적인 정보를 이끌어낼 수 있는 유능한 직원을 채용하는 경향이 있다는 것이다.

그러나 이러한 기관은 복잡한 자금의 원천에 대한 적극적인 탐색과 자금을 구하는 재정상의 절차에 익숙하지 못하기 때문에, 적절한 재원을 확보하고 유지하는 데 어려움이 존재한다. 한편 안내와 의뢰기관은 클라이언트의 욕구를 명료화하기 위해서 그들과 접촉할 때 및 클라이언트와 그들의 욕구를 충족시킬 수 있는 기관과 연결시킬 때 단기간의 케어매니지먼트를 실시하게 된다.

### (4) 직접서비스기관 내의 특수단위

직접서비스기관 내의 특수단위는 케어매니지먼트를 실시하는 가장 보편적인 형태로서 가족상담, 가정조성서비스, 방문요양, 방문간호, 식사배달서비스 등을 제공하는 직접서비스기관 내에 위치하고 있다. 이것의 장점은 직접서비스기관에 근무하는 서비스 제공자들이 대인서비스 분야에서 누적된 경험을 가지고 있으며, 그 기관이 클라이언트와 지역사회로부터 인정을 받고 있다는 것이다. 그러나 케어매니지먼트 프로그램이 서비스의 구매자이면서 다른 서비스 제공자들의 점검자일 경우에는 역할의 중복과 이해관계의 갈등이 있을 수 있으며, 그 기관의 다른 직접서비스 프로그램들의 질적인 측면에 관한 논란이 있을 수 있다.

### (5) 시설 또는 복합기능기관 내의 특수단위

케어매니지먼트 프로그램을 설치하고 있는 시설 또는 복합기능기관에는 양로시설, 사회복지관, 장애인복지관, 병원 등이 있다. 이러한 특수단위는 그것을 설치하고 있는 시설이나 기관의 오랫동안의 훌륭한 평판에 의해서 이익을 얻을 수 있으며, 그러한 시설이나 기관의 다른 서비스에 쉽게 접근할 수 있다.

그러나 이러한 특수단위가 시설이나 기관으로부터 케어매니저의 역할에 관한 수용을 획득하거나, 케어매니지먼트 프로그램을 운영하기 위해 필요한 특별한 재원을 얻기가 어렵다. 그러므로 케어매니지먼트 프로그램을 활성화시키기 위해서는 그러한 시설이나 기관으로부터 그 프로그램이 클라이언트에게 효과적이라는 인식을 얻을 수 있도록 해야 한다.

### (6) 조합 또는 연합

조합이나 연합은 회원 각자의 재원을 끌어들여 협약과 할당된 관리방식을 통하여 케어매니지먼트 프로그램을 운영하는 것이다. 이러한 프로그램은 협약의 복잡성 때문에 상대적으로 드물며, 그 대표적인 형태가 노인장기보호센터이다. 조합이나 연합은 광범위한 지원기반을 가지고 있으며, 조직의 구속없이 자유롭게 운영할 수 있고, 회원 각자보다 더 잘 알려질 수 있다는 장점을 지니고 있다.

그러나 이것은 회원 각자의 의견을 수렴한 확고한 협약을 맺기가 어려우며, 회원들 간의 관리책임의 불명료성이 존재할 수 있고, 다양한 상충적인 기대로 인하여 운영상의 과중함이 나타날 수 있다는 단점을 지니고 있다.

### (7) 회원협회

회원협회는 어느 정도 가상적인 형태이다. 대표적인 집단은 연금생활자연맹, 퇴직전문가협회, 노동조합, 근린지역협의회, 임차인협의회 등이 있을 수 있으며, 이들의 공식적인 케어매니지먼트의 실례는 없지만 협회의 지도자나 간부회원에 의한 옹호가 존재할 수 있다. 이러한 회원협회는 회원들에게 서비스를 제공하는데 효과적일 수 있지만, 그것의 케어매니지먼트 체계는 비공식적이다.

이러한 케어매니지먼트 기관의 다양성은 케어매니지먼트에 대한 다양한 접근을 가능하게 하여 이것을 확산시키고 발전시키는데 크게 기여하게 될 것이다.

## 3. 사회자원

사회자원은 케어매니지먼트의 중요한 구성요소 중의 하나이며, 클라이언트의 다양하고 복합적인 욕구를 충족시킬 수 있는 주체이다. 여기에서 사회자원이란 인간의 사회적 욕구를 충족시키기 위해서 동원되는 시설, 설비, 자금이나 물자 또는 개인이나 집단의 지식과 기능 등을 총칭하는 것이다.[32)]

최근 탈시설화와 사회복지 비용의 억제의 영향으로 클라이언트의 사회적 관계망의 역할에 대한 관심이 증가하면서 비공식 지원체계의 중요성에 관한 논의가 활발하게 전개되고 있다. 그러나 사회자원은 비조직적이고 자발적이며 상호부조적인 특성을 지니고 있는 비공식 지원체계와 공식적인 기구를 통하여 자원이 제공되는 공식 지원체계로 나눌 수 있으므로, 비공식 지원체계와 공식 지원체계를 통합하는 총체적인 사회자원에 대한 논의가 필요하다. 따라서 여기에서는 사회자원의 전반적인 내용을 중심으로 사회자원 동원의 필요성, 사회자원의 종류와 특성 및 사회자원의 개발과 확보에 관하여 살펴보고자 한다.

### 1) 사회자원 동원의 필요성

사회자원은 클라이언트의 욕구를 충족시키고 사회적 기능을 향상시키는 데 결정적인 역할을 수행하는 핵심적인 요소이다. 그러므로 케어매니지먼트의 성공 여부는 사회자원의 적절한 동원과 밀접히 관련되어 있다. 이러한 사회자원의 동

32) 仲村優一 外, 『現代社會福祉事典』, 東京: 全國社會福祉協議會, 1982, p.218.

원의 필요성을 최근의 사회복지의 방향과 관련시켜 제시하면 다음과 같다.[33)]

첫째, 사회복지의 방향이 시설복지에서 지역사회복지로 전환되면서 지역사회에 생활기반을 둔 클라이언트를 적절히 지원하기 위해서는 지역사회의 잠재적인 자원을 포함한 클라이언트와 관련된 모든 자원을 동원해야 한다.

둘째, 클라이언트의 욕구가 다양화·복합화·고도화되면서 그들이 사회자원을 할당받던 시대에서 스스로 선택하는 시대로 변화되고 있다. 그 결과 이러한 욕구에 대처할 수 있도록 사회자원의 종류를 확대하고 양적·질적인 향상을 도모하면서 서비스 공급주체를 다원화시켜야 한다.

셋째, 장기보호를 요하는 노인과 만성장애인이 점점 증가하므로 그들을 지역사회 내에서 적절히 보호할 수 있도록 가족을 포함한 비공식 지원체계와 공적 서비스를 중심으로 한 공식 지원체계를 동원하여 그들과 적절히 연결시켜야 한다.

넷째, 지역사회 내에서 클라이언트를 적절히 보호하기 위해서는 개인적 수준의 보호, 지역적 수준의 지원, 국가적 수준의 원조와 관련된 사회자원을 개발하고 동원하여 서비스망을 형성해야 한다.

다섯째, 사회복지실천의 방향이 점차 치료에서 보호로 전환되면서 클라이언트의 문제해결을 위한 심리적 원조보다는 그들의 욕구 충족을 위한 환경조정에 사회복지실천의 초점을 두게 되어 그들을 적절히 보호할 수 있는 사회자원이 필요하게 되었다.

이와 같이 사회자원의 동원은 지역사회 내에서 클라이언트를 적절히 보호할 수 있는 결정적인 수단이 될 수 있으므로, 이러한 다양한 논의는 사회자원의 적극적인 개발과 확보에 기여하는 계기가 될 것이다.

### 2) 사회자원의 종류와 특성

사회자원은 다양한 관점에서 분류할 수 있다. 이것은 자원의 본질, 원천 및 유

33) 白澤政和,『ケースマネージメントの理論と實際』, 東京: 中央法規出版, 1992, pp.110-111.

용성에 따라 ① 개인이나 집단의 내적 자원과 외적 자원, ② 공식적 자원과 비공식적 자원, ③ 실제적 자원과 잠재적 자원, ④ 목적 달성을 위해 어느 정도 통제 가능한 자원과 불가능한 자원 등으로 나눌 수 있다. 개인의 내적 자원에는 지식, 정보, 기술, 신뢰성, 건강 등이 있으며, 외적 자원에는 재산, 친구, 직장 등이 있다. 공식적 자원에는 학교, 병원, 사회복지기관 등이 있으며, 비공식적 자원에는 친척, 이웃, 동료 등이 있다. 한편 실제적 자원은 클라이언트의 욕구 충족과 기능 향상을 위해서 현재 활용하고 있는 자원이며, 잠재적 자원은 현재는 활용하고 있지 않지만 장래에 활용할 가치가 있는 자원이다.[34)]

또한 사회자원은 체계론적 관점에서 서비스 공급주체를 중심으로 ① 비공식 자원체계, ② 공식 자원체계, ③ 사회 자원체계 등으로 나눌 수 있다. 비공식 자원체계는 정서적 지지, 애정, 충고, 정보제공, 금전대여, 보육, 서비스 안내, 행정 업무 대행 등과 같은 서비스를 제공하는 것으로, 가족, 친구, 친척, 이웃, 동료, 자원봉사자 등으로 구성된다. 공식 자원체계는 회원들의 이익을 위해 조직된 공식 협의체나 회원조직으로서 회원들에게 직접 서비스를 제공하거나 다른 사회체계와 교섭하도록 돕는다. 공식 자원체계에는 노동조합, 사회복지사협회, 의사협회, 소비자보호협회 등이 있다. 사회 자원체계는 국민이나 지역주민이 공동으로 활용하는 국가기관이나 민간기관으로, 병원, 학교, 경찰서, 법원, 공공도서관, 시청, 동사무소, 회사, 사회복지관 등이 있다.[35)]

사회자원의 종류에 대한 상기의 견해를 바탕으로 그것을 다시 분류해 보면, 사회자원은 ① 존재형태에 따른 인적 자원과 물적 자원, ② 소재구분에 따른 내적 자원과 외적 자원, ③ 활용 여부에 따른 실제적 자원과 잠재적 자원, ④ 공급주체에 따른 비공식 자원과 공식 자원 등으로 구분할 수 있다. 그러나 사회자원은 누가 클라이언트를 지원하기 위해서 그러한 자원을 제공하느냐에 관심이 집

34) M. Siporin, "Resource Development and Service Provision", in A. Minahan, et al., *Encyclopedia of Social Work*, 18th ed., Vol. 2, Silver Spring, MD: National Association of Social workers, Inc., 1987, p.498.

35) A. Pincus & A. Minahan, *Social Work Practice: Model and Method*, Itasca, IL: F. E. Peacock Publishers, Inc., 1973, pp.4-5.

중되어 있기 때문에, 대개 공급주체에 따라 비공식 지원체계와 공식 지원체계로 구분하고 있다. 비공식 지원체계는 체계론적 관점에서 제시한 비공식 자원체계와 동일하며, 공식 지원체계는 그 관점의 공식 자원체계와 사회자원체계를 합한 것이다.

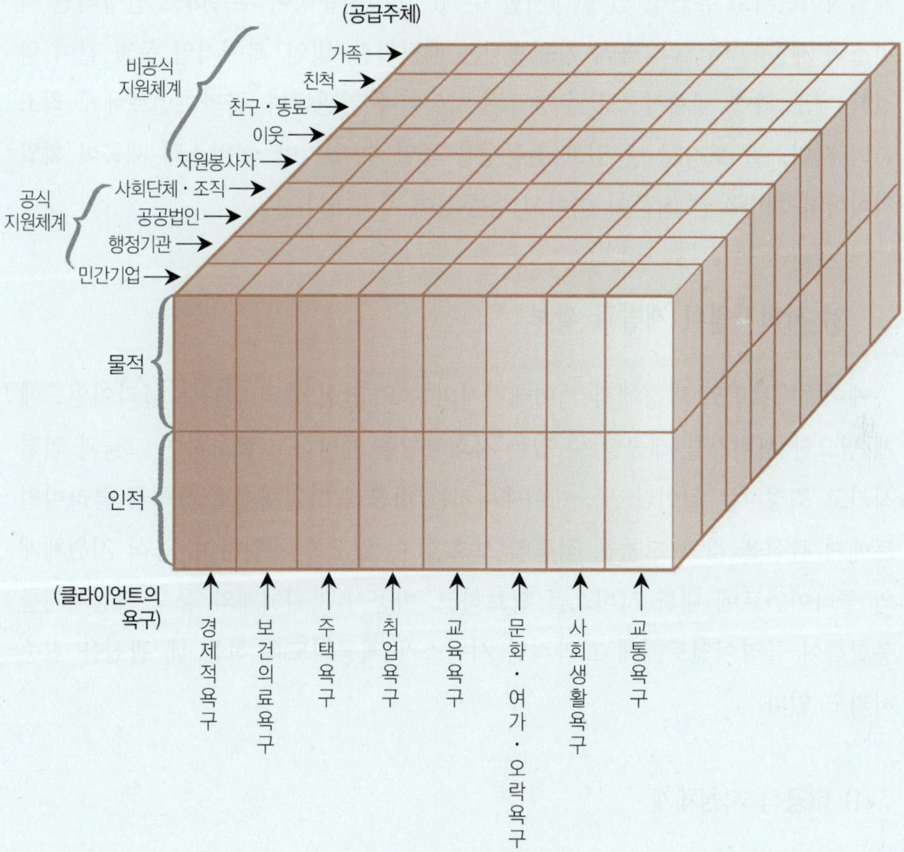


자료 : 白澤政和,『ケースマネージメントの理論と實際』, 東京: 中央法規出版, 1992, p.119.

**[그림 4-2] 사회자원의 구조**

한편 사회자원을 주요 영역별로 구분해 보면, 그것은 ① 가족, ② 친척, ③ 친구 · 동료, ④ 이웃, ⑤ 자원봉사자, ⑥ 지역의 단체 · 조직, ⑦ 법인(사회복지법인,

의료법인), ⑧ 행정기관, ⑨ 영리기관(복지기업) 등으로 구분할 수 있다.[36] 이러한 사회자원들은 클라이언트의 욕구와 관련시켜 [그림 4-2]와 같이 나타낼 수 있다.

이러한 사회자원 중 비공식 지원체계는 가족, 이웃, 자원봉사자 등과 같이 상호부조적인 성격을 띠면서 명확하게 제도화되지 않은 형태이며, 클라이언트에게 개별적이면서도 유연성 있게 대처할 수 있지만, 전문성이 부족하고 안정적인 서비스의 제공이 어렵다. 공식 지원체계는 행정기관, 법인, 복지기업 등과 같이 일정한 제도 하에 체계적으로 운영되는 시설이나 기관이며, 클라이언트에게 최소한의 서비스를 보장할 수 있고 전문성을 높일 수 있지만, 서비스의 제공이 획일적이어서 개별적인 접근이 어렵고 융통성이 부족하다.

### 3) 사회자원의 개발과 확보

케어매니지먼트 과정에서 케어매니저의 주요 관심 중의 하나는 클라이언트에게 필요한 서비스를 제공할 수 있는 사회자원을 개발하고 확보하여 그들과 연결시키고 조정하는 일이다. 즉, 케어매니저는 비공식 지원체계로 하여금 클라이언트에게 관심을 갖고 그들을 적절히 보호할 수 있도록 개입하며, 공식 지원체계의 클라이언트에 대한 서비스를 확보하고, 비공식 지원체계와 공식 지원체계를 통합하여 클라이언트에게 효과적인 서비스가 제공되도록 하는 데 관심을 집중시키고 있다.

#### (1) 비공식 지원체계

지역사회에 거주하는 클라이언트들은 대개 가족의 무관심 또는 가족 성원의 부재, 느슨한 친척관계, 가까운 친구의 부족, 이웃이나 다른 잠재적인 지원집단과의 연결의 부재, 유용한 다른 비공식 지원체계에 대한 접근노력의 부족 등으로 인하여 그들의 욕구를 제대로 충족시키지 못하고 있다.[37] 따라서 케어매니저는

36) 白澤政和 編著, 『ケースマネージメント事例集』, 東京: 中央法規出版, 1993, p.16.

37) D. H. Hepworth & J. A. Larsen, *Direct Social Work Practice: Theory and Skills*, 4th ed., Pacific Grove, CA:

클라이언트의 가족, 친척, 친구, 이웃, 동료, 종교단체 등과 접촉하여 클라이언트에 대한 관심을 촉구하고 그들과 밀접한 관계를 가질 수 있도록 조장하며, 자조집단의 결성과 참여를 촉진하고, 자원봉사자를 개발하여 활용해야 한다.

① 가족

가족은 사회자원 중에서 클라이언트에게 가장 신속하고 안락한 보호를 제공할 수 있는 서비스의 공급주체이다. 그러나 최근 가족구조의 변화와 부양의식의 약화로 인하여 가족이 구성원의 보호기능을 제대로 수행하지 못하고 있다. 그 결과 아동학대, 배우자학대, 장애인학대, 노인학대 등이 나타나고 있으며, 거동이 불편한 노인, 치매노인, 중복장애인, 만성정신장애인, 발달장애아동 등이 가족으로부터 제대로 보호를 받지 못하고 있다.

따라서 케어매니저는 부모의 아동에 대한 관심과 보호의 기술을 향상시키고, 성인자녀의 노인에 대한 접촉을 강화시키며, 성인자녀나 배우자로 하여금 거동이 불편한 노인과 치매노인의 보호기술을 증진시키고, 가족 성원의 장애인에 대한 관심과 보호능력을 향상시키며, 가족 성원간의 의사소통을 증진시킨다. 또한 케어매니저는 가족이 없거나 가족이 있어도 보호기능을 제대로 수행할 수 없는 가정의 아동에게 입양이나 위탁보호를 통하여 가족의 보호를 받을 수 있도록 한다.

② 지역주민

지역주민은 클라이언트와 생활방식, 관심사 및 지리적인 측면에서 상당한 공통점을 지니고 있어서 그들의 사회적 적응과 생활의 만족도에 주요한 영향을 미치며, 클라이언트로 하여금 안정감을 갖도록 하는 정서적 지지의 주요 제공자가 되고 있다. 특히 클라이언트의 이웃, 친구 및 동료들은 비공식 지원체계의 주요한 요소로서 클라이언트의 사회적 통합의 중요한 통로가 되고 있다.

따라서 케어매니저는 클라이언트의 이웃, 친구 및 동료들로 하여금 클라이언트에 대하여 지속적인 관심을 갖고 정기적인 방문을 통하여 필요한 서비스를 제

Brooks/Cole Publishing Company, 1993, p.480.

공할 수 있도록 하며, 지역주민들에게 클라이언트의 보호에 관한 체계적인 훈련을 시켜 그들을 적절히 활용할 수 있도록 해야 한다.

③ 종교단체

종교단체는 잠재적으로 가치 있는 비공식 지원체계이다. 그것은 지역사회의 클라이언트들에게 풍부한 자원의 원천이며, 정신적인 자극, 사회적 활동, 준거집단(reference group), 레크리에이션, 아동보육, 단기간의 가정조성서비스, 가정방문, 노인에 대한 구체적인 서비스 등과 같은 클라이언트들에게 필요한 많은 서비스를 제공한다.[38)]

이러한 종교단체들을 대상으로 케어매니저는 그들이 제공하는 서비스에 관한 정보를 확보하고 그러한 서비스를 필요로 하는 클라이언트와 연결시킨다. 또한 케어매니저는 종교단체들과 접촉하여 잠재화되어 있는 그들의 인적·물적 자원을 개발한다.

④ 자조집단

비공식 지원체계로서의 자조집단은 공통적인 조건, 경험 또는 욕구와 문제를 공유하는 사람들로 구성하며, 그들의 공통적인 요소들에 관한 대처능력을 향상시키기 위해 상호간에 원조한다. 이러한 집단이 제공하는 원조는 무료로 이용할 수 있으며, 전문적인 지식과 기술보다는 오히려 성원들의 경험에 기초하고 있다. 성원들 상호간의 보호는 훌륭한 지지(支持)의 원천이며, 특히 그 집단이 구성되는 초기의 성원들 상호간의 관여는 더욱 효과적인 원천이 된다.[39)] 그러므로 케어매니저는 공통적인 욕구와 상황을 지니고 있는 지역사회 내의 클라이언트들이 상호부조적인 역할을 수행할 수 있는 자조집단을 결성할 수 있도록 그들을 지도하고 조직화해야 한다.

38) M. Joseph & A. Conrad, "A Parish Neighborhood Model for Social Work Practice", *Social Casework*, 61, Milwaukee, WI: Family Service America. 1980, pp.423-432.

39) D. H. Hepworth & J. A. Larsen, *op. cit.*, p.482.

⑤ 자원봉사자

자원봉사자는 클라이언트에게 무료로 서비스를 제공하는 사람으로 클라이언트의 다양한 욕구를 충족시킬 수 있는 훌륭한 자원이다. 실제로 전문직으로서의 사회복지실천은 자원봉사자의 활동에서부터 성장하였으며, 자원봉사자는 케어매니지먼트에서도 중요한 위치를 차지하고 있다. 최근 사회복지 비용의 삭감으로 인하여 클라이언트의 사회적 관계망에 대한 인식이 높아지면서 자원봉사자에 의해 제공되는 자원을 개발하고 활용하려는 노력이 계속 확산되고 있다.[40)]

자원봉사자들은 다양한 분야에서 많은 클라이언트들에게 서비스를 제공하고 있다. 그들은 한부모가족의 아동, 소년소녀가정 아동 및 정서장애아동의 부모의 역할을 수행하거나 그들과 지속적인 관계를 맺고 서비스를 제공한다. 또한 그들은 발달장애아동과 학습지진아의 교사의 역할을 수행하며, 아동학대를 예방하기 위한 활동을 전개하고 학대하는 부모의 지도자로서 봉사하기도 한다.[41)] 그들은 병원으로 또는 병원에서 클라이언트를 이송하며, 장애인과 거동이 불편한 노인들에게 가사서비스를 제공하는 가정봉사원으로서의 역할을 수행하고, 신체장애인의 이동을 돕거나 시각장애인에게 책을 읽어주며, 고독하고 우울한 노인들과 임종을 앞둔 환자들에게 훌륭한 말벗이 되어 주고, 취약계층을 위해서 옹호를 제공하기도 한다. 그 밖에도 그들은 폭넓은 문제에 관하여 상담을 제공하며, 복잡하고 어려운 문제를 해결하기도 한다.[42)]

이와 같이 다양한 분야에서 클라이언트에게 서비스를 제공하는 자원봉사자들을 모집하기 위해서 케어매니저는 청소년단체, 여성단체, 종교단체, 학교, 동호회, 노동조합, 국민운동단체, 지역사회복지협의회, 관공서, 각종 회원단체, 지역유지 등과 접촉해야 하며, 전단, 포스터, 지역신문, 지역유선방송, 지역전산망 등을

40) M. Mitchell, "Utilizing Volunteers to Enhance Informal Social Networks", *Social Casework*, 67, Milwaukee, WI: Family Service America, 1986, pp.290-298.

41) V. Withey, R. Anderson & M. Lauderdale, "Volunteers as Mentors for Abusing Parents: A Natural Helping Relationship", *Child Welfare*, 59, 1980, pp.637-644.

42) G. K. Golden, "Volunteer Counselors: An Innovative, Economic Response to Mental Health Service Gaps", *Social Work*, 36(3), Silver Spring, MD: National Association of Social workers, Inc., 1991, pp.230-232.

활용해야 한다.

한편 케어매니저는 모집된 자원봉사자들을 대상으로 적격심사를 실시하며, 원조를 제공할 대상에 대한 특성과 원조방법을 교육과 훈련을 통하여 습득시키고, 자기결정의 원칙과 서비스의 유형에 따라 적절한 서비스 제공대상에게 그들을 배치시키며, 지도감독과 점검을 통하여 효과적인 서비스가 제공되도록 하고, 그들이 기관의 직원과 협력관계를 유지할 수 있도록 해야 한다. 또한 케어매니저는 자원봉사자를 효과적으로 관리하고 활용할 수 있는 지도력과 임상적 기술을 소유해야 하며, 자원봉사자가 클라이언트와의 관계를 통하여 개인적인 만족과 성장을 이룩할 수 있는 기회를 제공해야 한다.

### (2) 공식 지원체계

공식 지원체계에는 공식적인 조직을 통하여 클라이언트에게 서비스를 제공할 수 있는 공공기관, 공공법인, 민간기관, 사회단체, 공식협의체, 회원조직 등이 있다. 공공기관에는 저소득층을 중심으로 공공부조사업 등을 전개하는 사회복지직 공무원, 보건의료서비스를 제공하는 국공립병원, 보건소 및 국민연금공단, 국민건강보험공단, 근로복지공단, 지역사회정신보건센터, 아동보호전문기관, 노인보호전문기관, 건강가정지원센터 등이 있다.

공공법인에는 클라이언트들이 자립적인 생활이 도저히 불가능할 경우에 시설에서 생활할 수 있도록 하는 아동양육시설, 양로시설 등과 같은 사회복지생활시설, 시설에서 생활하지 않고 지역사회에 거주하면서 각종 사회복지서비스를 제공받을 수 있는 사회복지관, 장애인복지관 등과 같은 사회복지이용시설, 천재지변, 화재 및 기타 대형사고의 피해자들에게 숙소, 식품, 의료서비스 등을 제공하는 적십자사 등이 있다.

민간기관에는 민간기업에서 사회복지 증진을 위해 투자하는 기업의 사회복지재단, 민간이 출자하여 운영하는 유료사회복지시설과 복지기업 등이 있다. 사회단체에는 사회적 상호작용, 레크리에이션, 취미생활, 기능교육 등을 실시하는

YMCA와 YWCA, 단기간 동안 식품과 숙소를 제공하는 구세군, 상담, 취미생활, 직업훈련 등을 실시하는 여성단체 등이 있다. 또한 공식협의체에는 사회복지협의회, 각종 사회복지시설협회, 여성단체협의회, 사회복지사협회 등이 있으며, 회원조직에는 의사회, 약사회, 변호사회, 공제회, 부인회, 노동조합 등이 있다.

이러한 공식 지원체계는 특수한 욕구를 가진 클라이언트를 대상으로 서비스를 제공하는 경우가 많으므로, 케어매니저는 공식 지원체계가 제공하는 서비스를 확인하고 목록화하여 그러한 욕구를 가진 클라이언트와 연결시켜야 한다.

따라서 케어매니저는 클라이언트의 복합적인 욕구를 충족시키기 위해서 사회자원을 개발하고 확보해야 하며, 그들에게 가장 적절한 서비스가 포괄적으로 제공될 수 있도록 비공식 지원체계와 공식 지원체계를 통합하고 서비스를 조정해야 한다.

## 4. 케어매니지먼트의 과정

케어매니지먼트는 케어매니저가 클라이언트의 복합적인 욕구를 충족시키고 사회적 기능을 향상시키기 위해서 클라이언트와 접촉하고, 그들의 욕구를 사정하며, 보호계획을 수립하고, 그들과 사회자원을 연결시키고 조정하며, 서비스를 점검하고 평가하는 일련의 경과적(經過的) 과업을 수행하는 것이기 때문에 여기에는 반드시 과정이 필요하다.

케어매니지먼트의 과정은 학자들에 따라 다양하게 논의되고 있다. Weil과 Karls는 그 과정을 ① 클라이언트 확인과 출장원조, ② 개별적인 사정과 진단, ③ 서비스의 기획과 자원확인, ④ 클라이언트와 필요한 서비스의 연결, ⑤ 서비스의 실행과 조정, ⑥ 서비스 전달의 점검, ⑦ 옹호, ⑧ 평가 등으로 구분하며,[43] White와 Goldis는 그것을 ① 사례발견, ② 사정, ③ 보호기획, ④ 보호계획의 수행, ⑤ 사후

43) M. Weil & J. M. Karls, et al., *op. cit.*, p.29.

검토, ⑥ 재사정 등으로 나누고 있다.[44] 한편 Moxley는 그 과정을 ① 사정, ② 기획, ③ 개입, ④ 점검, ⑤ 평가 등으로 제시하고 있으며,[45] Rothman은 그것을 ① 기관에 대한 접근, ② 접수, ③ 사정, ④ 목표설정, ⑤ 개입기획 또는 자원확인과 목록화, ⑥ 클라이언트와의 연결, ⑦ 점검과 재사정, ⑧ 결과평가 등으로 구분하고 있다.[46]

이러한 여러 학자들의 견해를 중심으로 케어매니지먼트의 과정을 정리하면, 그 과정은 대개 ① 사례발견, 사전적격심사 및 계약을 하는 접수, ② 클라이언트의 욕구와 자원에 관한 자료를 수집하고 분석하며 종합하는 사정, ③ 목표를 설정하고 보호계획을 수립하는 기획, ④ 서비스를 연결하고 보호계획을 수행하며 보호를 조정하는 실행, ⑤ 보호를 점검하고 재사정하는 점검, ⑥ 결과평가와 종결을 실시하는 평가 등으로 나누어 볼 수 있다. 케어매니지먼트의 과정에 관한 보다 상세한 내용은 제7장에서 설명하도록 한다.

## | 참고문헌 |

권도용(1995), 『장애인재활복지 – 체계와 실태 –』, 홍익재.
김종천(1996. 12.), “정신장애인의 욕구 결정요인”, 중앙대학교 대학원 박사학위논문.
변용찬 외(2006), 『2005년도 장애인 실태조사』, 한국보건사회연구원.
보건복지부(2007), 『2006년도 보건복지백서』.
보건복지부(2008), 『노인보건복지사업안내』.
아산사회복지사업재단(1985), 『노인복지편람』.
아산사회복지사업재단(1997), 『아동복지편람』.
양옥경(1996), 『지역사회정신건강』, 나남출판.

44) M. White & L. Goldis, “Evaluation: Case Managers and Quality Assurance”, in B. S. Vourlekis & R. R. Greene(Eds.), *Social Work Case Management*, New York: Aldine De Gruyter, 1992, pp.170-173.
45) D. P. Moxley, *The Practice of Case Management*, Newbury Park, CA: Sage Publications, Inc., 1989, pp.20-22.
46) J. Rothman, “A Model of Case Management: Toward Empirically Based Practice”, *Social Work*, 36(6), Silver Spring, MD: National Association of Social workers, Inc., 1991, pp.522-525.

윤진(1994), 『성인・노인심리학』, 중앙적성출판사.

이가옥 외(1994), 『노인생활실태 분석 및 정책과제』, 한국보건사회연구원.

장인협(1995), 『지역복지실천방법론 - 케어/케이스 관리 -』, 서울대학교 출판부.

장인협・최성재(1994), 『노인복지학』, 서울대학교 출판부.

白澤政和(1992), 『ケースマネージメントの理論と實際』, 東京: 中央法規出版.

白澤政和 編著(1993), 『ケースマネージメント事例集』, 東京: 中央法規出版.

仲村優一 外(1982), 『現代社會福祉事典』, 東京: 全國社會福祉協議會.

Golden, G. K.(1991), "Volunteer Counselors: An Innovative, Economic Response to Mental Health Service Gaps", *Social Work*, 36(3), Silver Spring, MD: National Association of Social workers, Inc.

Hepworth, Dean H. & Larsen, Jo Ann(1993), *Direct Social Work Practice: Theory and Skills*, 4th ed., Pacific Grove, CA: Brooks/Cole Publishing Company.

Intagliata, James(1992), "Improving the Quality of Community Care for the Chronically Mentally Disabled: The Role of Case Management", in Rose, Stephen M.(Ed.), *Case Management and Social Work Practice*, New York: Longman Publishing Group.

Joseph, M. & Conrad, A.(1980), "A Parish Neighborhood Model for Social Work Practice", *Social Casework*, 61, Milwaukee, WI: Family Service America.

Mitchell, M.(1986), "Utilizing Volunteers to Enhance Informal Social Networks", *Social Casework*, 67, Milwaukee, WI: Family Service America.

Moxley, David P.(1989), *The Practice of Case Management*, Newbury Park, CA: Sage Publications, Inc.

Pincus, Allen & Minahan, Anne(1973), *Social Work Practice: Model and Method*, Itasca, IL: F. E. Peacock Publishers, Inc.

Quinn, Joan(1993), *Successful Case Management in Long-term Care*, New York: Springer Publishing Company, Inc.

Renshaw, Judy(1988), "Care in the Community: Individual Care planning and Case Management", *The British Journal of Social Work*, 18, London: The British Association of Social Workers.

Rothman, Jack(1991), "A Model of Case Management: Toward Empirically Based Practice", *Social Work*, 36(6), Silver Spring, MD: National Association of Social workers, Inc.

Siporin, Max(1987), "Resource Development and Service Provision", in Minahan, Anne, et al., *Encyclopedia of Social Work*, 18th ed., Vol. 2, Silver Spring, MD: National Association of Social workers, Inc.

Steinberg, Raymond M. & Carter, Genevieve W.(1983), *Case Management and the Elderly*, Lexington,

MA: Lexington Books.

Test, M.(1979), "Continuity of Care in Community Treatment", In Stein, L.(Ed.), *Community Support Systems For the Long-term Patient*, San Francisco, CA: Jossey-Bass Inc., Publishers.

Weil, Marie & Karls, James M., et al.(1985), *Case Management in Human Service Practice*, San Francisco, CA: Jossey-Bass, Inc., Publishers.

White, Monika & Goldis, Lynn(1992), "Evaluation: Case Managers and Quality Assurance", in Vourlekis, Betsy S. & Greene, Roberta R.(Eds.), *Social Work Case Management*, New York: Aldine De Gruyter.

Withey, V., Anderson, R. & Lauderdale, M.(1980), "Volunteers as Mentors for Abusing Parents: A Natural Helping Relationship", *Child Welfare*, 59.

# 05

# 케어매니지먼트의 기능

## 1. 케어매니지먼트 기능의 분류

케어매니지먼트의 기능은 표적인구집단, 케어매니저를 고용하는 기관의 유형, 사례담당건수의 규모, 환경적인 구속, 서비스 전달체계의 본질, 케어매니저의 역할과 지위, 프로그램의 특성, 서비스 제공 분야 등에 따라 다양하게 나타날 수 있다. 여기에서는 케어매니저의 역할별, 케어매니지먼트 프로그램별, 케어매니저의 지위별, 서비스의 분야별로 나누어 각각의 기능을 살펴보고자 한다.

### 1) 케어매니저의 역할별 기능

Moore는 케어매니저의 역할이 가족과 일차집단의 활동을 포함한 공식적 보호체계들을 통합하는 것이라고 하면서, 케어매니저가 수행하는 활동의 분류를 통하여 케어매니지먼트의 기능을 다음과 같이 제시하고 있다.[1]

① 환경적인 도전에 대처하는 클라이언트의 능력의 사정

1) S. T. Moore, "A Social Work Practice Model of Case Management: The Case Management Grid", *Social Work*, 35(5), Silver Spring, MD: National Association of Social workers, Inc., 1990, p.446.

② 클라이언트의 가족과 일차집단의 보호능력의 사정
③ 공식적인 보호체계 내의 자원의 사정
④ 환경적인 도전에 대처하기 위해 자기 자신의 자원을 활용하는 클라이언트에 대한 능력의 부여
⑤ 가족과 일차집단의 수발(caretaking)능력을 신장시키기 위한 그들에 대한 능력의 부여
⑥ 가족 또는 일차집단과 공식적인 서비스 제공자의 자원과 클라이언트와의 효과적인 교섭의 촉진
⑦ 가족 또는 일차집단과 공식적인 보호체계 사이의 효과적인 교환의 촉진
⑧ 클라이언트의 지속적인 욕구의 평가
⑨ 클라이언트가 가족 또는 일차집단과 공식적인 보호체계에 의해 적절히 지원을 받는 정도의 평가
⑩ 가족 또는 일차집단의 노력이 공식적인 보호체계의 노력과 통합되는 정도의 평가

한편 Intagliata는 케어매니저의 기본적인 역할을 중심으로 케어매니저의 기능을 ① 클라이언트의 포괄적인 욕구에 대한 인식, ② 클라이언트와 서비스와의 연결, ③ 클라이언트에게 제공된 서비스에 대한 점검(monitoring) 등으로 나누고 있으며, 부가적인 기능으로 출장원조(outreach), 직접적인 서비스의 제공, 옹호(advocacy) 등을 들고 있다.[2]

### 2) 케어매니지먼트 프로그램별 기능

Roberts-DeGennaro는 특수한 위험에 처해 있는 인구집단을 위한 다른 프로그램들에 따라 케어매니지먼트의 기능이 다양하게 나타날 수 있다고 보고, 그러한 기

2) J. Intagliata, "Improving the Quality of Community Care for the Chronically Mentally Disabled: The Role of Case Management", in Rose, Stephen M.(Ed.), *Case Management and Social Work Practice*, New York: Longman Publishing Group, 1992, pp.30-33.

능을 다음과 같이 제시하고 있다.[3)]

① 위험에 처해 있는 표적인구집단의 문제해결과 의사결정을 돕기 위한 계약된 서비스망을 포함하는 공식적 자원망과 서비스망의 파악
② 케어매니저가 일하는 기관의 목표와 자원에 대한 표적인구집단의 접근
③ 문제보다는 오히려 강점을 강조한 클라이언트의 강점과 욕구의 사정
④ 클라이언트를 위하고 클라이언트와 함께 하는 목표기획의 초기단계에서 활용되는 사례계획의 개발
⑤ 클라이언트와 기관과의 계약 및 적절할 경우 부차적인 계약
⑥ 클라이언트를 위하고 클라이언트와 함께 하는 개별화된 서비스망과 자연원조망의 설계
⑦ 사례계획의 실행과 클라이언트 관계망의 동원
⑧ 사례계획 하에서의 서비스 전달의 점검과 필요할 경우 그 계획의 수정
⑨ 동의된 활동이 효과적인지에 관한 클라이언트와 함께 하는 평가
⑩ 클라이언트에게 그 체계에 대한 재등록의 필요성을 알리거나, 진척사항을 검토하거나, 사례종결이 클라이언트에게 무엇을 의미하는지에 관하여 명백하게 하는 것 등을 포함하는 사례의 종결
⑪ 추후 개입이 요구되는 새로운 문제가 나타나지 않도록 보장하기 위한 종결 후의 사후검토 등이다.

### 3) 케어매니저의 지위별 기능

O'Connor는 케어매니지먼트 서비스의 전달체계 내에서 케어매니저의 지위별 수준에 따라 각각의 기능이 다르다고 보고, 각각의 지위별로 케어매니지먼트의 기능을 제시하고 있다.[4)]

3) M. Roberts-DeGennaro, "Developing Case Management as a Practice Model", *Social Casework*, 68(8), Milwaukee, WI: Family Service America, 1987, pp.466-467.

4) G. G. O'Connor, "Case Management: System and Practice", *Social Casework*, 69(2), Milwaukee, WI: Family

우선 케어매니저의 지위를 행정가, 지도감독자, 사회복지사, 보조사회복지사 또는 자원봉사자 등으로 나누고, 행정가는 지역사회 관계망의 개발, 서비스 전달망의 조정 및 프로그램의 관리의 기능을 수행하며, 지도감독자는 행정과 직접적인 실천 간의 연결, 서비스 전달을 촉진하는 기관과 프로그램의 조정, 서비스 제공의 점검, 사업의 감독 및 사회복지사들에 대한 준비의 기능을 수행하는 것으로 보고 있다. 또한 사회복지사는 서비스 제공 및 사례의 조정과 같은 직접적인 실천기능을 수행하며, 보조사회복지사 또는 자원봉사자는 서비스 제공만을 행하는 실천기능을 수행하는 것으로 보고 있다.

### 4) 서비스의 분야별 기능

Rapp과 Poertner는 케어매니지먼트를 전통적인 개별사회복지실천의 모형을 대체한 것으로 보고, 공공 아동복지에서 전문적인 의사결정자로서의 케어매니저의 역할을 강조하고 있다. 그들이 제시한 공공 아동복지 분야에서의 케어매니지먼트의 기능은 ① 사정, ② 서비스기획, ③ 중개, ④ 지역사회 개입 등이다.[5]

또한 노인복지 분야에서는 케어매니지먼트의 기능을 ① 등록(사례발견, 사전적격심사, 접수), ② 사정, ③ 사례목표의 설정과 서비스기획, ④ 사례계획의 실행, ⑤ 클라이언트와 프로그램 상태의 검토와 평가 등으로 보고 있다.[6]

정신보건 분야에서는 케어매니지먼트의 기능을 ① 클라이언트의 현재의 능력, 잠재적인 능력, 욕구 등에 대한 사정, ② 일상생활에서 필요로 하는 활동과 관련된 클라이언트를 위한 특수한 서비스계획의 개발을 포함하는 기획, ③ 공식적·비공식적 보호체계에서 개인이 필요로 하는 모든 서비스의 제공과 같은 연결, ④

---

Service America, 1988, pp.100-101.

5) C. A. Rapp & J. Poertner, "Public Child Welfare in the 1980s: The Role of Case Management", in D. Kay(Ed.), *Perspectives for the Future: Social work Practice in the 80's*, Silver Spring, MD: National Association of Social workers, 1980, pp.70-81.

6) J. Stumpf, "Case Management with the Frail Elderly: A Training Manual", *Case Management Model*, Vol. 1 and 2, Long Breach: Senior Care Action Network, 1981, pp.466.

클라이언트의 진척을 연속적으로 평가하는 점검, ⑤ 특수한 사례와 클라이언트가 속하게 될 어떤 집단 또는 계급에서 클라이언트를 대신하여 공정을 보장하기 위한 옹호 등으로 보고 있다.[7]

한편 Austin과 Caragonne는 케어매니지먼트 서비스를 제공하는 22개 분야의 케어매니지먼트의 기능의 분석을 통하여, 이들의 공통적인 기능이 지역사회 관계망의 개발과 서비스의 제공이라고 말하고 있다.[8]

## 2. 케어매니지먼트의 기능

케어매니지먼트의 기능은 앞에서 기술한 것과 같이 상당히 다양하며, 그 밖의 많은 학자들에 의해서도 다양하게 제기되고 있다. 그들은 케어매니지먼트의 기능을 대개 사정, 기획, 연결, 조정, 점검, 평가 등으로 보고 있으며, 그 외에도 사례발견, 출장원조, 사전적격심사, 접수, 자원확인, 서비스의 실행, 재사정, 종결, 옹호, 상담, 치료, 분쟁조정, 능력조성, 보호의 연속성, 관계유지 등을 들고 있다.

그러나 이러한 기능들 중에서 특히 사정, 기획, 연결, 조정, 점검, 평가 등은 기능으로 보는 것보다는 오히려 케어매니지먼트 과정상의 주요 구성요소로 보는 것이 마땅하리라고 생각한다. 따라서 많은 학자들이 주장한 내용을 바탕으로 케어매니지먼트의 기능을 도출해 보면, ① 클라이언트와 필요한 서비스의 연결, ② 비공식 지원체계와 클라이언트 간의 상호작용의 촉진, ③ 케어매니지먼트 기관 상호간의 조정, ④ 상담, ⑤ 문제해결, ⑥ 옹호 등으로 볼 수 있다. 이러한 기능들은 케어매니지먼트 전반의 맥락에서 [그림 5-1]과 같이 나타낼 수 있다.

7) Joint Commission on Accreditation of Hospitals, *Principles for Accreditation of Community Mental Health Service Programs*, Chicago, IL: Accreditation Council for Psychiatric Facilities, 1976, p.19.

8) D. Austin & P. Caragonne, "A Comparative Analysis of Twenty-Two Settings Using Case Management Components", *In Case Management Research Project*, Austin: University of Texas, 1980, p.100.

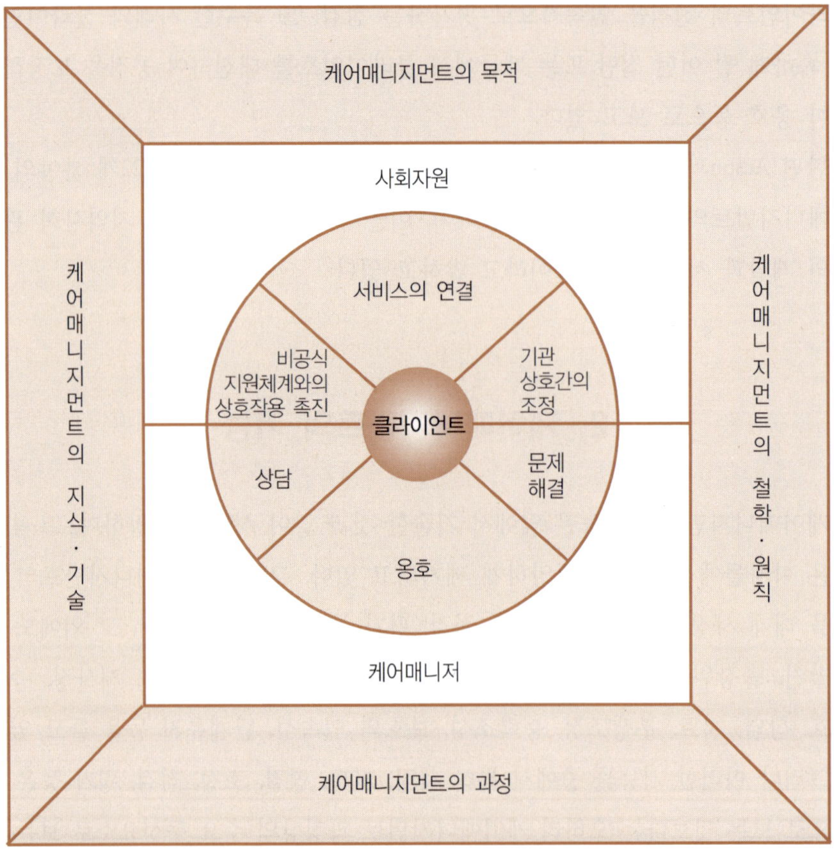


**[그림 5-1]** 케어매니지먼트의 기능

### 1) 클라이언트와 서비스의 연결

클라이언트와 서비스의 연결은 케어매니지먼트의 기본적인 기능 중의 하나이며, 클라이언트의 욕구를 충족시키기 위해서 필요하고 유용한 서비스와 권리를 클라이언트에게 위임하고 양도하는 것이다.[9] 이러한 기능을 수행하기 위해서 케어매니저는 클라이언트에게 유용한 자원이 무엇인가를 인식해야 하며, 클라이언

9) B. S. Vourlekis & R. R. Greene(Ed.), *Social Work Case Management*, New York: Aldine De Gruyter, Inc., 1992, p.20.

트와 서비스의 효과적인 연결을 위해서 클라이언트를 옹호해야 한다.

클라이언트에게 서비스를 연결하는 과정에서 서비스 제공기관의 제한적인 규정과 정책, 정신장애와 같은 특수한 장애를 가진 클라이언트에게 서비스를 제공하는 일반적인 제공자들의 저항, 그리고 클라이언트 자신의 서비스의 제공에 대한 저항이나 서비스의 철회 등과 같은 잠재적인 장애요인들이 존재할 수 있다.[10)]

클라이언트와 서비스의 연결에서 이러한 장애요인들을 제거하는 일은 케어매니지먼트 과정에서 매우 중요하다. 이를 위해서 케어매니저는 클라이언트가 서비스를 획득하는 데 필요한 것이면 무엇이든지 소개하고, 관계망의 형성, 전화통화, 다른 기관의 방문 등과 같은 서비스의 획득에 필요한 것이면 무엇이든지 행하며, 적극적으로 서비스 제공에 대한 동기를 유지하도록 돕기 위해서 그들을 격려할 필요가 있다.[11)] 동시에 케어매니저는 클라이언트가 독립을 극대화할 수 있고 가능하면 계속적인 서비스를 필요로 하지 않도록 하기 위하여, 클라이언트의 내부와 주변의 능력을 증진하도록 원조해야 한다.[12)]

클라이언트와 서비스와의 연결을 위해서 케어매니저는 공식적 기제와 비공식적 기제를 동시에 활용해야만 한다. 공식적 기제는 각각의 기관의 역할과 책임을 명시한 기관 상호간의 협정, 입회기준, 클라이언트에 대한 기관의 협력을 명시한 다른 규정들 등이 있을 수 있다. 비공식적 기제는 다른 프로그램의 직원 사이의 업무협약 또는 이해가 있을 수 있으며, 이것은 성공적인 의뢰의 매우 중요한 요소이다.[13)] 이러한 서비스에 대한 공식적인 협정 및 케어매니저와 그의 기관의 영향력은 서비스의 연결기능이 효과적으로 수행되었는가를 확인하는 데 필요하며, 영향력은 협정이 완수되는가를 조사하는 힘이 된다.

---

10) J. Intagliata, *op. cit.*, pp.32-33.

11) I. S. Levine & M. Fleming, *Human Resource Development: Issues in Case Management*, Baltimore, MD: Center of Rehabilitation and Manpower Services, University of Maryland, 1984, p.13.

12) R. M. Steinberg & G. W. Carter, *Case Management and the Elderly*, Lexington, MA: Lexington Books, 1983, p.23.

13) I. S. Levine & M. Fleming, *op. cit.*, pp.13-14.

### 2) 비공식 지원체계와의 상호작용 촉진

비공식 지원체계와 클라이언트와의 상호작용의 촉진은 케어매니지먼트의 중요한 기능 중의 하나이다. 비공식 지원체계를 통하여 클라이언트는 경제적·사회적인 안정, 신체적·정신적인 건강, 정서적 지지, 안내, 지역사회 생활의 향상 등에서 결정적인 도움을 받고 있으며, 이것은 다른 지원체계보다도 훨씬 더 클라이언트에게 실질적인 지원을 제공할 수 있다.

클라이언트를 돕는 비공식 지원체계에는 가족, 친척, 친구, 이웃, 동료, 자원봉사자, 종교단체, 자조집단 등이 있다.[14] 가족은 사회의 가장 기본적인 단위로서 인간의 생리적·정서적 욕구를 충족시켜 주는 안식처인 동시에 애정적인 인간관계의 장이다. 또한 가족은 클라이언트에게 비공식적이며, 융통성 있고, 개별적이며, 다기능적이고 통합적인 서비스를 제공한다.[15]

가족과 함께 비공식 지원체계의 주요한 요소를 이루고 있는 친척, 친구, 이웃, 동료, 종교단체 등은 클라이언트의 사회적 통합의 주요한 통로가 되고 있으며, 사회적 적응과 생활의 만족도에도 영향을 미치는 주요한 요인이 되고 있다.

자조집단은 공통의 욕구 또는 문제를 지닌 사람들이 상호간의 지원을 행하고, 그러한 욕구의 충족과 문제해결에 유용한 활동과 자원에 관한 정보를 교환하기 위해 함께 만나는 자발적인 연합체이다.[16] 이러한 자조집단은 클라이언트에게 정신보건을 증진시키고 시설생활을 예방하는 하나의 수단이며, 지적인 자극과 사회적인 관여에 필요한 사회화를 제공하는 효과적인 수단으로서의 역할을 수행하고 있다.[17]

복지국가의 위기 이후에 사회복지에 대한 공공부문의 지출이 감소되고 민간부

14) J. Quinn, *Successful Case Management in Long-term Care*, New York: Springer Publishing Company, Inc., 1993, p.79.

15) M. Dexter & W. Harbert, *The Home Help Service*, London and New York: Tavistock Publications Ltd., 1983, p.29.

16) R. L. Barker, *The Social Work Dictionary*, 3rd ed., Washington D.C.: NASW Press, 1995, p.340.

17) B. L. Hancock, *Social Work with Older People*, 2nd ed., Englewood Cliffs, NJ: Prentice-Hall, Inc., 1990, pp.247-248.

문의 역할이 점차 증대되면서 지역사회에서 클라이언트에 대한 비공식 지원체계의 역할이 상당히 중요시되고 있다. 특히 케어매니지먼트는 클라이언트의 욕구를 충족시키기 위해서 비공식 지원체계와 공식 지원체계를 통합·조정하는 것이기 때문에, 케어매니지먼트 과정에서 클라이언트에 대한 비공식 지원체계의 원조와 상호작용은 필수불가결한 요소가 아닐 수 없다. 따라서 케어매니지먼트는 클라이언트와 비공식 지원체계와의 상호작용을 촉진하는 결정적인 요소가 된다.

그러나 최근 급속한 산업화·도시화로 인하여 가족구조가 변화되고 가족해체와 지역사회해체 현상이 나타나면서, 비공식 지원체계가 클라이언트에게 원조를 제공하는 역할을 제대로 수행하지 못하고 있다. 또한 클라이언트들은 지역사회 내에 그들을 원조할 수 있는 비공식 지원체계가 존재하더라도 여러 가지 이유로 유용한 지원체계에 접근하지 못하고 있다.[18] 따라서 케어매니저는 클라이언트와 비공식 지원체계와의 상호작용을 촉진하기 위해서, 친밀한 가족관계, 친척·친구·이웃과의 지속적인 관계유지, 자조집단의 조직, 지역사회 내의 비공식 지원집단과의 연결 등을 위해서 노력해야 한다.

### 3) 기관 상호간의 조정

기관 상호간의 조정은 공식적인 정책이나 비공식적인 기관 상호간의 협정을 통하여 기관들 사이의 연계를 촉진함으로써 케어매니지먼트의 효과성을 높이는 기능이다. 케어매니지먼트가 클라이언트의 복합적인 욕구를 충족시키기 위해서 다양한 서비스 공급주체의 서비스를 통합·조정하는 것이기 때문에 다양한 서비스 제공기관 상호간의 조정은 케어매니지먼트의 중요한 기능 중의 하나이다.

기관 상호간의 조정에서 공식적인 정책은 국가의 정책적인 차원에서 이루어지며, 비공식적인 협정은 기관의 행정적인 차원에서 이루어지거나 케어매니저에 의해서 프로그램 차원에서 이루어지기도 한다. 기관 상호간의 협정은 서비스의

18) D. H. Hepworth & J. A. Larsen, *Direct Social Work Practice: Theory and Skills*, 4th ed., Pacific Grove, CA: Brooks/Cole Publishing Company, 1993, pp.479-480.

유형, 클라이언트의 수, 재정적인 여건 등과 밀접하게 관련되어 있으며, 프로그램이 시작되기 전이나 프로그램이 진행 중에도 언제나 이루어질 수 있다.

케어매니지먼트 실무에서 대개 기관 상호간의 협정이 기관의 행정적인 수준에서의 공식적인 협정보다는 케어매니저의 개인적인 수준에서 비공식적으로 이루어지는 경우가 많기 때문에, 기관들 간의 신뢰성 있는 연계를 보장하기 위해서 기관 전체의 차원에서 협정이 이루어지도록 하는 것이 바람직하다. 또한 기관 상호간의 성공적인 연계를 위해서는 기관 간에 상호 독립적인 입장을 취하면서 의미 있는 교환이 이루어져야 하며, 이러한 교환에는 정보의 교류, 상호 의뢰, 편의시설의 공유, 직원교환연수 등이 있다.[19]

## 4) 상담

상담은 케어매니지먼트 과정에서 클라이언트에게 유용한 서비스에 접근할 수 있도록 필요한 정보를 제공하며, 그들 자신의 욕구와 문제에 대한 이해를 증진시키고, 가족에게 그들에 대한 이해를 촉구하며, 서비스 제공기관과의 접촉을 향상시키는 기능을 수행한다.[20] 또한 상담은 클라이언트에게 정서적 지지를 제공하며, 고립감과 문제에 대한 압박감을 감소시키고, 클라이언트로 하여금 문제를 스스로 해결할 수 있도록 동기를 부여하고 이를 조장하는 기능을 수행한다.[21]

상담은 전형적으로 문제해결, 현실검증, 사회화기술의 교육 및 부부역할, 금전문제, 고용, 주택과 같은 분야에서의 실질적인 원조를 제공하며, 가족 성원, 기관관계자, 시설운영자 등에게 자문을 제공하기도 한다. 케어매니지먼트 과정에서도 케어매니저는 클라이언트에게 그들의 역할과 기능을 성취할 수 있도록 원조하

19) J. Rothman, "A Model of Case Management: Toward Empirically Based Practice", *Social Work*, 36(6), Silver Spring, MD: National Association of Social workers, Inc., 1991, p.525.

20) J. I. Fiene & P. A. Taylor, "Serving Rural Families of Developmentally Disabled Children: A Case Management Model", *Social Work*, 36(4), Silver Spring, MD: National Association of Social workers, Inc., 1991, p.326.

21) C. Brindis, R. P. Barth & A. B. Loomis, "Continuous Counseling: Case Management with Teenage Parents", *Social Casework*, 68(3), Milwaukee WI: Family Service America, 1987, p.166.

며, 그들의 목표와 관심사항을 분명하게 하도록 돕고, 문제를 해결할 수 있는 대안 중에서 선택권을 발휘할 수 있도록 지지한다. 또한 클라이언트가 어려운 처지에 놓여 있는 동안 목표달성을 위한 그들의 동기를 유지하도록 돕고, 선택된 결과를 달성하는 방법을 계획하도록 원조하며, 필요한 교육을 실시하고, 의사결정과 기획에서 그들을 돕기 위해 자문을 제공한다.[22)]

케어매니저가 클라이언트에게 효과적인 상담을 제공하기 위해서는 클라이언트에게 기본적인 생활기술을 가르치고, 자기보호 기술을 증진시키는 방법을 지도하며, 긍정적인 강화를 활용하고, 바람직한 행동모형을 제시하며, 역할연습을 활용할 수 있다. 이러한 상담은 보통 단기간에 이루어지므로 케어매니지먼트 과정의 다양한 지점에서 제공될 수 있다.[23)]

### 5) 문제해결

문제해결은 케어매니지먼트 과정에서 클라이언트에게 발생할 수 있는 성격상의 문제, 위기상황 또는 실직과 부부갈등과 같은 일상생활상의 문제 등을 잘 극복할 수 있도록 하는 기능이다. 어떤 면에서 모든 인간의 삶의 과정이 문제해결의 과정이라고 해도 과언이 아닐 것이다. 그러나 사람들은 대개 적절한 방법으로 문제를 해결하려는 동기, 기회 및 자원이 부족하거나 개인적인 무능력으로 인하여 자신의 문제를 해결하지 못하는 경우가 많다.

따라서 케어매니저는 클라이언트의 문제를 해결하기 위해서 클라이언트에게 격려, 지지, 안도감 등을 제공하여 자신의 문제를 해결하려는 동기를 부여하며, 문제해결에 필요한 기회와 자원에 접근할 수 있도록 돕는다. 또한 케어매니저는 클라이언트의 문제에 대한 인식노력, 지각능력 및 대처능력을 극대화할 수 있는 방법으로 그들이 현재 겪고 있는 어려움을 해결하고 대처할 수 있도록 돕는다.[24)]

22) J. R. Ballew & G. Mink, *Case Management in the Human Services*, Springfield, IL: Charles C Thomas · Publisher, 1986, p.5.

23) J. Rothman, *op. cit.*, p.525.

24) H. H. Perlman, "The Problem-solving Model in Social Casework", in R. W. Roberts & R. H. Nee(Ed.), *The*

케어매니저는 클라이언트가 그들의 가족 및 다른 사람들과의 협력, 결합, 상호존경 등을 증진시키며, 자신의 긴장, 불안, 우울, 스트레스 등을 효과적으로 감소시키고, 자기확신, 자존, 자기효율 등을 높일 수 있도록 그들을 교육한다.[25] 또한 케어매니저는 클라이언트의 문제를 확인하고 구체화하며, 클라이언트가 성장하고 변화할 수 있는 환경을 조성하고, 클라이언트의 능력의 범위 안에서 문제해결을 가능하게 하는 대안을 제시하며,[26] 가능한 한 독립적으로 기능할 수 있도록 클라이언트를 돕기 위해서 그들과 함께 그리고 그들을 대신하여 행동한다. 그 외에도 케어매니저는 클라이언트의 역기능적인 행동유형을 조사하고 문제해결에 유용하고 바람직한 행동유형으로 수정하고 개발할 수 있도록 돕고, 클라이언트 스스로 자원망을 개발하고 유지하는 데 필요한 방법을 깨달을 수 있도록 할 수 있다.

### 6) 옹호

#### (1) 옹호의 개념과 목적

옹호(advocacy)는 클라이언트가 다른 방법으로 제공받을 수 없는 서비스 또는 자원을 획득할 수 있도록 하거나, 클라이언트에게 불리하게 작용하는 현재의 정책, 절차 또는 관례를 수정하기 위해서나, 또는 필요한 자원 또는 서비스를 제공할 수 있도록 하는 새로운 입법 또는 정책을 조장하기 위해서 클라이언트와 함께 또는 클라이언트를 위해서 일하는 과정이다.[27] 즉, 이것은 클라이언트 개인 또는 클라이언트 집단에게 서비스의 공정성을 보장하기 위해서 중재하는 노력이며,[28] 클라이언트를 대신하여 주장하고, 논쟁하고, 교섭하고, 협상하고, 환경을 조작하

---

*Theories of Social Casework*, Chicago: The University of Chicago Press, Ltd., 1970, p.139.

25) D. H. Hepworth & J. A. Larsen, *op. cit.*, p.436.

26) B. R. Compton & B. Galaway, *Social Work Processes*, 3rd ed., Homewood, IL: The Dorsey Press, 1984, p.309.

27) D. H. Hepworth & J. A. Larsen, *op. cit.*, p.503.

28) P. Johnson & A. Rubin, "Case Management in Mental Health: A Social Work Domain?", *Social Work*, 28(1), Silver Spring, MD: National Association of Social workers, Inc., 1983, p.50.

는 것 등을 포함하고 있다.[29]

옹호는 클라이언트를 원조하기 위해 통상적으로 활용하는 계획적이고 계속적이며 역동적인 개입과정으로서, 개별 클라이언트 또는 클라이언트 집단에게 필요한 서비스, 자원 또는 권리가 보장되거나 향상될 수 있도록 노력하는 일련의 개입전략이다.[30] 특히 클라이언트의 권리에 대한 옹호는 케어매니지먼트에서 통상적으로 활용하는 주제로서, 클라이언트가 특수한 권리와 자격을 획득하도록 돕기 위해 계획된 장기간에 걸친 실천기술이며, 전문적인 케어매니지먼트의 권위 있는 구성요소이기도 하다.

옹호의 주요 목적은 클라이언트와 클라이언트 집단의 사회적 기능을 향상시키기 위해 그들의 무기력과 무능력을 제거하는 것이며, 이것은 명확한 욕구를 가지고 있는 개인 또는 집단에게 힘과 자원을 적절하게 분배하려는 목적을 둔 활동을 포함하고 있다.[31]

### (2) 옹호의 유형

옹호는 사례옹호(case advocacy)와 계급옹호(class advocacy)의 두 가지의 유형이 있다. 사례옹호는 개별 클라이언트의 욕구를 충족시키는 대인서비스 체계와 가족지원 체계에 영향을 미치는 과정이며, 계급옹호는 클라이언트가 속해 있는 집단의 사람들에게 서비스를 제공하는 대인서비스 체계와 가족지원 체계의 능력의 결합에 영향을 미치는 과정이다.[32]

다시 말해서, 사례옹호는 클라이언트 개인 또는 가족이 권리를 부여받고 그들의 존엄성을 보호하는 방법으로 급여와 서비스가 제공되도록 보장하기 위해서 그들과 함께 또는 그들을 위해서 일하는 과정이다. 계급옹호는 클라이언트 집단

29) B. R. Compton & B. Galaway, *op. cit.*, p.433.

30) B. G. McGowan, "Advocacy", in Minahan, Anne et al., *Encyclopedia of Social Work*, 18th ed., Vol. 1, Silver Spring MD: National Association of Social workers, Inc., 1987, p.92.

31) H. Brower, "Advocacy: What Is It?", *Journal of Gerontological Nursing*, 8(3), 1982, p.141.

32) R. Honnard, "The Chronically Mental Ill in the Community", in M. Weil & J. M. Karls, et al., *Case Management in Human Service Practice*, San Francisco, CA: Jossey-Bass, 1985, pp.219-220.

에게 영향을 미치는 정책, 실무 또는 법률이 그들에게 유리하도록 변화를 초래하기 위한 계획적인 활동이며, 이것은 본질적으로 사회행동의 한 형태라고 볼 수 있다.

두 가지 유형의 옹호가 서로 다를지라도, 기능면에서 상당부분 상호 관련되어 있다. 사례옹호는 역기능적인 정책 때문에 특정 서비스 또는 급여에서 제외된 클라이언트 개인을 위해서 사례옹호자가 서비스를 제공하는 것이며, 계급옹호는 이러한 사례옹호의 확대로 간주할 수 있다. 왜냐하면 만일 사례옹호의 활동이 클라이언트 개인에게 이익을 주는 결과로 나타난다면, 그 선례는 동일한 처지에 있는 다른 모든 사람들에게 영향을 미쳐 정책의 변화를 유도할 수 있기 때문이다.[33]

### (3) 옹호의 시기와 필요조건

옹호는 케어매니지먼트 과정의 초기에 클라이언트의 무기력을 제거하여 케어매니지먼트 과정에 그들이 적극적으로 참여할 수 있도록 하기 위하여 행하는 경우도 있지만, 서비스 연결과정에서 기관이 서비스 제공을 거절할 때 클라이언트로 하여금 서비스를 획득할 수 있도록 하는 것과 같이 중간단계에서도 행할 수 있으며, 종결단계에서 클라이언트가 획득한 변화와 능력을 일반화하고 지속할 수 있도록 행하는 경우도 있다. 이처럼 옹호는 케어매니지먼트의 필수적인 기능으로서 전반적인 과정에 걸쳐 지속적으로 행하는 활동인 것이다.

옹호는 클라이언트에게 다음과 같은 상황이 발생하였을 때에 적절히 활용될 수 있다.[34]

① 기관 또는 기관의 직원이 클라이언트에게 제공해야 되는 서비스 또는 급여의 전달을 거절할 때

---

33) K. Holmes, "Services for the Victims of Rape: A Dualistic Practice Model", *Social Casework*, 62, Milwaukee WI: Family Service America, 1981, pp.33-34.

34) D. H. Hepworth & J. A. Larsen, *op. cit.*, p.504.

② 서비스가 굴욕감을 주는 것과 같이 인권을 무시하는 방식으로 제공될 때
③ 클라이언트가 인종, 종교, 연령, 성, 사회경제적 지위 등에 의해서 차별대우를 받을 때
④ 서비스와 급여의 결함이 클라이언트로 하여금 고통의 원인이 되거나 역기능에 기여할 때
⑤ 정부 또는 기관의 정책이 자원과 급여가 필요한 사람들에게 불리하게 영향을 미칠 때
⑥ 클라이언트가 그 자신의 이익을 위해서 효과적으로 행동할 수 없을 때
⑦ 많은 사람들이 이용할 수 없는 자원에 대해 공통적인 욕구를 가지고 있을 때
⑧ 클라이언트가 위기상황으로 인하여 즉각적인 서비스 또는 급여의 욕구를 가질 때
⑨ 클라이언트가 인권 또는 법적 권리를 거절할 때
⑩ 기관의 절차 또는 시설이 클라이언트에게 불리하게 영향을 미칠 때

이와 같은 상황 외에도 클라이언트가 서비스에 대한 자신의 권리를 주장할 수 없는 무능력한 상태이거나, 자신의 권리에 대해 무관심할 때에도 케어매니저의 옹호를 필요로 한다.

### (4) 옹호의 표적과 전술

옹호의 표적은 개인, 기관, 집단, 조직, 공무원, 법원, 의회 및 행정부의 각 부처 등 그 필요성에 따라 다양할 수 있다. 따라서 옹호의 전술도 표적에 따라 상당히 다양해야 하며, 클라이언트를 효과적으로 옹호하기 위해서는 표적에 대한 정확한 이해가 있어야 한다. 특히 표적이 기관인 경우에 케어매니저는 그 기관의 정책에 대한 이해를 포함하여 기관의 조직, 기능, 업무수행방식 등에 대한 정교하면서도 전반적인 이해기반을 지니고 있어야 한다.

한편 케어매니저가 대인서비스 기관에 영향을 미치기 위해서 다음과 같은 전

술을 활용할 수 있다.[35)]

① 현장에서 서비스를 제공하는 직원 및 중간관리자와 협상하고 매매교섭을 한다.

② 지휘계통에 따른 조직망을 통하여 직접적으로 호소한다. 기관의 사명과 기관의 목적을 강조하며, 만일 관련성이 있다면 기관의 철학도 강조한다.

③ 특히 기관이 만일 기관의 서비스 범주에 속하는 것으로 확인된 사람에게 서비스의 제공을 소홀히 한다면 기관과 관련된 법적 명령에 호소한다.

④ 서비스에 대한 접근의 문제를 중재하고 조정하기 위해 외부의 민원조사관에게 호소한다.

⑤ 기관의 자금원을 찾아가 그 기관이 서비스, 자금 및 자원의 활용에서 설명할 수 없는 부분을 입증해 보인다.

⑥ 특정 클라이언트 또는 클라이언트 집단에게 서비스를 제공하지 않는 기관을 대중매체에 폭로하고 문제 삼는다.

⑦ 기관에 대항할 때 조직화된 수요자 집단과 제휴한다.

⑧ 법원을 통하여 배상을 청구할 때, 권리보호와 옹호, 법적 권리 또는 무료의 법률원조기관 등의 제도적인 조직을 이용한다.

케어매니저는 옹호의 상황에 따라 적절한 표적을 선택해야 하며, 이러한 표적과 협조적이거나, 중립적이거나, 또는 적대적일 수 있으므로, 적대적 또는 중립적인 관계를 협조적인 관계로 유도하고 클라이언트에게 필요한 서비스가 제공될 수 있도록 적절한 전술과 기법을 활용해야 한다.

### (5) 옹호의 기법

옹호의 기법은 상당히 다양하다. 그것은 문제의 본질, 클라이언트, 가족, 또는 집단의 욕구, 옹호활동의 표적이 되는 체계의 본질, 옹호자의 성격과 개인적인

35) D. P. Moxley, *The Practice of Case Management*, Newbury Park, CA: Sage Publications, Inc., 1989, p.106.

스타일, 정치적인 풍토, 옹호기관의 개입 정도 등에 따라 상당히 다양하고 개별화된 기법이 적용될 수 있다. 옹호에서 케어매니저의 클라이언트에 대한 심리사회적인 요소를 제외하고 사회행동과 결부시켜 가장 빈번하게 적용되는 기법은 다음과 같다.[36)]

① 기관과의 협의

클라이언트가 어떤 기관에 의해 서비스나 자원의 제공을 거절당거나 비인간적인 대우를 받을 때, 케어매니저가 그 기관의 관계자들과 사례회의를 통하여 이러한 문제를 협의한다. 이때 클라이언트는 다른 사람들과의 관계에서 정보를 얻게 되며, 자신의 문제를 해결하는 방법을 학습하기도 한다.

② 재심위원회에의 호소

대부분의 기관과 정부조직은 거절당한 서비스나 급여가 부당하다고 믿는 클라이언트에게 호소의 절차를 부여한다. 클라이언트의 성공적인 호소는 서비스나 급여의 절차와 정책의 변화를 초래할 수도 있다.

③ 법률행위의 개시

클라이언트의 권리가 침해되었으나 그동안의 개입활동으로 이를 시정하지 못하였을 때, 법률소송을 제기하는 것은 적절한 대안이 될 수 있다. 그러나 클라이언트는 종종 변호사를 고용할 자원이 부족하기 때문에, 민간기금이나 공공기금을 통하여 법률서비스를 제공할 필요가 있다. 이때 클라이언트는 법원에서 기꺼이 권리를 침해당한 사실을 증명해야만 한다.

④ 기관 상호간의 위원회의 구성

개별 기관들이 근본적인 변화를 초래하는 데 실패하였을 때, 여러 기관들이 공통의 문제를 해결하기 위해서 그들의 노력을 결합시킨다. 개별 기관들에 의해 구성된 위원회는 문제가 되는 기관과 조직의 관례를 수정하거나, 지역사회서비스

36) D. H. Hepworth & J. A. Larsen, *op. cit.*, pp.505-508.

의 결함을 보충시키도록 지도하는 집단적인 행동을 계획할 수 있다.

⑤ 전문가의 제언

케어매니저는 사회복지 전문가로서 공공정책의 개발에 영향을 미치거나, 또는 정치 분야와 공공 분야에서 클라이언트의 욕구와 문제에 관하여 설득력 있게 호소함으로써 자원을 개발하는 데 강력한 힘을 발휘할 수 있다.

⑥ 연구와 조사를 통한 정보수집

케어매니저가 어떤 문제에 관한 구체적인 자료를 제시할 때, 그러한 문제를 해결하기 위한 공적인 영향력은 더욱 커질 수 있다. 연구와 조사 및 문헌의 검토를 통하여 케어매니저는 공청회에서나 공무원 및 의회의원과의 직접적인 접촉에서 호의적이거나 적대적인 질문에 정확히 답할 수 있는 정보를 지닐 수 있다.

⑦ 지역사회의 관련부서에 대한 교육

종종 진보적인 정책과 프로그램을 개발하는 데 가장 강력한 적은 그 문제에 대한 의사결정자들의 무지이다. 따라서 의사결정자들이 그러한 문제에 관하여 잘 이해할 수 있도록 가능한 모든 대중매체를 동원하여 교육을 실시할 필요가 있다. 그러한 방법에는 신문게재, 전화접촉, 공공의 문제와 관련된 지역 텔레비전 프로그램에서의 방영, 지방자치단체나 국가 수준의 회의에서의 공개토론회, 전시회, 영향력 있는 시민단체의 모임에서의 연설 등이 있을 수 있다.

⑧ 공무원 및 의회의원과의 접촉

공무원 및 의회의원과의 접촉은 필요한 정책과 프로그램을 진척시키는 유력한 방법이다. 케어매니저는 공무원 및 의회의원과 직접적으로 접촉하거나, 또는 의회의원들이 유익하게 판단하는 데 필요한 정보를 제공하기 위하여 위원회의 회의에 출석할 수 있다. 이러한 노력들이 효과적이기 위해서 케어매니저는 특정 이익집단이 어떻게 의회의원에게 영향을 미칠 수 있는가에 관하여 인식하고 있어야만 한다.

⑨ 기관연합의 구성

기관연합의 구성은 특수한 목적을 가지고 기관들이 특별집단을 결성하는 것을 말한다. 이것의 장점은 두 가지이다. 첫째는 의사결정자들이 많은 기관들이 연합전선을 펼 때 더욱 영향을 받을 수 있다는 점이다. 둘째는 어떤 기관이 기관연합에 가입하게 되면 많은 다른 조직들 중의 하나라는 차원에서 의사결정자들을 공격할 때 상처를 덜 입을 수 있다는 점이다.

⑩ 클라이언트 집단의 조직

클라이언트 집단의 조직은 공동의 문제를 가진 클라이언트들이 사회변화를 목적으로 행동집단을 결성하는 것을 말한다. 사회기관은 이러한 집단이 조직될 수 있도록 하며, 그 집단이 행동을 개시하도록 격려하며, 그리고 그 집단이 정보를 획득하고, 선택된 사람들에게 접근하며, 다른 지역사회 집단들과 제휴하여 활동할 수 있도록 자문역할을 제공한다. 클라이언트 집단을 조직하는 것은 특히 정치적인 견지에서 무력자로 여기는 소수집단들에게 적절하다.

⑪ 청원

청원은 어떤 문제에 대하여 의사결정자들에게 주의를 환기시키며, 선거구민들이 자신들의 목소리를 표현함으로써 공무원의 책임성에 압력요소로 작용하도록 하는 데 활용된다.

⑫ 계속적인 요청

계속적인 요청은 공무원들에게 계속적으로 편지을 보내고 전화를 걸어 그들을 공격하는 것으로서 통상적인 호소과정을 능가하는 기법을 말한다. 이러한 기법은 법률에 저촉되지는 않지만 일종의 압력전술로서 상대방에게 괴로움을 주게 된다.

### (6) 옹호의 과정

대부분의 케어매니지먼트 클라이언트들은 자원의 불충분성, 서비스에 대한 접근의 어려움, 서비스 제공의 불공정성, 기본적인 인권의 침해, 무력감 등으로 인하여 케어매니지먼트 과정에서 어려움을 겪게 된다. 클라이언트가 이러한 어려움을 순조롭게 극복하고 적절한 서비스를 제공받을 수 있도록 하기 위해 케어매니저는 클라이언트를 옹호할 필요가 있다. 클라이언트에 대한 옹호는 권한부여(empowerment)와 관련시켜 대개 다음과 같은 네 가지 단계를 거쳐 이루어진다.[37)]

① 소개와 약속

케어매니지먼트 서비스에 의뢰된 사람들은 그들이 왜 의뢰되었는지, 그들을 누가 의뢰했는지, 또는 무엇을 기대할 수 있는지 등과 같은 서비스에 대한 지식을 거의 알지 못하는 경우가 많다. 옹호는 처음 접촉에서 아무런 정보도 없이 의뢰된 클라이언트에게 안내자의 역할을 수행한다.

옹호의 첫 단계에서 우선 중요한 일은 클라이언트의 특수한 욕구로 인하여 발생한 문제, 클라이언트와 서비스 체계 사이의 관계의 부조화, 서비스 기관의 구조적 결함과 직원의 결함, 기관 상호관계의 어려움 또는 역기능적인 사회정책 등을 확인하는 것이다.[38)]

이러한 사항들을 확인한 후에 케어매니저는 소책자 또는 케어매니지먼트 프로그램과 후원자를 기재한 자료의 제공과 함께 자신을 소개한다. 만일 케어매니저가 팀의 일원으로 활동할 경우에는 팀동료에 관한 사항도 소개한다. 또한 케어매니저는 의뢰의 모든 측면에 관하여 클라이언트에게 알리며, 서명된 동의서나 서면의 의뢰서가 있다면 그들에게 즉시 보여주어야 한다.

케어매니저는 클라이언트와 함께 케어매니지먼트 프로그램의 목적과 실무원칙에 관해 이야기를 나누어야 하며, 정확한 정보가 클라이언트와 함께 존재하고

37) S. M. Rose, Stephen M., *Case Management Social Work Practice*, New York: Longman Publishing Group, 1992, pp.288-291.

38) B. G. McGowan, *op. cit.*, p.92.

있다는 것을 확신해야 하며, 클라이언트가 참여의식을 가지고 있는가를 점검한다. 클라이언트의 선택이 필요할 경우 가족성원과 다른 중요한 타자들은 그 과정에 참여할 수 있으며, 그들은 케어매니저 및 그가 공개한 자료에 접근할 수 있다.

특히 초기단계에서 주요한 요소는 클라이언트가 케어매니지먼트의 기능, 케어매니지먼트 프로그램의 후원자들, 케어매니저에게 접근할 수 있는 방법, 그리고 비밀보장의 위임 등에 관하여 이해하고 있어야 한다는 것이다. 또한 초기단계에서는 클라이언트의 지도계획에 관한 예비심의가 필요하며, 그러한 계획의 실행에 필요한 사항에 관하여 클라이언트와 약속을 해야 한다.

② 지도계획의 수립

지도계획은 변화하기 쉬운 부분들에 초점을 두어 클라이언트의 삶에서의 상호작용하는 요인들의 분야를 분석하고 안내와 지원에 중점을 두어 수립한다. 각 지도 분야별로 클라이언트와 함께 사정하고, 목표를 수립하며, 수행단계를 정한다. 이러한 과정은 클라이언트와의 대화를 통하여 구성할 필요가 있으며, 이것은 긍정적인 결과를 산출하기 위해서 필요한 지원을 받을 수 있도록 클라이언트가 적극적으로 활동하는 데 도움이 된다. 지도계획에서 수립하는 목표는 주로 클라이언트에 대한 서비스의 접근을 방해하거나 제한하는 역기능적인 서비스 체계에 관여하여 현존하는 서비스와 자원의 제공을 보장하거나 권리를 증진시키는 것이다.

지도계획은 클라이언트가 성장할 수 있고, 그들이 자신이 수립한 관심사를 위해 적극적으로 활동할 수 있다는 신뢰감을 줄 수 있어야 한다. 즉, 클라이언트는 그들이 필요로 하는 원조와 지원이 제공된다는 확신이 있을 때, 그들의 상황과 자기관념을 변화시키도록 행동한다. 지도계획의 수립과정에서의 주요 변수는 안내활동, 지원활동 및 목적에 합치되는 활동과 목표, 목적, 수행 및 평가 사이의 연속성이다.

③ 지도계획의 수행과 점검

지도계획은 치료계획이나 서비스계획과는 달리 제공자를 중심으로 입안하지 않고 클라이언트 중심으로 입안하는 계획이며, 원조물보다는 인간을 우선으로 하여 계획을 수행한다. 케어매니저는 클라이언트가 진술한 목표와 수행단계를 완성할 수 있도록, 필요한 서비스가 있는 곳에 클라이언트를 의뢰하고 연결한다. 의뢰상황에서 클라이언트는 의뢰의 이유, 그들이 서비스에서 기대할 수 있는 것, 그리고 지도계획의 특수한 목적과 관련된 의뢰의 목적을 인식함으로써 박식하고 권위 있는 행위자로서 활동하게 된다. 즉, 그것은 클라이언트를 적응하는 수요자에서 적극적인 참여자로 변형시키는 것이다. 여기에서 클라이언트는 자신의 자원을 이용하는 자의식이 강한 사람이 된다. 또한 클라이언트는 지도계획에서 적극적인 제작자가 되며 그들 자신의 발전을 위한 건축가가 될 뿐만 아니라 이것을 잘 활용하는 기사가 된다.

지도계획은 누구에 의해서, 언제, 어떤 조처를 취해야 하는가를 구체적으로 상술해야 하며, 규칙적인 점검과 클라이언트와 케어매니저에 의한 비판적인 반성을 필요로 한다. 이러한 경험을 바탕으로 케어매니저는 그들의 관여의 수준과 정도 또는 접촉의 강도와 지속기간을 평가할 수 있다. 지도계획의 수행과 점검단계의 주요 변수들은 클라이언트의 목표로부터 유래한 목적과 지도방침을 포함하여 계속적인 안내활동과 지원활동이다. 이 단계는 또한 증진된 자율성의 성취와 활동을 포함하고 있다.

④ 정지

케어매니지먼트의 클라이언트들은 그들이 서비스를 더 이상 받을 필요가 없을 때, 서비스가 중단될 수 있다는 것을 인식해야 하며, 그 이후 필요에 따라 신속히 서비스와 다시 연결될 수 있다는 것도 인식하고 있어야 한다. 케어매니저는 클라이언트에게 더 이상 옹호를 제공하지 않아도 그들이 적절한 서비스를 제공받을 수 있을 경우에는 옹호의 제공을 정지한다.

그러한 정지에 앞서 케어매니저는 클라이언트와 함께 세운 지도계획의 과정을 통하여 클라이언트가 그동안 공식적 지원체계의 지원에 많은 것을 의존해왔던 것을 비공식적 지원체계의 지원으로 점차 대체해 나가도록 활동한다. 또한 케어매니저는 클라이언트와의 대면적인 접촉을 점차 감소시켜 클라이언트로 하여금 독립적으로 활동할 수 있는 기회를 제공해야 하며, 클라이언트 지원체계의 성원들이 적극적인 관여를 통하여 평가과정의 일부로서 종결과정에 참여할 수 있도록 하는 것도 좋을 것이다.

### (7) 케어매니저의 역할과 영향력

클라이언트 또는 클라이언트 집단을 위한 옹호활동에서 케어매니저의 역할은 상당히 다양하다. 케어매니저는 클라이언트와의 관계에서 그들의 충족되지 않은 욕구, 해결되지 않은 문제, 사회적인 불공정, 기본적인 권리의 침해, 서비스의 결함과 장애물 등과 같은 문제들과 끊임없이 접하게 된다. 이와 같은 문제들을 해결할 수 있도록 클라이언트를 옹호하기 위한 케어매니저의 역할은 다양한 분야에 걸쳐 수행되며, 이러한 케어매니저의 주요 역할은 [그림 5-2]와 같이 나타낼 수 있다. 특히 개별 클라이언트의 욕구에 대응하는 대인서비스체계와 가족지원체계에 영향을 미치는 과정인 사례옹호에서 케어매니저는 다음과 같은 역할을 수행해야 한다.[39)]

① 체계의 다양한 요소들을 조정하며, 체계 내의 클라이언트를 적극적으로 옹호한다.
② 케어매니저가 클라이언트에게 적시에 적절한 서비스를 보장할 수 있는 행정적인 구조 하에서 클라이언트가 적절한 유형의 서비스를 제공받을 수 있도록 보장한다.
③ 클라이언트와 정기적으로 만나고 프로그램 관계자와 밀접하게 일한다.
④ 클라이언트의 상태, 경제적 욕구, 직업상의 잠재력, 신체적 건강, 재사회화의 욕구, 적절한 생활환경, 적절한 개인적인 치료 등에 관한 적절한 사정자료들과 각각의 클라이언트를 위한 계획을 개발한다.

39) R. Honnard, *op. cit.* p.220.

⑤ 될 수 있으면 계약과 비슷한 협약을 통하여 클라이언트 자신의 치료와 서비스계획에 그들을 포함시킨다.

⑥ 클라이언트의 재산을 보호하고, 그들의 법적 권리와 인권을 보장한다.

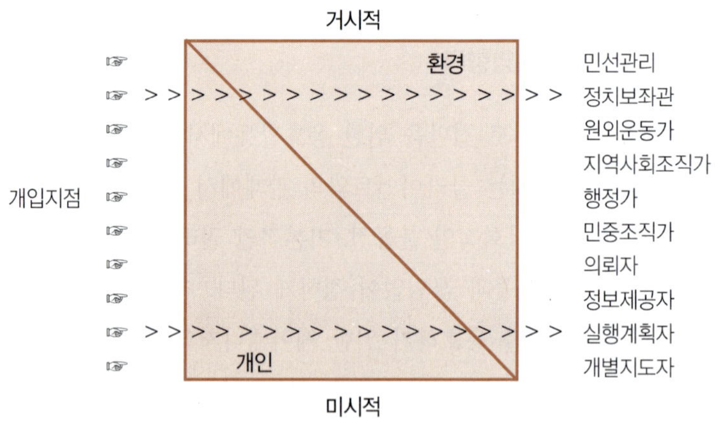


자료 : J. S. Mickelson, "Advocacy", in Edwards, Richard L. et al., Encyclopedia of Social Work, 19th ed., Vol. 1, Washington D.C.: NASW Press, 1995, p.97.

**[그림 5-2]** 옹호에서의 케어매니저의 역할

한편 케어매니저가 클라이언트나 클라이언트 집단에게 영향력을 행사할 수 있는 힘은 클라이언트에게 더 많은 책임을 지우도록 대인서비스 환경을 조직화하고 조작하는 그의 능력에 달려 있다. 따라서 케어매니저는 이러한 힘의 원천이 되는 권위, 인적 자원, 지식과 기술, 사회심리적 요소, 물적 자원 등을 정기적으로 점검해야 한다.[40]

권위는 케어매니지먼트 기관의 법적·행정적 위임에서 비롯된다. 즉, 케어매니저는 서비스에 대한 접근을 강화하는 공식적 권위를 가지며 보호기준을 준수하는 기관에서 일하기 때문에 전문가로서의 권위를 가질 수 있다.

인적 자원은 다른 분야의 전문가, 조직화된 수요자 집단, 권리보호기관과 옹호

40) D. P. Moxley, *op. cit.*, pp.105-106.

기관과 같은 감시인 조직체 등이며, 케어매니저는 서비스와 급여의 거절을 시정하려는 그의 노력에 협력하는 사람들에게 접근한다.

지식과 기술은 특정 기관으로부터 서비스를 요구하기 위해서 활용되며, 케어매니저는 적격성, 자격요건, 서비스의 지침이 되는 기준 등과 관련된 상세한 지식을 소유해야 한다.

사회심리적 요소는 케어매니저가 지역사회 내에서 대중의 지지를 얻을 만한 권위를 지니거나, 영향력을 미칠 수 있거나, 모범적인 사람으로 평판이 나있는 것 등이며, 이러한 것들은 케어매니저의 요청을 존중하고 반응을 보이는 기관의 자발적인 행동에 기여할 수 있다.

물적 자원은 케어매니저가 서비스 제공자로부터 서비스를 구매하기 위해서 필요하며, 케어매니저는 기관이 클라이언트를 도우려 하지 않을 때, 구매한 서비스에 의해서나 서비스의 구매를 위해 거두어들인 재원에 의해서 특정 클라이언트에게 서비스를 제공하도록 기관을 유도하기 위해 물적 자원을 활용할 수 있다.

케어매니저는 이러한 역할과 영향력을 통하여 클라이언트로 하여금 서비스의 접근성을 증진시키고, 클라이언트의 존엄성을 고양시키는 방법으로 서비스의 전달을 촉진시키며, 서비스에 대한 평등한 접근과 질을 보장해야 한다.

## | 참고문헌 |


Austin, David M. & Caragonne, Penelope(1980), "A Comparative Analysis of Twenty-Two Settings Using Case Management Components", *In Case Management Research Project*, Austin: University of Texas.

Ballew, Julius R. & Mink, George(1986), *Case Management in the Human Services*, Springfield, IL: Charles C Thomas · Publisher.

Barker, Robert L.(1995), *The Social Work Dictionary*, 3rd ed., Washington, D.C.: NASW Press.

Brindis, Claire, Barth, Richard P. & Loomis, Amy B.(1987), "Continuous Counseling: Case Management with Teenage Parents", *Social Casework*, 68(3), Milwaukee WI: Family Service America.

Brower, H.(1982), "Advocacy: What Is It?", *Journal of Gerontological Nursing*, 8(3).

Compton, Beulah Roberts & Galaway, Burt(1984), *Social Work Processes*, 3rd ed., Homewood, IL: The Dorsey Press.

Dexter, Margaret & Harbert, Wally(1983), *The Home Help Service,* London and New York: Tavistock Publications Ltd.

Fiene, Judith Ivy & Taylor, Patricia A.(1991), "Serving Rural Families of Developmentally Disabled Children: A Case Management Model", *Social Work*, 36(4), Silver Spring, MD: National Association of Social workers, Inc.

Hancock, B. L.(1990), *Social Work with Older People*, 2nd ed., Englewood Cliffs, NJ: Prentice-Hall, Inc.

Hepworth, Dean H. & Larsen, Jo Ann(1993), *Direct Social Work Practice: Theory and Skills*, 4th ed., Pacific Grove, CA: Brooks/Cole Publishing Company.

Holmes, K.(1981), "Services for the Victims of Rape: A Dualistic Practice Model", *Social Casework*, 62, Milwaukee WI: Family Service America.

Honnard, Ron(1985), "The Chronically Mental Ill in the Community", in Weil, Marie & Karls, James M., et al., *Case Management in Human Service Practice*, San Francisco, CA: Jossey-Bass.

Intagliata, James(1992), "Improving the Quality of Community Care for the Chronically Mentally Disabled: The Role of Case Management", in Rose, Stephen M.(Ed.), *Case Management and Social Work Practice*, New York: Longman Publishing Group.

Johnson, Peter J. & Rubin, Allen(1983), "Case Management in Mental Health: A Social Work Domain?", *Social Work*, 28(1), Silver Spring, MD: National Association of Social workers, Inc.

Joint Commission on Accreditation of Hospitals(1976), *Principles for Accreditation of Community Mental Health Service Programs*, Chicago, IL: Accreditation Council for Psychiatric Facilities.

Levine, I. S. & Fleming, M.(1984), *Human Resource Development: Issues in Case Management*, Baltimore, MD: Center of Rehabilitation and Manpower Services, University of Maryland.

McGowan, Brenda G.(1987), "Advocacy", in Minahan, Anne et al., *Encyclopedia of Social Work*, 18th ed., Vol. 1, Silver Spring MD: National Association of Social workers, Inc.

Mickelson, James S.(1995), "Advocacy", in Edwards, Richard L. et al., *Encyclopedia of Social Work*, 19th ed., Vol. 1, Washington D.C.: NASW Press.

Moore, Stephen T.(1990), "A Social Work Practice Model of Case Management: The Case Management Grid", *Social Work*, 35(5), Silver Spring, MD: National Association of Social workers, Inc.

Moxley, David P.(1989), *The Practice of Case Management*, Newbury Park, CA: Sage Publications, Inc.

O'Connor, Gerald G.(1988), "Case Management: System and Practice", *Social Casework*, 69(2),

Milwaukee, WI: Family Service America.

Perlman, Helen Harris(1970), "The Problem-solving Model in Social Casework", in Roberts, Robert W. & Nee, Robert H.(Ed.), *The Theories of Social Casework*, Chicago: The University of Chicago Press, Ltd.

Pincus, Allen & Minahan, Anne(1973), *Social Work Practice: Model and Method*, Itasca, IL: F. E. Peacock Publishers, Inc.

Quinn, Joan(1993), *Successful Case Management in Long-term Care*, New York: Springer Publishing Company, Inc.

Rapp, Charles A. & Poertner, John(1980), "Public Child Welfare in the 1980s: The Role of Case Management", in Kay, Dea(Ed.), *Perspectives for the Future: Social work Practice in the 80's*, Silver Spring, MD: National Association of Social workers.

Roberts-DeGennaro, Maria(1987), "Developing Case Management as a Practice Model", *Social Casework*, 68(8), Milwaukee, WI: Family Service America.

Rose, Stephen M. (Ed.)(1992), *Case Management and Social Work Practice*, New York: Longman Publishing Group.

Rothman, Jack(1991), "A Model of Case Management: Toward Empirically Based Practice", *Social Work*, 36(6), Silver Spring, MD: National Association of Social workers, Inc.

Steinberg, Raymond M. & Carter, Genevieve W.(1983), *Case Management and the Elderly*, Lexington, MA: Lexington Books.

Stumpf, Jack(1981), "Case Management with the Frail Elderly: A Training Manual", *Case Management Model*, Vol. 1 and 2, Long Breach: Senior Care Action Network, 1981.

Vourlekis, Betsy S. & Greene, Roberta R.(Eds.)(1992), *Social Work Case Management*, New York: Aldine De Gruyter, Inc.

06

# 케어매니저의 역할

## 1. 케어매니저의 주요역할

케어매니저는 케어매니지먼트 과정에서 다양한 역할을 수행한다. 케어매니저는 전형적으로 클라이언트를 확인하고 계약하며, 그들의 욕구를 사정하고, 적절한 서비스와 자원을 발견하며, 서비스를 활용하기 위한 계획을 세우고, 클라이언트와 자원을 연결하며, 서비스를 통합하고 조정하며, 효과적인 서비스 전달을 위해 점검하고, 서비스의 효과성과 효율성을 평가한다. 또한 케어매니저는 클라이언트에게 서비스의 제공과 관련된 유용한 정보를 제공하며, 서비스 기관들과의 협상에 관여하기도 하고, 서비스의 제공과 관련된 기록을 보존하기도 하며, 서비스의 접근과 전달이 용이하도록 클라이언트를 상담하고 옹호한다.

이러한 역할들은 표적인구집단, 이용 가능한 서비스의 유형, 기관의 기능과 지위, 조정과 의사결정의 모형, 프로그램에 대한 기대 등의 맥락에서 규정될 수 있다. 케어매니저는 이러한 역할들의 대부분을 수행하는 경우도 있지만, 전문화된 케어매니저는 이들 중 일부분만을 수행하는 경우도 있다. 케어매니저가 케어매니지먼트 과정에서 그의 역할을 명확하게 확립한다는 것은 케어매니지먼트의 효과성과 효율성을 달성하는 데 크게 기여할 수 있다.

여기에서는 케어매니저의 다양한 역할 중에서 중요한 위치를 차지하고 있는 사정자, 계획자, 중개자, 조정자, 점검자, 평가자, 옹호자, 경계범주자 등에 관하여 살펴보고자 한다.

### 1) 사정자

사정자는 클라이언트의 약점, 역기능, 질병, 결함, 증상 등과 같은 부정적인 요소보다는 강점, 능력, 성장과 발전의 가능성, 건전한 기능, 자원, 잠재력 등의 긍정적인 요소에 중점을 두어 그들의 욕구, 능력 및 사회자원에 관한 자료를 수집하고 분석하며 종합하는 사람이다.[1] 사정자로서의 케어매니저는 클라이언트를 사정하기 위해서 다음과 같은 역할을 수행한다.

① 클라이언트의 욕구의 범위, 정도 및 우선순위, 욕구의 충족에 대한 클라이언트의 동기, 능력, 강점 등을 분석한다.

② 클라이언트의 욕구의 충족과 관련된 유용한 자원, 클라이언트의 욕구를 충족시키기 위한 사회적 관계망 구성원의 능력과 대인서비스 기관의 능력 등을 파악한다.[2]

③ 클라이언트와 지원체계와의 상호작용의 본질, 서비스 전달을 촉진하거나 방해할 지원체계의 준비사항, 공식・비공식 지원체계의 클라이언트의 보호능력 등을 분석한다.

④ 클라이언트에 관한 전반적인 자료를 수집하기 위하여 클라이언트와의 면접, 관찰, 기존자료의 활용, 전문가의 의견, 이전의 서비스 제공자와의 접촉, 사회적 관계망의 구성원과의 상호작용 등을 행한다.

그 외에도 사정자로서의 케어매니저는 클라이언트에게 제공되는 서비스와 최초의 보호계획을 권유하기도 한다.

---

1) D. H. Hepworth, & J. A. Larsen, *Direct Social Work Practice: Theory and Skills*, 4th ed., Pacific Grove, CA: Brooks/Cole Publishing Company, 1993, p.192.

2) D. P. Moxley, *The Practice of Case Management*, Newbury Park, CA: Sage Publications, Inc., 1989, p.26.

## 2) 계획자

케어매니지먼트에서 계획자는 클라이언트의 욕구를 충족시키기 위한 사례계획, 치료, 서비스 통합, 기관의 협력 및 서비스망을 설계하는 사람이다.[3)]

계획자로서의 케어매니저는 클라이언트에 대한 서비스계획을 수립하기 위해서 다음과 같은 역할을 수행한다.

① 클라이언트의 욕구의 우선순위를 정하고, 그들에게 제공되는 서비스의 통합・조정과 서비스망을 설계하기 위해서 공식적・비공식적 지원망을 개발하고 조직화한다.

② 클라이언트의 사정된 욕구를 충족시키기 위한 전반적인 사례계획을 개발하기 위해서, 지역사회의 서비스 기관과 조직의 명부, 그들의 정책과 절차, 지역사회 내의 유용한 자원에 관한 정보 등을 파악한다.[4)]

③ 클라이언트의 서비스 욕구, 서비스망 및 서비스의 결합을 분석하고, 표적인구집단의 욕구, 서비스망의 자원, 운영방법 및 서비스에 대한 책임성 등을 조화시킨 케어매니지먼트 체계를 설계한다.[5)]

④ 클라이언트에 대한 포괄적인 서비스와 지원계획을 발전시키기 위해서 학제간 팀을 공식화하고, 다양한 학문 분야로부터의 투입을 조정한다.[6)]

⑤ 사정된 욕구, 결과목표, 사회자원, 사회적 관계망, 기관 상호간의 관계 등을 종합적으로 검토하여 클라이언트를 위한 보호계획을 수립한다.

---

3) M. Weil & J. M. Karls, et al., *Case Management in Human Service Practice*, San Francisco, CA: Jossey-Bass, Inc., Publishers, 1985, p.20.

4) A. Rubin, "Case Management", in S. M. Rose(Ed.), *Case Management and Social Work Practice*, New York: Longman Publishing Group, 1992, p.9.

5) M. Weil & J. M. Karls, et al., *op. cit.*, p.17.

6) D. P. Moxley, *op. cit.*, p.59.

### 3) 중개자

중개자는 클라이언트가 필요로 하는 자원을 소정의 기관(시설)으로부터 제공받지 못하거나, 지식이나 능력이 부족하여 다른 유용한 자원을 활용하지 못할 경우에, 단순히 다른 유용한 자원과 클라이언트를 연결시키는 사람이다.[7]

중개자로서의 케어매니저는 클라이언트와 그들에게 적절한 서비스를 중개하기 위해서 다음과 같은 역할을 수행한다.

① 클라이언트에게 적절한 의뢰가 이루어질 수 있도록 지역사회의 자원에 대한 지식을 소유하고, 지원체계의 정책과 절차에 정통하고 있으며, 지원체계 내의 주요한 실무자들과 친밀한 관계를 유지한다.

② 클라이언트의 욕구의 확인, 클라이언트에게 적절한 서비스의 확인, 사례에 대한 자문, 구체적인 서비스와 클라이언트와의 연결, 특정 인구집단에 대한 출장원조 등을 행한다.[8]

③ 클라이언트가 자원을 이용하기 전에 불안, 공포 및 부정적인 개념이 있을 경우에 이를 극복할 수 있도록 원조를 제공한다.

④ 클라이언트가 적시에 적절한 서비스를 획득하도록 촉진하고, 클라이언트에게 제공된 서비스의 결과를 점검한다.[9]

그 외에도 중개자로서의 케어매니저는 단순하고 효과적인 의뢰의 기제와 클라이언트가 의뢰에서 취하는 행동을 점검하는 방법을 개발하기도 하며, 서비스 전달체계를 정비하고 서비스 전달을 위한 조건을 조성하기도 하며, 다양한 기관이 참여하는 사례회의를 진행하기도 하며, 클라이언트와 함께 가정과 사회기관 등을 안내하기도 하고, 그리고 사회서비스의 폭넓은 지역사회의 섭외자로서 활동한다.

---

7) D. H. Hepworth & J. A. Larsen, *op. cit.*, p.25.

8) C. Brindis, R. P. Barth & A. B. Loomis, "Continuous Counseling: Case Management with Teenage Parents", *Social Casework*, 68(3), Milwaukee, WI: Family Service America, 1987, p.167.

9) R. Honnard & G. H. Wolkon, "Evaluation for Decision Making and Program Accountability", in M. Weil & J. M. Karls, et al., *Case Management in Human Service Practice*, San Francisco, CA: Jossey-Bass, 1985, pp.96-97.

### 4) 조정자

조정자는 서비스가 클라이언트에게 적절히 전달되고 효과적일 수 있도록 서비스를 배열하며, 서비스 제공자들이 이미 전달한 서비스가 부가적이거나 이중적이지 않도록 하고, 클라이언트와 서비스 제공자들 사이의, 그리고 서비스 제공기관들 사이의 상호작용을 촉진할 수 있도록 갈등과 분쟁을 해결하는 사람이다.

조정자로서의 케어매니저는 클라이언트의 서비스계획의 적절한 실행과 조정을 위해서 다음과 같은 역할을 수행한다.

① 적절한 서비스가 적시에 적소에서 제공되도록 서비스의 전달을 조정한다.

② 서비스의 전달이 계획대로 계속적으로 이루어지도록 보장하기 위해서, 클라이언트와 서비스 제공자 사이의 의사소통을 촉진시키고 서비스 제공자와 밀접하게 효과적으로 접촉할 수 있도록 클라이언트를 돕는다.[10)]

③ 서비스 제공자들 사이의 갈등과 분쟁을 감소시키고 자원망의 효과성을 증진시키기 위해서 그들 간의 의사소통을 촉진시킨다.

④ 서비스계획이 적절히 실행되도록 서비스 제공자들을 독려하며, 클라이언트의 욕구와 제공된 서비스가 잘 조화를 이룰 수 있도록 클라이언트를 지지한다.

또한 케어매니지먼트 과정에서 클라이언트의 서비스를 조정하기 위하여 케어매니저가 수행하는 기본적인 과업은 다음과 같다.[11)]

① 서비스의 제공을 위한 클라이언트의 적격성을 사정하기 위해서 클라이언트와 그의 가족과 함께 최초의 면접을 완성한다.

② 클라이언트와 그의 가족의 심리사회적인 사정을 공식화하기 위해서 클라이언트, 가족, 다른 기관 등으로부터 관련된 유용한 자료를 수집한다.

10) J. R. Ballew & G. Mink, *Case Management in the Human Services*, Springfield, IL: Charles C Thomas · Publisher, 1986, p.3.

11) A. V. Bertsche, & C. R. Horejsi, "Coordination of Client Services", *Social Work*, 25(2), Silver Spring, MD: National Association of Social workers, Inc., 1980, pp.94-98.

③ 목표를 공식화하고 통합된 개입계획을 설계하기 위해서 관련 전문가, 프로그램 대표자, 클라이언트와 그의 가족 및 중요한 타자와 함께 집단토의와 의사결정회의를 소집하고 인도한다.

④ 목표의 지향과 조정의 계기를 공식화하기 위해 행동체계 내에서 계획에 대한 집착을 점검하며, 정확한 정보의 흐름을 관리한다.

⑤ 서비스 전달에서 기대되는 문제를 신속하게 확인하기 위해서 그리고 클라이언트를 대신하여 일반적인 분쟁조정자로서 이바지하기 위해서 클라이언트와 그의 가족에게 동반의식을 제공한다.

⑥ 서비스 제공자들과의 위기와 갈등의 상황에서 클라이언트와 그의 가족을 돕기 위해서 상담과 정보를 제공한다.

⑦ 클라이언트와 그의 가족이 문제에 더 잘 대처하고 전문가와 복잡한 서비스를 더 잘 활용할 수 있도록, 그들에게 지속적인 정서적 지지를 제공한다.

⑧ 관련된 모든 것들을 통하여 클라이언트의 진전과 계획에 대한 집착과 관련된 기록을 유지하기 위해서 필요한 서류를 갖춘다.

⑨ 클라이언트에게 선택권을 부여하고 필요한 서비스가 보장되도록 돕기 위해서, 클라이언트와 그의 가족, 관련된 모든 전문가, 프로그램 및 전반적인 개입계획에 관여하는 비공식적인 자원 사이의 섭외자로서 활동한다.

⑩ 정보의 순조로운 흐름을 보장하고 하위체계들 사이의 갈등을 최소화하기 위해서, 클라이언트에게 서비스를 제공하는 프로그램들 사이의 섭외자로서 활동한다.

⑪ 현재와 미래의 클라이언트를 위한 자원을 동원하기 위해서 중요한 공식·비공식 지원체계와의 신뢰성과 훌륭한 공적인 관계를 수립하고 유지한다.

⑫ 클라이언트와 서비스 전달체계의 효과성에 영향을 미치는 정책과 절차를 개발하고 수정하는 위치에 있는 조직 내의 훌륭한 관료로서의 역할을 효과적으로 수행한다.

⑬ 케어매니저의 영향력이 클라이언트를 대신해서 협력을 구할 수 있으며, 조정노력에 참여하는 다른 개인들과 기관들을 독려하기 위해 활용될 수 있도

록, 권위적인 위치에서 관심과 지지를 보장하고 유지한다.

### 5) 점검자

점검자는 클라이언트의 서비스계획에 규정된 서비스와 지원이 클라이언트 지원망의 구성원들에 의해서 얼마나 잘 전달되고 이행되고 있는가를 추적하는 사람으로서, 서비스와 지원에 관한 자료의 수집, 검토, 분석 및 해석을 하기도 한다.[12)]

클라이언트의 서비스계획을 점검하는 케어매니저는 계약점검자와 서비스와 비용의 점검자로 나눌 수 있다. 계약점검자는 클라이언트에 대한 서비스의 제공과 자원과 비용의 할당이 공식적인 계약대로 수행되고 있는가에 관하여 점검한다. 서비스와 비용의 점검자는 서비스계획을 실행하는 기관들이 적시에, 적절하게, 비용효과적인 방식으로 서비스가 제공되고 있는가를 점검한다.[13)]

점검자로서의 케어매니저는 클라이언트의 서비스계획의 실행을 점검하기 위해서 다음과 같은 역할을 수행한다.[14)]

① 서비스 제공기관이 계약된 서비스를 양적인 면과 질적인 면에서 제대로 전달하고 있는가를 확인한다. 점검자의 과업은 서비스의 활용과 비용에 관한 요약자료가 담긴 보고서의 검토, 표본사례 서류철의 조사, 개별 클라이언트에 관한 진척보고서의 연구, 서비스 장소의 관찰, 그리고 직원과 클라이언트에 대한 면접 등을 포함하고 있다.

② 특정 사례의 문제뿐만 아니라 프로그램의 전반적인 문제를 해결하는 데 있어서 서비스 제공자에게 정신적 지지와 기술적 원조를 제공한다. 점검자는 직원회합, 사례회의, 자문회의 등을 활용하며, 서비스 제공기관 내에서 문

---

12) D. P. Moxley, *op. cit.*, p.115.

13) M. Weil & J. M. Karls, et al., *op. cit.*, p.23.

14) R. M. Steinberg & G. W. Carter, *Case Management and the Elderly*, Lexington, MA: Lexington Books, 1983, pp.85-86.

제해결의 책임을 맡고 있는 기관의 직원과 항상 밀접한 관계를 맺고 있어야 한다. 또한 점검자는 서비스 제공자가 케어매니지먼트 기관의 다른 직원 또는 다른 협력자들로부터 전문화된 기술적 원조를 얻을 수 있도록 돕는다.

③ 클라이언트에게 서비스가 적절히 제공되고 있으며, 그들이 서비스를 유용하게 활용하고 있는가를 실증한다. 이러한 것들은 점검자가 전화와 개인적인 접촉을 통하여 입증한다. 만일 서비스와 관련된 문제가 서비스 제공자보다 클라이언트의 행동과 태도에서 발생되었다면, 점검자는 상담을 통하여 클라이언트를 원조하거나, 클라이언트에게 더욱 적합하도록 보호계획을 수정하기 위하여 클라이언트와 함께 노력한다. 이러한 과정에서 점검자는 서비스의 활용에 대한 저항이 가족 내의 갈등, 클라이언트와의 최초 접촉에서의 서비스 제공자에 의한 오류, 또는 케어매니저의 사정과 보호계획에서의 과실 등 어떤 것에서 초래되었는가를 명료하게 할 수 있다.

④ 클라이언트가 자신의 보호제공자들을 점검하도록 교육한다. 점검자인 케어매니저는 클라이언트가 제공되는 서비스에 만족하고 있는가를 점검하기 위해서, 개별적으로 클라이언트의 가족 성원, 친구 및 그 외의 비공식적인 지원망의 성원들과 만나기도 한다. 또한 클라이언트로 하여금 만족스런 서비스가 계획대로 제공되었는지에 관한 의견을 스스로 점검하여 기록할 수 있도록 한다.

⑤ 개개의 사례에 대한 서비스 전달의 효과성을 검토한다. 점검자는 의도한 서비스가 의도한 방식대로 제공되었는지를 검토하는 것이다. 이것은 서비스 제공에 대한 영향의 점검이 아닌 실행의 점검이며, 의도한 서비스가 잘 전달되었는가, 그리고 사례목표의 달성이 증진되었는가를 검토하는 것이다.

### 6) 평가자

평가자란 프로그램의 효과성, 효율성 및 비용효과성을 검토하기 위해 케어매니지먼트 과정 전반에 관한 정보와 자료를 수집하고 분석하는 사람이다.[15] 평가자로서 케어매니저는 개별 클라이언트, 담당사례, 서비스계획, 서비스 전달체계, 서비스 활동 및 지원체계의 효과성을 분석한다.

평가자로서의 케어매니저는 케어매니지먼트 프로그램을 평가하기 위해서 다음과 같은 역할을 수행한다.

① 서비스의 제공에 관여한 모든 사람들의 영향과 관계를 포함한 케어매니지먼트 과정의 전반에 관한 모든 자료를 수집한다.
② 평가의 중요한 변수인 비용, 서비스의 획득과 제공을 위한 노력, 정보획득에 필요한 기술 및 지속적인 서비스 제공의 방해요소 등을 분석한다.
③ 케어매니지먼트 프로그램을 평가하기 위해 면접일정, 평가도구의 개발, 표본추출, 평가설계, 통계분석, 평가결과의 기록 등을 활용한다.[16]
④ 서비스의 지원계획, 지원계획에 따른 서비스의 제공과 적시의, 적절한, 적당한 서비스의 제공, 프로그램의 효과성과 효율성의 증진을 위한 노력, 클라이언트의 서비스에 대한 만족도, 클라이언트의 생활의 질적인 개선, 클라이언트의 기능의 개선, 케어매니지먼트 서비스의 전반적인 효과성 등에 관하여 평가한다.

그 외에도 케어매니저는 새로운 자원의 동원 노력, 프로그램의 문제점에 대한 수정의 제안, 의뢰과정의 개선을 위한 노력, 고액의 서비스의 이용의 감소, 직원의 소진(burnout)을 방지하기 위한 노력, 추가적인 서비스의 필요성 등에 관해서도 평가한다.

### 7) 옹호자

옹호자는 케어매니저가 공통적으로 수행하는 중요한 역할 중의 하나로서 클

15) J. F. Loomis, "Case Management in Health Care", in S. M. Rose(Ed.), *Case Management and Social Work Practice*, New York: Longman Publishing Group, 1992, p.161.
16) M. Weil & J. M. Karls, et al., *op. cit.*, p.99.

라이언트가 가장 필요로 하는 서비스에 접근하고 효과적으로 활용하며, 서비스가 적시에 적절하고 적당하게 그들에게 제공될 수 있도록 보장하기 위하여 클라이언트 또는 클라이언트 집단을 대변하거나, 지지하거나, 권고하거나, 방어하거나, 대신하거나, 또는 서비스 제공과정에 개입하는 활동을 수행하는 사람이다.

옹호자로서의 케어매니저는 케어매니지먼트 과정에서 다음과 같은 역할을 수행한다.

① 클라이언트가 서비스에 대한 접근의 어려움, 서비스의 불충분성, 서비스의 부적절성, 서비스 제공자 또는 기관과의 부적합한 관계, 서비스 제공과정에서의 기본적인 인권의 침해, 서비스 제공의 중단, 사회정책의 문제 등으로 인하여 겪게 되는 어려움이 무엇인가를 확인한다.

② 클라이언트의 이러한 문제들을 해결하기 위한 개입의 목적, 표적체계, 개입의 수준과 대상, 개입의 전략과 방식 등을 선택한다.

③ 케어매니저는 클라이언트의 상황에 대한 지식, 기관의 방침과 조직의 역학, 정치적인 역학관계, 지역사회의 자원, 표적체계 성원들의 영향력, 지역사회 힘의 원천, 클라이언트의 비공식 지원체계의 원조, 직원이나 다른 전문가의 원조 등을 파악하여 변화 대행자의 자원으로 활용한다.[17]

④ 다양한 자원, 의사소통의 기술, 임상적 개입기법, 그리고 협력, 중재, 조정, 대항, 협상, 설득, 압력, 강요, 클라이언트의 독립적인 조처의 준비, 클라이언트 집단의 조직화 등의 개입의 전략과 방식을 활용하여 표적체계에 영향력을 행사한다.

⑤ 클라이언트로 하여금 필요로 하는 특수한 서비스, 급여 또는 권리의 획득이 용이하도록 정보, 교육, 지지, 격려, 권고 등을 제공하고, 그들의 권리를 최대한 보장한다.

그 외에도 케어매니저는 서비스 제공자나 기관이 클라이언트에게 과중한 요구

17) B. G. McGowan, "Advocacy", in Minahan, Anne, et al., *Encyclopedia of Social Work*, 18th ed., Vol. 1., Silver Spring, MD: National Association of Social workers, Inc., 1987, p.92.

를 하거나, 그들을 억압적인 방식으로 다루려고 할 때, 클라이언트를 보호하기 위해서 그들을 옹호한다.

### 8) 경계범주자

경계범주자란 케어매니저가 클라이언트에 대한 정보를 분류하거나 수집하기 위해서, 클라이언트를 대신하여 자원의 처리를 협상하기 위해서, 서비스 전달에 대한 책임을 떠맡기 위해서, 그리고 서비스의 결과를 점검하거나 평가하기 위해서 기관, 조직 또는 체계의 경계를 넘어서 활동하는 사람을 말한다.[18)]

경계범주자는 서비스의 조정을 제공하기 위해서 특정 지위를 점유하게 되며, 서비스망의 기관 성원들과 조정과 협력을 개발하기 위해서 기관들의 경계를 넘어서 활동한다. 클라이언트가 다양한 대인서비스 조직들로부터 서비스를 획득하고 결합시키려는 시도에서 경험할 수 있는 한계와 문제가 주어지면, 케어매니저의 경계범주자로서의 역할은 중요하게 된다. 경계범주자로서의 케어매니저의 역할은 다음과 같다.[19)]

① 대인서비스 조직들, 대인서비스의 주요 부문들 및 공식적·비공식적 서비스 부문들에 걸쳐서 클라이언트 수준의 목적, 서비스 및 정보를 조정한다.

② 클라이언트가 원조를 기대할 수 있는 한 사람의 특정 전문가(또는 전문가팀)를 가질 수 있도록 클라이언트를 위한 책임의 정점(定點)으로서 이바지한다. 그와 동시에 서비스 제공자들과 사회적 관계망의 구성원들에게 클라이언트의 욕구와 이러한 욕구를 충족시키기 위해 제공되는 서비스에 관한 정보를 제공한다.

③ 서비스와 사회적 지지활동의 적절성 또는 영향에 관하여 평가적인 환류(feedback)를 제공함으로써 대인서비스 제공자들과 사회적 관계망의 구성원

18) Y. Hasenfeld, *Human Service Organizations*, Englewood Cliffs, NJ: Prentice-Hall, Inc., 1983, D. P. Moxley, *op. cit.*, p.16.

19) D. P. Moxley, *op. cit.*, pp.16-17.

들에게 자기교정의 기제로서 이바지한다.

④ 종류별 서비스 전달체계에서 서비스를 제공받고자 하는 시도에 실패하는 클라이언트에게 또는 복합적인 문제 때문에 현존하는 어떤 종류의 서비스에도 속할 수 없는 클라이언트에게 서비스에 접근할 수 있도록 한다.

⑤ 사회적 관계망의 구성원들이 그들의 의존적인 성원에게 지원을 제공하도록 돕고, 대인서비스 제공자들이 접근이 가능하고, 적절하며, 적정한 서비스를 전달할 수 있도록 원조함으로써 클라이언트가 더 높은 수준의 기능을 향하여 전진할 수 있도록 돕거나 또는 클라이언트의 독립을 증진시키기 위하여 고안된 능력조성 활동에 책임을 진다.[20)]

⑥ 지역사회 내에서 대인서비스를 기획하는 데 있어서 클라이언트 수준 또는 담당사례별로 욕구사정의 정보를 제공한다.

⑦ 클라이언트 서비스계획 내에서 서비스의 중복을 확인하고 감소시키며, 그것에 의해서 대인서비스의 비용효과적인 전달을 증진시킨다.

이러한 사항들은 케어매니저가 체계적 관점에서 클라이언트와 그들의 환경과의 관계를 파악해야 한다는 것을 의미한다. 특히 케어매니저는 대인서비스 부문 및 사회적 관계망과 클라이언트와의 상호작용에 관여해야 하며, 이러한 구조들이 클라이언트의 욕구를 충족시키기 위한 노력을 하는가를 주시해야 한다.

케어매니지먼트에서 케어매니저의 역할은 앞에서 언급한 것 외에도 출장원조자, 지역사회조직가, 안내자, 정보전문가, 지도감독자, 관리자, 서비스조직가, 체계수정자, 기록보존자, 자문가, 협력자, 중재자, 상담자, 치료자, 추진자, 변화대행자 등의 역할을 수행한다. 이와 같은 케어매니저의 다양한 역할은 [그림 6-1]과 같이 나타낼 수 있다.

20) R. Steinberg & G. W. Carter, *op. cit.*, p.23.

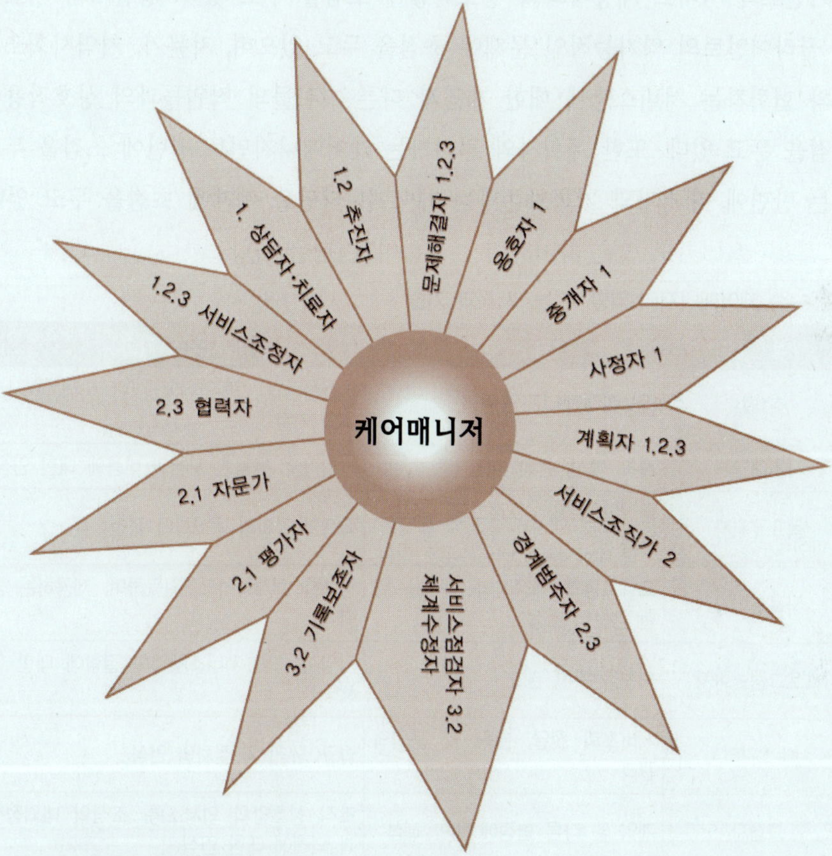


1. 클라이언트에 대한 주요한 책임
2. 서비스망에 대한 주요한 책임
3. 케어매니지먼트 프로그램에 대한 주요한 책임

자료 : M. Weil & J. M. Karls, et al., *Case Management in Human Service Practice*, San Francisco, CA: Jossey-Bass, Inc., Publishers, 1985, p.19.

**[그림 6-1]** 케어매니저의 역할

케어매니저의 역할은 상당히 다양하지만, 대부분의 역할은 케어매니지먼트 과정에서 필수적이며 상호 관련되어 있는 부분이 많다. 그러나 각각의 역할이 일차적으로 초점을 두고 있는 부분에는 다소 차이가 있다. 사정자, 중개자와 옹호자는 대부분 특정 클라이언트의 욕구에 초점을 두고 있으며, 조정자와 점검자는 클라이언트와 서비스 제공자와의 상호작용에 초점을 두고 있다. 상담자와 치료자는 클라이언트의 역기능적인 문제에 초점을 두고 있으며, 자문가, 지역사회조직가와 협력자는 서비스망에 대한 개입과 다른 기관들의 직원들과의 상호작용에 초점을 두고 있다. 또한 계획자와 관리자는 케어매니지먼트 전반에 초점을 두고 있는 반면에, 평가자와 기록보존자는 케어매니지먼트 체계에 초점을 두고 있다.

〈표 6-1〉 케어매니저의 역할, 기능, 지식과 기술

| 역 할 | 기 능 | 지식과 기술 |
|---|---|---|
| 중재자 | 갈등의 해결 | 인간행동과 가족역학에 대한 이해, 의사소통의 기술 |
| 자원배당자 | 계획, 예산, 관리, 점검 | 기획기술, 유용한 자원과 비용에 대한 인식 |
| 목표유지자 | 클라이언트와 프로그램 목표의 조화 | 목표와 결과의 공식화와 점검 |
| 자료수집가 | 프로그램과 행정상의 목적을 위한 정보의 수집 | 정보를 체계화하고, 획득하며, 제공하는 능력 |
| 프로그램변화자 | 개선을 위한 권고 | 지역사회 및 서비스체계의 결함에 대한 이해 |
| 서비스관리자 | 서비스의 전달, 분량 및 품질의 관리 | 법규, 규칙 및 절차의 인식 |
| 교섭자 | 계약 및 다른 협정에 대한 교섭 | 조직 상호간의 의사소통, 조직의 내외정책과 의례에 대한 인식 |
| 상담자 | 클라이언트, 가족, 서비스제공자 및 직원에 대한 지지의 제공 | 임상적 기술 |
| 문제해결자 | 문제의 확인, 의사결정 | 최상의 대안에 대한 분석과 선택, 다른 학문분야와의 공동연구 |
| 자문가 | 클라이언트, 가족, 서비스제공자 및 직원에 대한 원조와 교육의 제공 | 교육과 훈련의 기술 |
| 기록자 | 기록의 유지 | 적시에 정확하게 상세한 사항에 대한 취급 |
| 옹호자 | 클라이언트, 서비스, 프로그램 및 기관을 위한 옹호 | 욕구에 대한 인식, 훌륭한 판단, 그 외의 설득력 |

자료 : M. White, "Case Management", in G. L. Maddox(Ed.), *The Encyclopedia of Aging*, New York: Springer Publishing Company, 1986, p.95.

한편 케어매니지먼트 과정에서 클라이언트, 서비스망 및 케어매니지먼트 체계와의 효과적인 상호작용을 위한 이러한 역할들의 조화는 케어매니저가 수행해야 할 가장 복잡한 과업의 하나이다. 케어매니저가 이러한 역할을 적절히 수행하기 위해서는 각각의 케어매니지먼트 프로그램에서 요구되는 특수한 역할을 이해하고, 각각의 역할별 기능과 케어매니저에게 요구되는 지식과 기술을 잘 인식하고 습득해야 한다. 케어매니저의 역할별 기능 및 지식과 기술은 <표 6-1>과 같다.

## 2. 케어매니저의 지위별 역할

케어매니지먼트는 클라이언트에게 다양한 서비스를 제공하기 위해서 복잡한 서비스 전달체계를 조정하고 통합하는 과정이므로, 그것은 서비스 전달체계 내의 다양한 수준의 직원에 의해 수행된다. 케어매니지먼트를 담당하는 직원의 수준은 지위에 초점을 두어 조직적인 상하관계에서 대개 행정가, 지도감독자, 사회복지사, 보조사회복지사 등으로 나눌 수 있다.

케어매니지먼트를 담당하는 직원의 역할은 직원의 지위와 기능에서 나오며, 이들의 일반적인 역할은 중개자, 상담자, 평가자, 옹호자, 서비스 조정자, 기획가, 조장자(enabler), 동원자, 행동변화자 등이다. 이러한 역할들은 두 가지의 지배적인 역할군(role set)인 지도역할과 지원역할로 분류할 수 있다. 케어매니지먼트를 담당하는 직원의 지위에 따른 역할은 다음과 같다.[21]

### 1) 행정가

행정가의 지도역할은 프로그램 관리자이며, 지원역할은 자원망 개발자이다. 프로그램 관리자로서의 행정가는 그의 중심 프로그램에 속하는 다양한 단위의

21) G. G. O'Connor, "Case Management: System and Practice", *Social Casework*, 69(2), Milwaukee, WI: Family Service America., 1988, pp.97-101.

사업을 조정하는 데 관여하며, 이러한 단위사업과 서비스 전달체계와 지역사회 자원망 내의 다른 조직 및 프로그램과의 연결에 관여한다. 또한 행정가는 서비스의 효과성, 효율성 및 비용효과성 등과 같은 프로그램에 대한 전반적인 책임을 지게 되며, 케어매니지먼트 체계의 설계에 관여하고, 기능, 책임 및 의사결정의 권한 등을 지정하는 계약의 협상에 관여한다.[22)]

지역사회 자원망은 케어매니지먼트를 실천하기 위해서 반드시 존재해야 하며, 행정가는 그러한 자원망을 개발하기 위해서 상당한 주의를 기울여야 한다. 한편 옹호는 케어매니지먼트의 필수적인 구성요소이며, 모든 수준의 직원들은 어떤 형태로든 사례옹호와 계급옹호의 역할에 관여하게 된다. 옹호에서 행정가는 주로 계급옹호자의 역할을 수행한다. 그 외에도 행정가는 계획자, 개발자 및 평가자의 역할을 수행한다.

### 2) 지도감독자

지도감독자의 지도역할은 단위사업 관리자 또는 케어매니저이며, 지원역할은 교사이다. 단위사업 관리자 또는 케어매니저로서의 복합적인 역할을 수행하는 지도감독자는 중간관리의 수준 또는 현장관리의 수준에서 케어매니지먼트 체계의 운영방법을 잘 인식하고, 사업수행 과정에서의 문제를 확인하고 정정할 책임을 지고 있다. 즉, 단위사업 관리자로서의 지도감독자는 조직의 정책을 운영하고 사업수행이 기준에 맞게 이루어지도록 보장하는 기능을 수행하며, 케어매니저로서의 지도감독자는 개별적인 사례에 관한 사회복지사들의 활동을 점검하는 것과 함께 사회복지사들이 케어매니지먼트를 수행하는 절차를 고안한다.

교사로서의 지원역할에서 지도감독자는 사업수행의 기준을 만족시키기 위해서 사회복지사들을 준비시킨다. 한편 옹호역할에서 지도감독자는 사례옹호와 계급옹호를 동시에 제공한다. 이러한 역할들 외에도 지도감독자는 사정자, 서비

22) M. Weil & J. M. Karls, et al., *op. cit.*, p.17.

스조직가, 서비스조정자, 평가자, 계획자, 체계수정자 및 추진자의 역할을 수행한다.

### 3) 사회복지사

케어매니지먼트의 직접적인 실천을 담당하고 있는 사회복지사의 지도역할은 케어매니저이며, 지원역할은 대인관계 원조자(interpersonal helper)이다. 케어매니저로서의 사회복지사는 일정한 사례담당건수를 가지며, 클라이언트의 욕구를 파악하고 체계화하며, 서비스 체계를 통하여 클라이언트를 이동시키는 책임을 떠맡고 있다. 또한 클라이언트로 하여금 그들이 필요로 하며 그들에게 권한이 주어진 서비스를 제공받을 수 있도록 보장하고, 서비스의 기획, 서비스 전달의 조정 및 서비스의 결과와 효과성의 점검과 평가에 관여한다.

대인관계 원조자로서의 사회복지사는 클라이언트가 그들 스스로 서비스를 이용할 수 있도록 그들에게 임상적 기술을 적용한다. 한편 옹호에서 사회복지사는 사례옹호자의 역할을 수행한다. 그 외에도 사회복지사는 중개자, 상담자, 정보제공자, 기록보존자, 협력자 및 치료자의 역할을 수행한다.

### 4) 보조사회복지사

보조사회복지사는 사회복지 현장에서 클라이언트에게 특수한 서비스를 제공하기 위하여 사회복지팀의 한 성원으로서 사회복지사를 돕는 준전문가이다. 보조사회복지사는 일련의 특정 기능을 수행하기 위해서 전문기술을 개발하며, 사회복지사에 의해 그러한 기능이 중요시 될 때 그것을 수행하게 된다. 보조사회복지사는 사회복지기관에 고용되어 있기도 하지만, 자원봉사자이거나 자연원조망의 일원인 경우도 있다.[23)]

보조사회복지사는 지원역할만을 수행하며, 주로 대인관계 원조자로서의 역할

23) R. L. Barker, *The Social Work Dictionary*, 3rd ed., Washington, D.C.: NASW Press, 1995, p.47.

을 수행한다. 한편 옹호에서 보조사회복지사는 사례옹호자의 역할을 수행한다. 이러한 역할들 외에도 보조사회복지사는 중개자, 정보제공자, 치료자 및 상담자의 역할을 수행한다.

이와 같이 케어매니저의 지위별 역할은 상위 지위일수록 관리자, 계획자, 조직가, 점검자 및 평가자로서의 역할이 강조되며, 하위 지위일수록 중개자, 정보제공자, 상담자 및 서비스제공자로서의 역할이 강조되고 있다.

〈표 6-2〉 케어매니저의 지위별 자격, 기능, 역할 및 기술

| 구 분 | 전문적 자격 | 기 능 | 역 할 | 기 술 |
|---|---|---|---|---|
| 행정가 | 자율적인 실천, 폭넓은 책임, 고도의 과업의 복잡성 | 지역사회 지원망의 개발, 지원망의 조정, 프로그램의 관리 | 프로그램 관리자, 자원망 개발가, 계급옹호자 | 정책의 개발과 수행, 프로그램의 개발, 프로그램의 운영과 평가 |
| 지도감독자 | 자율적인 실천, 폭넓은 책임, 고도의 과업의 복잡성 | 행정과 직접적인 실천과의 연결, 사업의 감독, 사회복지사들의 준비 | 단위사업 관리자 · 케어매니저, 교사, 사례옹호자, 계급옹호자 | 직무의 분석과 설계, 사업유동의 조정, 사업의 점검, 직원훈련, 케어매니지먼트 |
| 사회복지사 | 자율적인 실천, 폭넓은 책임, 적절한 과업의 복잡성 | 직접적인 실천: 서비스의 제공과 조정 | 케어매니저, 대인관계 원조자, 사례옹호자 | 케어매니지먼트, 임상적 기술 |
| 보조사회복지사 · 자원봉사자 | 지도감독을 받는 실천, 부분적인 책임, 낮은 과업의 복잡성 | 직접적인 실천: 서비스의 제공 | 대인관계 원조자, 사례옹호자 | 사회복지사의 능력과 관련된 기술 |

자료 : G. G. O'Connor, "Case Management: System and Practice", *Social Casework*, 69(2), Milwaukee, WI: Family Service America, 1988, p.99.

## 3. 케어매니저의 주요기술

### 1) 클라이언트 확인과 출장원조

케어매니지먼트 과정의 초기단계에서, 케어매니저는 잠재적 클라이언트에게 필요한 서비스의 활용과 접근에서의 장애에 관한 정보를 제공하기 위하여 자문기술을 활용한다. 잠재적 클라이언트는 자신의 욕구를 충족시키기 위하여 스스로 기관을 찾아오기도 하지만, 어떤 경우에는 원조를 필요로 하면서도 원조의 존재를 알지 못하거나, 원조를 받는 방법을 알지 못하거나, 낙인감, 좌절감, 부끄러움 등으로 원조를 요청할 동기를 조성하지 못하거나, 신체장애, 정신장애, 무능력 등의 실제적인 장애로 인하여 원조에 접근하지 못하고 있다. 케어매니저는 이러한 잠재적 클라이언트가 자신의 욕구를 충족시키기 위해 실제적 클라이언트가 될 수 있도록 출장원조와 의뢰의 기술을 활용한다.

케어매니저는 클라이언트를 확인한 이후에 상호신뢰에 기초하여 클라이언트와의 원조관계를 성립시키는 계약기술을 활용한다. 계약에서 케어매니저가 지녀야 할 기술은 케어매니저의 역할을 소개할 면접기술, 문제에 관한 정보를 이끌어내는 기술 및 클라이언트의 부정적인 감정을 다루는 기술 등이다.[24] 계약은 클라이언트의 존엄성을 존중하고 자기결정을 촉진시키는 결과를 가져온다. 계약을 성립한 이후 적절한 시기에 케어매니저는 가족 성원들과의 공동역할을 협의한다.

또한 케어매니저는 다른 서비스 제공자, 기관 및 지역사회에 대하여 견문을 넓히고, 민감성 있게 대처하며, 이들에 대한 인식을 증가시켜야 한다. 기관 상호간의 관계는 클라이언트의 의뢰를 조장하기 위하여 공식적・비공식적으로 성립되며, 이것은 계약이 성립된 이후 클라이언트가 일정한 범위의 서비스에 접근할 수 있도록 보장한다.

24) J. R. Ballew & G. Mink, *op. cit.*, p.14.

### 2) 클라이언트의 사정

케어매니저는 체계적인 자료수집 기술을 활용하여 클라이언트와 가족과의 관계 및 그들과 주변환경과의 관계에서 야기되는 문제를 해결하기 위한 방안을 모색하기 위한 필수적인 자료를 수집한다. 필요한 자료를 수집하기 위하여 케어매니저는 클라이언트, 그들의 가족 및 클라이언트와 관계가 있는 주요한 인물들과 면접하며, 예리한 관찰력을 동원하고, 클라이언트를 전문적 · 객관적으로 볼 수 있는 사람이나 또는 기관을 통해서 자료를 얻으며, 기존의 자료를 활용하기도 한다. 또한 케어매니저는 표준화된 사정도구를 활용하여 자료를 수집할 경우에 이러한 사정도구를 통찰력 있게 이해하고 활용할 수 있는 기술을 지녀야 한다.

한편 케어매니저는 서비스체계 내의 자원에 대하여 사정하며, 그와 동시에 지원체계의 결함에 대해서도 사정을 실시한다. 케어매니저가 클라이언트에 관한 사항을 뚜렷한 개념으로 정리하고 체계적으로 구성하는 능력을 갖춘다면, 클라이언트의 복잡한 현실에 대한 자료와 정보를 조직화하고 통합할 수 있다. 또한 기록과 의사소통의 기술은 사정과정의 내용과 결과를 알리는 데 필요하다.[25)]

### 3) 서비스 기획

케어매니저는 실행 가능한 보호계획을 공동으로 개발하기 위하여 잠재되어 있는 클라이언트의 문제해결 능력을 개발하고 동원하는 기술이 필요하다. 또한 실제적인 계획이 결정되기 이전에 클라이언트, 가족, 목표 및 기대와 관련된 다른 서비스 제공자들 사이의 교섭이 필요하며, 여기에서는 케어매니저의 접촉기술과 의사소통을 증진하기 위한 감정이입(empathy)이 요구된다.

계획과 보호의 결정은 실질적이면서도 정서적인 의미를 가지고 있다. 케어매니저는 클라이언트와 가족이 해결하기 어려운 딜레마 또는 정상적인 의사결정을

25) B. S. Vourlekis & R. R. Greene(Ed.), *Social Work Case Management*, New York: Aldine De Gruyter, Inc., 1992, p.184.

방해하는 인간 상호간의 불일치가 있을 경우, 이들을 조사하고, 직면하고, 해결하도록 돕기 위하여 상담기술을 활용한다.

한편 기획은 종종 다학문 분야의 팀에 의해서 이루어지거나, 또는 다른 서비스 제공자들의 견해를 포함하기도 한다. 케어매니저는 기획과정에서 조화로운 합의를 이룩할 수 있는 그 자신의 전문적인 자기확신을 포함하는 공동연구의 기술이 있어야 한다.

### 4) 자원확인

서비스체계 수준에서 케어매니저는 클라이언트에게 제공할 수 있는 적절한 자원을 조사하며, 또한 지원체계의 결함을 확인해야 한다. 지원체계의 결함을 살펴보면, 대개 ① 지원체계가 없는 경우, ② 지원체계가 있다 하더라도 자원의 존재를 모르거나, 이용할 줄 모르거나, 또는 절차가 복잡한 경우, ③ 지원체계가 있더라도 원조를 요청하는 것을 주저하거나 꺼리는 경우, ④ 지원체계가 존재하더라도 필요한 원조를 제공하지 못하는 경우, ⑤ 필요한 자원이 결여되거나, 도움이 필요한 사람 누구에게나 제공될 만큼 자원이 충분하지 못한 경우 등이다.[26] 케어매니저는 이러한 자원을 조사하고 확인한 후 클라이언트를 위해 활용할 수 있도록 동원하거나 개발할 수 있는 능력과 기술을 갖추어야 한다.

### 5) 클라이언트와 자원의 연결

클라이언트와 그들이 필요로 하는 자원과의 연결에서 선행되어야 할 주요 관심사는 필요한 자원을 사정하고, 획득하며, 창출하는 것이다. 케어매니저는 클라이언트와 함께 일하면서 클라이언트의 어떤 특정한 관심사 또는 자원활용의 장애물들에 대하여 그들이 인식할 수 있도록 한다.

26) A. Pincus & A. Minahan, *Social Work Practice: Model and Method*, Itasca, IL: F. E. Peacock Publishers, Inc., 1973, pp.5-8.

클라이언트와 자원을 연결할 때, 케어매니저는 클라이언트에게 물질적인 지원과 더불어 정서적인 지원을 제공해야 한다. 그와 동시에 케어매니저는 클라이언트가 성장과 변화를 촉진하고 독립을 증진시킬 수 있는 방식으로 케어매니저와 서비스체계의 자원을 활용할 수 있도록 클라이언트의 능력과 자기보호의 기술을 가능한 한 최대로 발휘할 수 있도록 한다.

체계의 측면에서 보면, 자원들은 대개 클라이언트에게 봉사하기 위해 적절한 교육 또는 정보가 필요한 개인적인 제공자나 프로그램 관계자이다. 그러므로 케어매니저는 이러한 자원들로 하여금 클라이언트에게 서비스를 제공하는 데 방해가 되는 장애물을 극복하고 필요한 서비스를 효과적으로 제공할 수 있도록 그들을 설득하고, 관계를 지속하며, 훈련시킨다.

클라이언트에게 서비스가 이미 필요하지 않을 때, 또는 서비스가 유용하지 못하고 적절하지 못할 때, 케어매니저는 클라이언트와 서비스 제공자에게 종결의 필요성과 요소들을 인식시키고 연결을 중단한다. 클라이언트와 자원의 결합이 만족스럽지 못할지라도, 케어매니저는 클라이언트가 자원과 재결합을 시도할 예정이거나 자원이 장래의 클라이언트에게 유용할 것으로 예상될 때에는 클라이언트와 자원 간의 부정적인 감정을 처리해야만 한다.[27)]

### 6) 서비스의 실행과 조정

케어매니저는 바람직한 목표에 도달하기 위해 서비스를 실행하고 조정하는 과정에서 클라이언트에게 심리적·정서적 원조를 제공하는 임상적 기술을 활용한다. 이것은 케어매니저가 클라이언트의 문제를 해결하기 위해 계획된 서비스로서의 치료를 제공하는 것과는 다르다. 원조과정에서 클라이언트는 자신의 스트레스를 처리해 주고, 새로운 경험을 시도하기를 조장하며, 실패를 허락하고, 성공을 강화하는 케어매니저를 필요로 할 것이다. 또한 클라이언트는 개인적인 성장

27) B. S. Vourlekis & R. R. Greene(Ed.), *op. cit.*, pp.184-185.

을 실현할 수 있는 구조, 일관성 및 진실성을 제공하는 원조관계를 필요로 할 것이다.

전문적인 감정이입의 기술은 클라이언트가 그들의 발전을 저해하는 부정적이거나, 적대적이거나, 또는 무관심한 행동에서 벗어날 수 있도록 한다. 한편 케어매니저는 위기상황에 처한 클라이언트와 함께 일하는 경우가 있으므로 클라이언트가 위기에서 벗어나 안정된 상태에서 서비스를 제공받을 수 있도록 위기개입의 기술을 활용한다.[28]

서비스 수준에서 케어매니저는 서비스의 격차, 지체 및 다른 전달의 문제를 예상하여 서비스의 적기와 보조를 판단하며, 단편적인 서비스체계에서 서비스를 통합하고 조정한다. 서비스를 조정할 때, 서비스 제공자 사이에 필요한 정보를 교환할 수 있는 체계적인 의사소통이 보장되어야 하며, 이것은 회합, 사례회의, 규칙적인 전화협의 등을 통하여 실현할 수 있다.

### 7) 서비스 전달의 점검

케어매니저는 케이스 수준에서 서비스 체계가 클라이언트에게 책임이 있다는 것을 확인하며, 클라이언트가 동의한 기대를 충족시키는가를 확인해야 한다. 케어매니저는 일이 의도한 대로 진행되도록 적극적으로 활동해야 하며, 일이 잘못될 때 보고하고 개입한다.

케어매니저는 문제가 인정되고 제기되며, 결과가 명백하다는 것을 보장하기 위하여 명료화(clarification)와 직면(confrontation)의 기술을 활용한다. 케어매니저는 클라이언트와 가족이 스스로 자신들의 서비스를 점검하도록 돕기 위하여 그들과 함께 일한다. 조직과 기록의 기술은 케어매니저가 명백한 사례기록을 보존할 수 있도록 돕는다.

케어매니지먼트가 법적 또는 행정적으로 위임된 서비스 전달체계와 관련되어

28) D. P. Moxley, *op. cit.*, p.83.

있을 때, 케어매니저는 법원, 경찰서 및 기타 행정기관과 공동으로 점검을 실시한다. 케어매니저는 클라이언트의 감독책임을 맡고 있는 사람들에게 적시에 명백하고 객관적인 방법으로 복잡한 상황을 보고하고 진술하는 기술을 개발해야 한다. 또한 법적으로 관련된 사항이 아니더라도, 케어매니저는 서비스 전달의 점검에서 클라이언트의 변화된 환경과 새로운 욕구와 문제를 알리고 충고할 때, 클라이언트 상황의 전체적인 관점에 기초한 전문적인 판단을 발휘해야 한다.[29)]

### 8) 서비스 획득을 위한 옹호

옹호는 클라이언트 개인 또는 클라이언트의 모든 집단들에게 특정 서비스 또는 자원을 획득할 수 있도록 하는 계획적인 힘의 전략이다. 이것은 의사결정자보다 힘이 약한 위치에 있는 제3자의 복지와 관련된 사항을 결정할 때, 개인 또는 집단이 가질 수 있는 영향력과 직면의 기술을 활용하는 것이다.[30)]

케어매니저는 옹호를 할 때 일반적으로 클라이언트 수준에서 위험과 이익을 신중하게 고려한 후 클라이언트의 동의를 구한다. 이러한 옹호전략은 클라이언트에게 부가적인 스트레스를 일으켜 갈등과 적대를 야기시킬 수 있으므로, 케어매니저는 정서적인 지지를 제공하고 스트레스 관리를 도울 필요가 있다.

옹호노력은 그것이 클라이언트 개인 또는 클라이언트 집단 어느 쪽을 위하든지 간에, 서비스 체계의 구성요소나 그것의 정책결정의 맥락에서 관리되어야 한다. 특히 케어매니저는 관료적인 통례와 장벽을 극복하고 마땅히 받아야 할 서비스를 획득하도록 클라이언트 또는 클라이언트 집단을 도울 준비가 되어 있어야 한다. 케어매니저의 옹호노력은 토론, 설득, 자극, 위압 등이 있을 수 있으며, 이러한 개입은 그 강도를 조금씩 증가시킬 필요가 있다.[31)]

---

29) B. S. Vourlekis & R. R. Greene(Ed.), *op. cit.*, p.186.

30) M. Solin & S. Caulum, "Advocacy: A Conceptualization for the Social Work Practice", *Social Work*, 28(1), Silver Spring, MD: National Association of Social workers, Inc., 1983, p.12.

31) J. Rothman, "A Model of Case Management: Toward Empirically Based Practice", *Social Work*, 36(6), Silver Spring, MD: National Association of Social workers, Inc., 1991, p.526.

케어매니저는 힘을 동원해야 하며, 이것은 여러 가지 형태를 취할 수 있다. 즉, 그것은 전문적인 지식, 새로운 정보, 영향력 있는 협력자, 법적인 명령 또는 선례, 케어매니저가 대표하는 프로그램을 통하여 케어매니저에게 부여되는 권위의 활용 등이다.

영향력의 원천이 무엇이든지, 케어매니저는 케이스를 명백하고 강력하게 하는 설득력이 있고 힘이 있는 기록과 담화의 기술이 필요하다. 또한 직면의 기술은 방어와 적개심을 최소화하도록 케어매니저를 도우며, 협상의 기술 및 갈등의 관리와 해결은 옹호를 만족스럽게 달성할 수 있는 해결책으로 활용된다.[32]

### 9) 평가

평가는 클라이언트에게 제공된 서비스가 클라이언트의 삶에 어떤 차이를 낳게 하였는가 또는 얼마나 유익하고 바람직한 결과를 가져왔는가를 판단하는 것이다.[33] 케어매니저는 제공된 서비스의 질, 적절성 및 효과성을 평가하기 위해서 두 가지 수준에서 관여하게 된다.

개별 클라이언트의 수준에서, 케어매니저는 서식과 기록보존을 통하여 각각의 사례에 관한 적시의 정확한 정보 및 그의 실천에서의 효과성을 평가하기 위한 자신의 노력을 포함한 점검과 평가체계에 기초한 그의 활동에 관한 자료를 마련한다. 전달체계 수준에서, 케어매니저는 프로그램을 개선하거나 또는 전달체계의 중대한 결함과 문제를 제기하기 위하여 욕구를 설명하고 문제를 실증할 수 있는 전반적인 자료를 마련한다.

케어매니저는 동료의 지도감독과 자문에 응해야 하며, 이것은 특히 곤란하거나 복잡한 클라이언트의 상황에 원조를 제공하고 문제해결을 위한 다양한 투입을 제공하게 된다. 동료의 지도감독 과정을 효과적으로 활용하기 위해서 케어매니저는 다른 사람이 그의 실천과 사고에 대하여 자세히 조사할 수 있도록 위임

32) B. S. Vourlekis & R. R. Greene(Ed.), *op. cit.*, pp.186-187.
33) D. P. Moxley, *op. cit.*, p.125.

할 수 있어야 하며, 환류 및 새로운 인식과 정보에 대한 개방성을 지니고 있어야 한다. 동료의 지도감독과 검토활동을 통하여 케어매니저는 동료의 업무를 비판하고 평가할 수 있어야 하며, 정직하고 유용한 환류를 제공하는 건설적인 방법을 발견할 수 있어야 한다. 체계수준에서, 동료의 지도감독과 자문을 통한 팀보호활동 및 사례기획은 프로그램과 체계의 전달의 문제를 확인하는 구조 및 문제해결에 관한 실천지향적인 사고를 발전시키는 구조를 제공한다. 직접적인 실천에 종사하는 케어매니저는 클라이언트를 위한 프로그램과 전달체계의 영향력을 인식할 수 있는 최고의 지위에 있으므로, 그는 서비스가 클라이언트에게 효과성과 변화를 가져올 수 있도록 건설적인 노력을 경주해야 하는 책임을 맡고 있다.[34)]

### 10) 임상적 개입활동

케어매니저가 클라이언트와의 관계에서 활용할 수 있는 개입기술은 임상적인 차원의 활동과 조직적인 차원의 활동으로 나눌 수 있다. 상기한 케어매니저의 주요기술에서 언급한 내용을 포함하여 임상적인 활동에만 초점을 두어 케어매니저의 개입기술을 제시하면 다음과 같다.[35)]

#### (1) 신뢰관계의 형성

케어매니저, 케어매니지먼트 기관, 클라이언트 및 클라이언트의 가족 사이의 신뢰와 확신을 발전시킨다. 신뢰관계는 이들 사이의 조화와 상호이해를 바탕으로 이루어진다.

#### (2) 개인적 이해의 제공

클라이언트 개개인의 조건과 상황에 대한 이해를 제공한다. 이해는 클라이언트

34) B. S. Vourlekis & R. R. Greene(Ed.), *op. cit.*, pp.187-188.
35) R. M. Steinberg & G. W. Carter, *op. cit.*, pp.160-161.

에 대한 존중을 바탕으로 그들의 현실을 그대로 인식하는 계속적인 과정이다.

(3) 클라이언트에 대한 경청

클라이언트가 케어매니저와 이야기하기를 원하거나, 케어매니저가 클라이언트와 그의 상황을 더 잘 이해하기 위해 정보를 수집할 필요가 있을 때에 클라이언트에 대해서 경청한다.

(4) 클라이언트에 대한 지도

클라이언트가 자신의 손상된 부분을 인식하고 그것을 복원할 수 있는 활동에 적극적으로 참가할 수 있도록 하기 위하여 클라이언트를 지도한다.

(5) 클라이언트 자신의 자원망의 동원

클라이언트의 주위에서 개별적인 능력으로 케어매니저와 같은 역할을 수행할 수 있는 배우자, 가족, 친척, 친구, 이웃, 클럽, 교회 등의 비공식적 자원망을 동원한다.

(6) 클라이언트의 우선권의 추구

클라이언트로 하여금 자신이 더 좋아하는 것을 선택할 수 있도록 하며, 이를 위해서 클라이언트에게 실행 가능한 대안에 관한 정보를 제공한다.

(7) 갈등의 교섭

클라이언트와 그들과 관련된 다른 사람들과의 갈등을 해결하기 위해서 케어매니저는 양자와 교섭한다. 예를 들면, 클라이언트의 우선권, 가족이나 친척의 소망 및 전문가의 권고 사이의 갈등을 해소하기 위해서 교섭한다.

### (8) 전문적 의견의 제공

보호계획의 수행에 관한 전문적(경험적)인 의견을 제공한다. 예를 들면, 케어매니저 또는 케어매니지먼트 기관은 그들의 입장을 클라이언트, 가족 및 다른 전문가에게 설명한다.

### (9) 사회적 지지의 제공

격려, 위안, 관심, 이해, 수용 및 때로는 설득과 부추김, 간단한 상담 등을 통하여 클라이언트가 좌절감, 불안, 실망 등에서 벗어나 자신감을 가지고 자신의 욕구와 문제에 적절히 대처하도록 사회적 지지를 제공한다.

### (10) 강화기술의 활용

클라이언트가 수행할 것을 동의하여 신중하게 선택한 자기보호의 여러 측면에 대해 승인뿐만 아니라 칭찬을 제공하거나 보류하는 강화의 기술을 활용한다.

### (11) 상담의 적용

케어매니지먼트 과정에서 상담을 실시한다. 만일 직접적인 서비스에 관한 결정이라면, 클라이언트가 서비스 간의 차이를 이해하고 선택할 수 있도록 상담기간을 공식화한다.

### (12) 장애물의 처리

소극적이고 적대적인 가족관계, 그 외의 다른 환경적 문제들 또는 클라이언트 자신의 노여움, 적개심, 저항 등과 같은 장애물과 방해물을 처리한다.

### (13) 전문화된 자원의 발견

케어매니저 자신의 능력으로 해결할 수 없는 물질남용, 뇌일혈 및 그 밖의 다른 문제들의 치료와 같은 일을 처리할 수 있는 다른 분야의 전문화된 자원을 찾는다.

### (14) 심리학적 계약의 활용

적절한 시기에 심리학적인 계약접근법을 활용한다. 즉, 케어매니저가 실행하려는 것과 클라이언트가 실행하려고 제안하거나 동의한 것으로서 공식화되고 서명된 협약이 아닌 단지 기억에 의존하는 사항을 문제해결을 위해 활용한다.

### (15) 구체적 원조의 제공

클라이언트에게 어떤 구체적인 원조를 제공한다. 예를 들면, 클라이언트의 이동에 도움을 주거나, 금전을 관리하는 방법을 학습시킨다. 이러한 원조는 케어매니저보다 오히려 클라이언트의 측근자, 자원봉사자 또는 다른 전문가들이 더 잘 수행할 수 있다.

### (16) 유용한 접근방법의 활용

클라이언트에게 기대되는 변화, 새로운 서비스, 또는 새로운 적응을 소개하는데 유용한 접근방법을 활용한다. 그러나 너무 많은 변화는 오히려 변화하지 않는 것보다 손해가 될 수도 있다.

### (17) 안내

약물치료에 대하여 세밀히 조사하도록 안내하거나, 또는 그 분야의 전문가에게 의뢰한다. 이것은 그러한 조치가 필요하다는 징후가 있을 때 가능하다.

### (18) 설명과 해명

기대되는 원조와 서비스에 대하여 클라이언트에게 설명한다. 케어매니저는 클라이언트를 위해 행하는 노력에 관하여 전달해야 하며, 케어매니저가 기대되는 서비스를 전달하지 못했을 때, 클라이언트에게 설명해야 한다.

### (19) 클라이언트에 대한 교육

케어매니지먼트 기관의 목적, 기능, 규정, 운영방침, 프로그램 및 케어매니저의 역할과 기능 등에 관하여 클라이언트가 충분히 인식하고 활용할 수 있도록 교육을 실시한다.

### (20) 종결

세분화된 단계들을 간단히 그리고 즉시에 완성하는 종결을 실행한다. 전반적인 문제를 동시에 맞물리지 말고 단계별로 조금씩 종결한다. 케이스가 보류되거나 활동이 없는 것은 종결되지 않았더라도 종결로 본다.

## | 참고문헌 |

Ballew, Julius R. & Mink, George(1986), *Case Management in the Human Services*, Springfield, IL: Charles C Thomas · Publisher.

Barker, Robert L.(1995), *The Social Work Dictionary*, 3rd ed., Washington, D.C.: NASW Press.

Bertsche, A. V. & Horejsi, C. R.(1980), "Coordination of Client Services", *Social Work*, 25(2), Silver Spring, MD: National Association of Social workers, Inc.

Brindis, Claire, Barth, Richard P. & Loomis, Amy B.(1987), "Continuous Counseling: Case Management with Teenage Parents", *Social Casework*, 68(3), Milwaukee, WI: Family Service America.

Compton, Beulah Roberts & Galaway, Burt(1984), *Social Work Processes*, 3rd ed., Homewood, IL: The Dorsey Press.

Hasenfeld, Y.(1983), *Human Service Organizations*, Englewood Cliffs, NJ: Prentice-Hall, Inc.

Hepworth, Dean H. & Larsen, Jo Ann(1993), *Direct Social Work Practice: Theory and Skills*, 4th ed., Pacific Grove, CA: Brooks/Cole Publishing Company.

Honnard, Ron & Wolkon, George H.(1985), "Evaluation for Decision Making and Program Accountability", in Weil, Marie & Karls, James M., et al., *Case Management in Human Service Practice*, San Francisco, CA: Jossey-Bass.

Loomis, James F.(1992), "Case Management in Health Care", in Rose, Stephen M.(Ed.), *Case Management and Social Work Practice*, New York: Longman Publishing Group.

McGowan, Brenda G.(1987), "Advocacy", in Minahan, Anne et al., *Encyclopedia of Social Work*, 18th ed., Vol. 1., Silver Spring, MD: National Association of Social workers, Inc.

Moxley, David P.(1989), *The Practice of Case Management*, Newbury Park, CA: Sage Publications, Inc.

O'Connor, Gerald G.(1988), "Case Management: System and Practice", *Social Casework*, 69(2), Milwaukee, WI: Family Service America.

Perlman, Helen Harris(1970), "The Problem-solving Model in Social Casework", in Roberts, Robert W. & Nee, Robert H.(Ed.), *The Theories of Social Casework*, Chicago: The University of Chicago Press, Ltd.

Pincus, Allen & Minahan, Anne(1973), *Social Work Practice: Model and Method*, Itasca, IL: F. E. Peacock Publishers, Inc.

Rothman, Jack(1991), "A Model of Case Management: Toward Empirically Based Practice", *Social Work*, 36(6), Silver Spring, MD: National Association of Social workers, Inc.

Rubin, Allen(1992), "Case Management", in Rose, Stephen M.(Ed.), *Case Management and Social Work Practice*, New York: Longman Publishing Group.

Solin, M. & Caulum, S.(1983), "Advocacy: A Conceptualization for the Social Work Practice", *Social Work*, 28(1), Silver Spring, MD: National Association of Social workers, Inc.

Steinberg, Raymond M. & Carter, Genevieve W.(1983), *Case Management and the Elderly*, Lexington, MA: Lexington Books.

Vourlekis, Betsy S. & Greene, Roberta R.(Ed.)(1992), *Social Work Case Management*, New York: Aldine De Gruyter, Inc.

Weil, Marie & Karls, James M., et al.(1985), *Case Management in Human Service Practice*, San Francisco, CA: Jossey-Bass, Inc., Publishers.

White, Monika(1986), "Case Management", in George L. Maddox(Ed.), *The Encyclopedia of Aging*, New York: Springer Publishing Company.

# 07

# 케어매니지먼트의 과정

## 1. 케어매니지먼트 과정에 관한 이론

### 1) Steinberg와 Carter

Steinberg와 Carter는 케어매니지먼트에서 클라이언트 수준의 기능을 사례발견, 사전적격심사, 접수, 사정, 목표설정, 보호기획, 능력조성, 보호계획의 수행, 재사정, 종결, 관계유지 등의 11가지로 나누고 이들을 5단계로 분류하고 있다. 이러한 단계들은 ① 가입(entry), ② 보호기획을 위한 사정, ③ 목표설정과 서비스기획, ④ 보호계획의 수행, 그리고 ⑤ 재사정과 종결이다. 그들이 제시한 케어매니지먼트의 각 단계에서의 기능과 과업은 다음과 같다.[1)]

#### (1) 가입

① 사례발견

사례발견은 어떤 프로그램을 통해서 제공되는 서비스를 필요로 하며, 그러한 서비스를 제공하기에 적합한 사람들을 확인하고 그들과 접촉하는 과정이다. 그

1) R. M. Steinberg & G. W. Carter, *Case Management and the Elderly*, Lexington, MA: Lexington Books, 1983, pp.1-32.

러한 프로그램은 대개 자원이 한정되어 있으므로, 그 프로그램에서 의도한 사람들에게만 서비스가 제공될 수 있도록 효과적인 사례발견 전략을 개발하는 것이 필요하다.

부적절한 사례의 발견은 케어매니지먼트를 필요로 하지 않을 뿐만 아니라 서비스 제공자들로부터 직접적으로 도움을 받을 수 있는 개인이나 가족에게 서비스를 제공하는 결과를 가져오게 한다. 더구나 부적절한 클라이언트는 표적인구집단에 속한 더욱 적절한 후보자가 대기하는 동안 서비스를 제공받게 되어, 많은 취약한 계층들에게 케어매니지먼트 및 그들이 필요로 하는 직접적인 서비스를 제공하지 못하는 결과를 초래케 한다. 그러므로 효과적인 사례발견 전략을 통하여 취약계층들에게 필요한 서비스를 제공할 수 있도록 해야 한다. 사례발견의 대표적인 기제로는 출장원조, 안내와 의뢰, 의뢰원(依賴源)과의 협약, 출장소 설치(outstationing), 공적 안내활동 등이 있다.

② 사전적격심사

사전적격심사(prescreening)는 케어매니지먼트 서비스를 신청한 사람을 대상으로 프로그램의 적합성을 예비적으로 결정하는 과정이다. 효과적인 사전적격심사는 서비스를 제공할 필요가 없는 사람들과의 불필요한 접수와 사정에 드는 수고를 덜어준다. 더구나 그것은 서비스가 필요한 사람들로 하여금 다른 기관에의 부적절한 의뢰와 그것으로 인한 과도한 대기기간을 경험하지 않도록 한다. 또한 다양한 자금원들로 이루어진 프로그램은 대개 특정사례에 어떤 자금원을 할당할 것인가를 결정하기 위해 사전적격심사를 활용한다.

③ 접수

접수(intake)는 클라이언트가 케어매니지먼트 서비스의 본질을 이해하고, 케어매니저를 신뢰하여 서비스를 제공받을 것을 약속하는 과정이다. 이것은 케어매니지먼트 과정에서 아주 적은 부분을 차지하는 단계이다. 많은 프로그램에서 접수는 케어매니저가 클라이언트의 가정을 방문하여 처음으로 집안으로 들어오도록 허락을 받았을 때 이루어진다. 다른 프로그램에서 접수는 클라이언트가 기관과의 정보교환이나 서비스의 제공에 동의하는 서식에 서명했을 때 이루어진다.

(2) 보호기획을 위한 사정

사정은 일상생활 기능상의 장애를 가지고 있거나 장기간 보호가 필요한 것 등을 포함한 클라이언트 상황의 모든 국면을 인식하고, 그들을 전인적 인간으로서 이해하고자 하는 과정이다.

많은 케어매니지먼트 프로그램은 전통적인 서비스망에 포괄적이고 표준화된 사정도구로 상징되는 전체론적 접근방법을 도입하고 있다. 이러한 전인적(whole-person) 실행은 클라이언트와 조직적인 수준의 모든 과업에 반영되고 있다. 전인적 개념은 통합된 의료사회적 입장을 지닌 철학적 관점이며, 그것은 어느 일정기간에 실행에 옮길 필요는 없다. 그것의 수행은 점증적이어야 하며, 진단적 포괄성은 누적적이어야 한다.

전인적 인간을 사정하는 이상적인 도구를 연구하기 위해서는 프로그램의 목표, 직원조직의 유형, 표적인구집단, 보호계획을 공식화하고 수행하는 능력, 평가욕구 등을 고려해야 한다. 보호기획을 위한 사정은 포괄적이면서도 균형적이고 개별화되어야 한다. 또한 표준화된 사정은 지나치게 길어도 안 되며, 클라이언트의 사생활을 침해해서도 안 된다.

(3) 목표설정과 서비스기획

① 목표설정

목표설정은 클라이언트의 욕구 및 프로그램의 수용능력과 일치하면서 케어매니지먼트 과정을 통해 성취할 수 있는 기대를 명백하게 발전시키는 과정이다.

이론적으로 보호계획은 각각의 클라이언트의 목표 또는 목적을 공식화하고 협상하는 것에서부터 시작한다. 실천에서는 클라이언트의 목표가 퇴색되는 경우가 많기 때문에, 명백한 목표진술을 기록하도록 하고 있다. 그러나 많은 프로그램에서 목표진술의 작성이 클라이언트 또는 케어매니저에게 불편을 자아내고 있다.

즉, 클라이언트는 궁극적인 목적보다는 해결되어야 할 문제에 더 관심이 많고, 케어매니저는 예상되는 결과보다는 클라이언트에게 제공할 서비스에 관심이 더 많다는 것이다.

실천적인 면에서 사례목표를 명백히 하였을 경우에 사례 또는 프로그램의 결과가 성취되었다는 증거는 없다. 그러나 경험이 많은 임상가들은 분명한 목표설정이 반드시 필요하다고 보고 있다. 때로는 기관마다 목적이 다를 수 있고, 케어매니저, 클라이언트 및 클라이언트와 관련된 중요한 타자들 사이에 기대가 다를 수 있으며, 그들 사이에 제안된 해결책에 대한 이견이 있을 수 있다. 그러므로 케어매니저들은 보호기획에 클라이언트를 적극적으로 참여시키는 유용한 임상적 기술로서 목표설정을 활용하기도 한다.

② 보호계획

보호계획은 클라이언트의 욕구와 가치에 부합되는 개별화되고 포괄적인 서비스와 다른 지원활동을 배열하고 조정하는 과정이다. 즉, 그것은 클라이언트의 보호와 관련된 모든 활동에 대한 안건들이다.

대부분의 케어매니지먼트 프로그램에서는 각각의 클라이언트에 대하여 여러 기관들이 공유하는 표준화된 서면의 서비스계획을 활용한다. 그 외의 프로그램에서는 자기 기관 내에서만 활용하는 서면의 서비스계획을 사용하기도 한다. 그러나 어떤 프로그램에서는 공식적인 계획이 전혀 서면화되지 않은 것도 있다. 보호계획의 공식화, 표준화 또는 서면화의 여부와 관계없이, 케어매니저와 행정가에게 주요한 문제는 선택할 가치가 있는 것을 찾아내고 관련된 모든 사람들을 기획과정에 종사시키는데 가능한 한 많은 시간을 할애하는 것이다.

③ 능력조성

능력조성(capacity building)은 클라이언트가 서비스를 획득하고, 조정하며, 점검하는 데 필요한 독립적인 기능을 그들 스스로 수행할 수 있도록 클라이언트와 클라이언트의 비공식 지원체계의 잠재능력을 극대화하는 것이다.

많은 분야에서 케어매니저는 장기보호가 필요하지 않도록 하기 위하여, 클라이언트의 내부나 주위에 능력을 조성하는 원조와 관련된 서비스를 선택하고 그들 자신이 그러한 원조와 관련된 활동에 초점을 두고 있다. 그러한 실례로서, 케어매니저는 친척들과 친구들의 모임과 같은 관계망을 유지하며, 클라이언트 주변의 중요한 타자에게 클라이언트를 돕는 방법을 권고하고 교육한다. 또한 케어매니저는 클라이언트의 배우자 또는 성인자녀들에게 그들이 필요로 하는 서비스를 떠맡게 하며, 보호자로서 관심을 보이게 될 이웃을 결정하고, 케어매니저의 의뢰와 점검기능을 인계받는 방법과 더 이상 필요 없는 서비스를 중단하는 방법을 클라이언트에게 교육한다.

케어매니저의 기능의 범주 안에 애정적인 욕구와 능력조성을 포함시키는 프로그램은 클라이언트의 잠재력을 고양시키기 위한 교육적인 개입과 다른 가능한 개입에 따른 문제교정을 능가하는 발전적인 면을 보여준다.

### (4) 보호계획의 수행

보호계획의 수행은 양질의 서비스가 신속하고 순조롭게 클라이언트에게 제공되며, 그들이 이용 가능한 서비스를 적절하게 활용하는 과정이다.

훌륭한 프로그램과 평범한 프로그램을 구별하는 두드러진 특징은 계획수행의 폭, 강도 및 후속조치(follow-through)의 기술에 있다. 일반적으로 케어매니저들은 계획의 수행에서 그들의 능력을 최대한 발휘하지 못하고 있다. 그들은 대개 시간과 예산에 의해 구속된다. 그들은 자기 기관의 행정가가 보호계획의 수행이 아닌 다른 과업의 수행을 통하여 직원을 평가하며, 될 수 있으면 갈등을 피하도록 권고하기 때문에 실망하게 된다.

정력적으로 보호계획을 수행하는 경우 때로는 위태로운 갈등을 불러일으킬 수 있으며, 언제나 실수를 유발할 위험을 안고 있다. 동시에 보호계획의 수행 중에 분쟁을 조정하고, 문제를 해결하며, 과업을 성취하는 것은 케어매니저의 직무 중 가장 만족스러운 부분이다. 말할 필요도 없이, 계획의 수행은 클라이언트의 만족과 이익의 핵심요소이다.

### (5) 재사정과 종결

① 재사정

재사정은 클라이언트의 상태와 현재의 보호계획의 적합성에 관한 흐름을 보존하는 과정이다. 이것은 최초의 사정과정에 대한 충분한 재시도 또는 사례목표의 가장 중심이 되는 조건에 대한 부분적인 최신자료로 이루어진다.

고도의 임상지향적인 프로그램에서, 사정은 축적적이고 점증적인 과정이다. 그러므로 그러한 프로그램에서 재사정은 연속성을 기본으로 하는 케어매니저 또는 상담가에 의해 수행된다. 케어매니저가 구매한 서비스를 통제하는 책임을 지거나 또는 몇몇 클라이언트에 대한 보호책임을 지는 프로그램에서, 공식적이고 정기적인 재사정에서는 보통 비용이 정당화되며, 클라이언트는 그의 조건에 상응하는 최대의 독립이 보장되기를 요구한다.

재사정의 목적은 서비스가 어떤 방식으로 변화될 필요가 있는가를 결정하는 것이다. 변화는 다른 서비스로의 대체, 서비스의 강도의 수정 및 서비스의 종결을 포함한다. 이러한 사항은 케어매니지먼트를 통해서 획득된 서비스뿐만 아니라 케어매니지먼트의 서비스에도 적용한다.

② 종결

종결은 케어매니지먼트 서비스가 이미 클라이언트의 복지를 위해 필요하지 않을 때 서비스의 제공을 중단하는 과정이다.

사례의 대부분은 장기적인 클라이언트들이다. 일선 케어매니저들은 만일 변화가 늦게 일어나면 사례를 재개하기가 매우 부담스럽기 때문에, 상태가 호전되었을 때 마지못해 사례를 종결한다. 동시에 케어매니저들은 선택된 사례에서 종결이 과도한 사례담당건수를 줄이는 데 도움을 줄 뿐만 아니라 클라이언트로 하여금 새로운 수준의 독립을 얻을 수 있도록 할 수 있다고 말하고 있다.

③ 관계유지

관계유지는 케어매니지먼트 서비스가 사후에 필요할 경우, 이전의 클라이언트에게 케어매니저와 접근할 수 있는 가능성을 남겨놓는 것이다.

대부분의 프로그램들은 가까운 장래에 클라이언트에게 제공하기 위해 그들의 모든 자원을 동원해야 하지만, 몇몇 프로그램들은 이전의 클라이언트와의 전달 관계를 유지하는 것에 투자하기도 한다. 이러한 일종의 사후검토는 클라이언트의 성취를 강화하고, 프로그램의 결과를 추적하며, 불행한 변화가 발생했을 때 클라이언트로 하여금 쉽게 접근할 수 있도록 하는 데 도움이 된다.

상기한 케어매니지먼트의 클라이언트 수준에서의 기능을 바탕으로 다섯 단계의 과정과 각 과정상의 목적과 지침을 살펴보면 <표 7-1>과 같다.

〈표 7-1〉 케어매니지먼트의 과정

| 과 정 | 목 적 | 지 침 |
|---|---|---|
| 가 입 | 프로그램의 목적과 기능에 가장 적합한 클라이언트를 확인하고 등록한다. | 1) 사례발견의 방법을 선택한다.<br>2) 잠재적 클라이언트에 대한 사전 적격심사를 실시한다.<br>3) 클라이언트를 접수과정에 참여시킨다.<br>4) 바람직하다면 클라이언트를 적절한 자원에 의뢰한다.<br>5) 필요한 경우 즉시 응급조치를 취한다.<br>6) 기관의 서비스를 설명한다.<br>7) 신청자를 기관의 클라이언트로 등록한다.<br>8) 클라이언트로부터 동의서를 받는다.<br>9) 다음의 접촉을 준비한다. |
| 사 정 | 클라이언트를 전인적 인간으로 이해하고 클라이언트의 현재의 상태에서 강점과 욕구를 인식한다. | 1) 포괄적이고 표준화된 기관의 사정을 행한다.<br>2) 표준화된 사정이 필요하지 않다면 사정의 범위를 선택하고, 클라이언트 또는 상황에 따라 클라이언트에 대한 사정을 행한다. 이러한 사정에 고려할 사항은 ① 진술한 문제, ② 신체적 건강문제, ③ 심리사회적 기능, ④ 가치·선호도·인간관계의 양식, ⑤ 비공식 지원체계, ⑥ 적격요소를 포함한 경제적·지리적 요소, ⑦ 다른 기관과 중요한 인물로부터의 진단적 정보, ⑧ 의학적 또는 사회적인 자문전문가의 활용 등이다.<br>3) 다음 단계를 결정한다. 즉, 그것은 긴급 우선순위, 필요한 보충적 정보, 예정표 등이다. |

| 과 정 | 목 적 | 지 침 |
|---|---|---|
| 목표설정과 서비스기획 | 기대를 명백히 하고 개별화된 서비스계획과 다른 문제해결 활동에 동의한다. | 1) 기관의 필요조건에 따라 목표와 계획을 공식화한다.<br>2) 클라이언트 또는 상황에 따라 목표와 계획을 공식화한다. 이러한 목표와 계획에 고려할 사항은 ① 사례의 목표 또는 초점의 진술, ② 임의적인 해결방안과 대안의 윤곽화, ③ 클라이언트와 시험적인 보호계획의 협의, ④ 클라이언트, 케어매니저 및 비공식 지원망의 구성원들의 과업의 명확화 등이다.<br>3) 의도적인 개입의 초점을 명확하게 하기 위해서 목표와 필요한 서비스를 검토한다. 이러한 개입의 초점은 ① 수단적·환경적인 원조의 제공, ② 약간의 감정적인 지지의 제공, ③ 클라이언트, 자연적인 지원망 또는 서비스 지원체계의 능력조성의 목적을 향한 노력 등이다.<br>4) 서비스 전달의 순서와 우선순위를 결정한다. |
| 보호계획의 수 행 | 서비스와 기타 원조가 효과적으로 제공되고 활용될 수 있도록 배열하고 보장한다. | 1) 활용 가능한 자원목록과 클라이언트 자신의 경험에서 서비스를 탐색하며, 탐색한 내용을 확인한다.<br>2) 요청사항을 분명히 하고, 필요한 서비스를 교섭하고, 옹호하며, 조달한다.<br>3) 서비스의 개시 및 클라이언트의 활용을 확인한다.<br>4) 서비스 전달을 점검한다.<br>5) 서비스 제공자와 클라이언트를 격려한다.<br>6) 갈등이나 오해를 조정한다.<br>7) 바람직하게 변화시키고 적응시킨다.<br>8) 새로운 자원을 창출한다. 즉, 새로운 자원을 찾아낸다.<br>9) 서비스의 결함을 확인하고 기록한다.<br>10) 기관의 정책 범위 안에서 직접적인 서비스를 제공한다.<br>11) 클라이언트의 참여와 자기기록을 발전시킨다. |
| 재사정과 종 결 | 클라이언트에 관한 계획의 가능한 개정 또는 기관자원의 관리를 통해서 클라이언트의 지식과 상태를 새롭게 한다. | 1) 클라이언트의 욕구를 재사정한다.<br>2) 필요하다면 보호계획을 수정한다.<br>3) 담당하는 사례들을 관리하기 위해 사례들의 우선순위를 정한다.<br>4) 적극적인 조정서비스가 필요치 않은 사례들을 종결한다.<br>5) 클라이언트가 다시 원조를 필요로 할 때 재개하도록 격려한다.<br>6) 과거의 클라이언트와 기관과의 관계를 유지한다.<br>7) 대상 클라이언트의 욕구를 충족시킬 수 있는 프로그램의 능력을 평가한다.<br>8) 정책, 조직, 절차 및 기관자원의 분배에서 필요한 변화를 검토한다.<br>9) 신속하고 질적인 프로그램 수행의 장애물을 확인한다. |

자료 : R. M. Steinberg & G. W. Carter, Case Management and the Elderly, Lexington, MA: Lexington Books, 1983, pp.4-5.

## 2) Weil과 Karls

Weil과 Karls는 케어매니지먼트 프로그램에서 케어매니저가 클라이언트에 대한 관여와 기관들과의 협력을 통하여 수행하는 8가지의 필수적인 기능이 있다고 보고, 이것을 바탕으로 케어매니지먼트의 과정을 8단계로 나누고 있다. 그러한 기능과 과정은 [그림 7-1]과 같이 ① 클라이언트 확인과 출장원조, ② 개별적인 사정과 진단, ③ 서비스기획과 자원확인, ④ 클라이언트와 필요한 서비스의 연결, ⑤ 서비스의 실행과 조정, ⑥ 서비스 전달의 점검, ⑦ 옹호, ⑧ 평가 등이다. 클라이언트에게 효과적으로 서비스를 전달하기 위한 필수적인 기능의 진행과정에서의 과업과 활동은 다음과 같다.[2)]

### (1) 클라이언트 확인과 출장원조

케어매니지먼트 프로그램은 우선 표적인구집단과 이러한 인구집단 내의 클라이언트를 확인해야 한다. 클라이언트 또는 그들의 가족은 서비스를 요청하며, 서비스망 내의 기관은 특수한 서비스와 케어매니지먼트에 대한 욕구를 조사한다. 많은 프로그램에서 잠재적인 클라이언트를 케어매니지먼트 프로그램에 포함시킬 것인가에 관한 적격성의 결정은 최초의 면접에서 이루어진다.

케어매니지먼트 서비스가 반드시 필요하면서도 어떤 인구집단, 특히 만성정신장애인의 경우에는 이러한 서비스를 적극적으로 얻으려고 노력하지 않는다. 이러한 잠재적인 클라이언트를 대상으로 출장원조를 진취적이고 창조적으로 행하는 것은 케어매니저의 책임이기도 하다. 무주택 정신장애인의 경우에는 케어매니지먼트 서비스가 무료식당(soup kitchen) 현지에서 제공될 때, 이러한 서비스를 확실하게 권할 수 있다는 것이다.[3)]

2) M. Weil & J. M. Karls, et al., *Case Management in Human Service Practice*, San Francisco, CA: Jossey-Bass, Inc., Publishers, 1985, pp.29-43.

3) I. S. Levine & M. Fleming, *Human Resource Development: Issues in Case Management*, Baltimore, MD: Center of Rehabilitation and Manpower Services, University of Maryland, 1984, p.10.

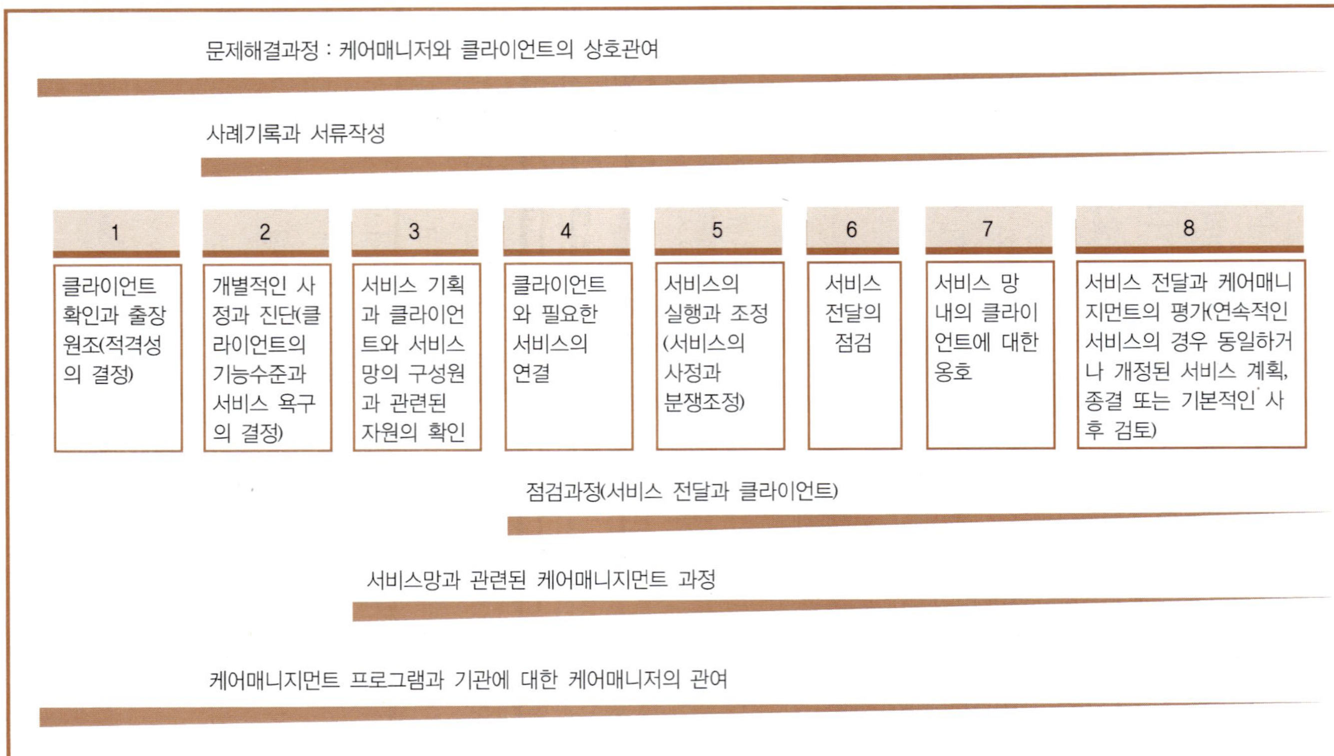


자료 : M. Weil & J. M. Karls, et al., *Case Management in Human Service Practice*, San Francisco, CA: Jossey-Bass, Inc., Publishers, 1985, p.30.

**[그림 7-1]** 케어매니지먼트의 기능과 과정

### (2) 개별적 사정과 진단

개별적인 사정은 개인의 케어매니지먼트 과정을 결정한다. 이러한 사정에서 케어매니저는 클라이언트와의 관계를 성립하고 차후의 서비스기획에 활용할 기초자료를 개발한다. 또한 케어매니저는 클라이언트 수준의 기능, 사회적 지원, 서비스 욕구, 서비스에 대한 태도 등을 신중하게 결정한다. 케어매니지먼트는 대개 취약하고 학대받는 또는 과잉보호된 인구집단을 다루기 때문에, 케어매니저가 클라이언트의 현재의 기능수준뿐만 아니라 예상되는 최고의 기능수준도 사정한다는 것은 대단히 중요하다.

정신보건 분야의 클라이언트의 경우에는 정신보건 위기 이전과 정신보건제도에 참여하기 이전의 클라이언트의 최고의 기능수준에 대한 정보를 요청하고 있다. 그 외의 독립적인 생활기술을 발달시키고자 하는 발달장애인이나 신체장애인 등에 대한 사정에서도 그들의 현재의 기능수준, 기술과 책임의 발달을 저해하는 환경적 측면, 그리고 지원서비스와 독립적인 생활기술의 훈련에서 예상되는 기능수준을 포함하고 있다.

케어매니저는 임상적 사정을 실시하거나, 다른 전문가에 의한 사정에 부가적 또는 배타적으로 의존하기도 한다. 클라이언트는 항상 적극적으로 사정과정에 관여시켜야 한다. 만일 클라이언트가 케어매니지먼트를 공동 부담된 문제해결과정으로 인식한다면, 그들은 자신에 대한 사정, 서비스기획 및 성장에 더욱 관여하게 될 것이다. 케어매니저가 병원 또는 기관의 기록, 법원 소송절차, 가족, 친구, 치료자 등과 같은 클라이언트에 관한 여러 가지 정보원을 활용할 때, 이들 자료원이 클라이언트의 동의에 근거하여 활용되어야 한다는 것을 명심해야 한다.

사정의 체제와 강조점은 표적인구집단의 일반적인 욕구, 클라이언트의 특수한 욕구 및 클라이언트의 현재의 기능과 실현가능한 기능에 달려 있다. 사정은 한 개인에 의해 이루어지거나, 다양한 자료원에 의해 만들어지거나, 또는 학제간 팀에 의해 완성되기도 한다. 이와 같이 사정에 대한 책임이 분산되더라도, 케어매니저는 사정에 적극적으로 관여해야 한다. 또한 케어매니저는 클라이언트의 기능과 욕구를 정확하게 사정하기 위해서 전문적인 훈련을 받아야 한다. 결국 사정에서 결정된 내용들은 서비스계획의 유형과 서비스의 전달과 점검에서의 케어매니저의 관여의 정도를 결정하게 된다.

### (3) 서비스기획과 자원확인

포괄적인 서비스계획은 서비스의 전달, 점검 및 평가와 같은 단계를 포함하고 있으며, 그것은 사정에서 획득한 정보에 기초하고 있다. 자원확인은 서비스기획의 필수적인 부분이기 때문에, 케어매니저는 클라이언트의 욕구를 충족시키는데 도움이 될 수 있는 어떠한 자원이 존재하는가를 알아야 한다. 만일 아무리 이상적인 계획을 개발하더라도 대부분의 자원이 체계 내에 결핍되어 있다면, 그 계획은 수행될 수 없다.

어떤 분야에서 케어매니저는 클라이언트를 위한 일차적 서비스계획자이지만, 다른 분야에서는 치료팀이 서비스기획의 책임을 맡기도 한다. 비록 케어매니저가 주요한 계획자가 아닐지라도, 그는 기획과정에 적극적으로 관여해야 하며, 서비스계획을 개발하는 데 가능한 한 클라이언트를 많이 관여시켜야 한다는 점을 이해해야 한다. 기획과정에서 클라이언트를 관여시키는 일은 옹호의 중요한 수단이 된다.

서비스계획의 항목들은 상당히 다양하지만, 그 중에서 필수적인 항목들을 살펴보면, ① 필요한 서비스의 분야별 우선순위, ② 서비스의 각각의 분야별로 클라이언트의 진척을 평가하는 데 사용될 수 있는 장·단기의 목표, ③ 이러한 목표를 달성하는 데 취해야 할 특별한 조치, ④ 클라이언트를 의뢰할 기관, ⑤ 활동을 완성하는 실제적인 시간구성, ⑥ 서비스의 활용과 전달의 잠재적인 장애물에 대한 확인과 이러한 장애물로 인하여 발생할 문제에 대한 해결책 등이다.

### (4) 클라이언트와 필요한 서비스의 연결

클라이언트와 필요한 서비스와의 연결은 케어매니지먼트의 결정적인 기능이다. 특히 케어매니지먼트를 필요로 하는 많은 인구집단들이 그들 스스로 서비스와 연결하는 데 어려움이 있거나 연결할 수 없으므로, 케어매니저의 이러한 역할의 수행은 대개 서비스망과의 상호작용의 유형과 분위기를 결정한다.

연결은 단순히 의뢰하는 것과는 다르다. 그것은 클라이언트에게 서비스를 제공하는 데 필요한 것이면 무엇이든지 행할 것을 요구한다. 케어매니저는 클라이언트를 물리적으로 이송해야만 하거나, 또는 클라이언트가 서비스기관에 이송되는가를 확인하고 클라이언트와 함께 다른 기관의 접수과정을 지켜보아야만 할 경우도 있다. 이러한 구체적인 서비스는 때때로 비전문적인 것으로 간주되기도 하지만, 그것은 클라이언트가 필요로 하는 서비스를 그들이 획득하는가를 확인하는 데 반드시 필요하다. 어떤 기관에서는 전문가, 수련의 또는 보조사회복지사가 서비스를 신청한 클라이언트와 동행하거나, 다른 기관에 접수하는 클라이언트를 돕기도 한다.

케어매니저 자신이 연결기능을 수행하지 않을 때에는 그 기능이 완성되는가를 살펴보아야 한다. 연결이 이루어진 것을 확인하는 것은 임상적 실천의 기본적인 요소이며, 여기에서 케어매니저는 연결과 사후검토를 다룬다.

### (5) 서비스의 실행과 조정

서비스의 실행은 수립된 절차를 통하여 서비스계획을 단순히 완결시켜 나가는 것이며, 서비스의 조정은 조화로운 조절과 상호작용을 통하여 적당한 위치에 서비스를 배열하고 정리하는 것이다. 즉, 서비스의 실행은 케어매니저가 계획된 서비스가 실행되는가를 살펴보고 서비스계획과 연결을 끝까지 추적한다는 것을 의미하며, 서비스의 조정은 서비스계획이 수행되는 것은 물론 그 기관의 상호작용과 서비스의 전달이 클라이언트에게 이익이 되고 서비스의 협정에 일치하는가를 살펴보는 것을 의미한다.

대개 케어매니저는 대부분의 기본적인 서비스를 제공하지 않고 클라이언트와 함께 일하면서 서비스를 적절히 조정하며, 클라이언트의 서비스계획이 실행되도록 서비스망 내의 분쟁조정을 행하기도 한다. 서비스 조정의 핵심은 서비스계획의 모든 부분들이 논리적인 전후관계가 명확하도록 연속적으로 실행될 수 있게 하고, 그 부분들을 적소에 배치하는 것이다. 여기에서 케어매니저는 서비스계획의 항목들이 수행되는 것을 확인해야 하며, 인간 상호간의 그리고 전문가들 간의 서비스의 양상에 주의를 기울여야 한다.

신중한 기록과 기록의 보존은 조정의 중요한 요소이다. 이것은 전문가들과 서비스 제공자들과의 공식적 · 비공식적인 회합에서 중요한 자료로 활용된다. 또한 클라이언트와의 밀접한 관계의 유지는 서비스 조정에서 결정적인 요소이다. 즉, 케어매니저가 클라이언트를 기관 내에서 대하는 것과 그들의 가정에서 대하는 것은 아주 다를 수 있기 때문이다. 그리고 서비스의 제공과 서비스의 조정에 대한 클라이언트의 반응은 또한 케어매니지먼트 과정에서 중요한 변수들이다. 한편 서비스의 조정을 위해서는 기관 상호간의 공식적 · 비공식적 협정이 반드시 필요하며, 케어매니지먼트 프로그램과 케어매니저에게 조정에 필요한 권위가 부여되어야 한다.

### (6) 서비스 전달의 점검

점검의 일반적인 정의는 어떤 전문화된 범주의 자료를 수집할 목적으로 체계적으로 관리하고 감독하거나, 자세히 조사하고 검사하는 것이다. 케어매니지먼트에서의 점검은 실행에 어려움이 존재하는 핵심적인 기능으로서, 이것은 클라이언트가 기대하는 서비스를 받고 있는가 그리고 이들 서비스가 클라이언트에게 필요하고 적절한가를 확인하는 것이다. 이것은 케어매니저가 클라이언트 및 서비스 제공자와 지속적인 접촉을 유지할 것을 요구한다.

서비스의 전달을 점검하기 위해서 케어매니저는 클라이언트가 다른 서비스와 프로그램에 참여하고 있는 동안 클라이언트에게 관여해야 하며, 클라이언트와의 정상적인 관계가 수립되어야 한다. 특히 클라이언트에게는 관여가 사적인 권리의 침해가 아니라 서비스 전달의 효과성을 위해서 어떤 문제가 해결되도록 확인하는 것이라는 것을 이해시킬 필요가 있다.

점검과 조정은 케어매니지먼트의 과정에서 가장 어려운 부분이다. 점검의 어려운 측면은 다른 기관과 프로그램의 직원의 업무를 감독하는 일이다. 그 직원들은 대개 케어매니지먼트 프로그램의 목표를 그들 자신들과 관계없는 것으로 간주하며, 계약된 서비스를 점검하는 케어매니저를 간섭자로 간주하는 경향이 있다. 따라서 케어매니저는 권위와 영향력을 가지고 있어야 효과적인 서비스의 점검이 이루어질 수 있다.[4)]

케어매니저가 전문가들 간의 협력에 능숙하고 서비스 전달의 문제를 신속하게 처리하는 데에 숙련되어 있다면, 서비스의 점검에 어려움이 없을 것이다. 그러나 서비스 전달의 문제를 해결하는 것은 그렇게 단순하지 않다. 따라서 서비스 전달의 점검을 촉진하도록 케어매니저가 권위와 영향력을 행사하기 위해서는 반드시 기관 상호간의 협정, 기관간 팀, 사례회의 및 이중적 계약체계 등의 활용이 필요하다.

기관 상호간의 협정은 케어매니저와 케어매니지먼트 프로그램으로 하여금 다른 프로그램에 개입할 수 있는 권위를 행사할 수 있도록 하기 때문에, 복합적인 서비스 센터에서 프로그램에 관여하는 모든 직원들과 조화롭게 서비스 전달의 문제를 점검하고 해결할 수 있도록 할 것이다.

기관간 팀은 관계망 내의 모든 서비스를 계획하고, 수행하고, 점검하는 역할을 수행하는 것으로서 클라이언트에 대한 강력한 옹호자로서 그리고 그 체계의 점검자로서의 역할을 수행할 수 있다.

사례회의는 서비스 제공자들이 클라이언트의 사례, 개별 목표 및 전반적인 목표를 논의할 수 있는 것으로, 제공되는 서비스와 그에 따른 문제를 해결하는 체제에 관한 비공식적인 협약을 이끌 수 있다. 이러한 실례로서, 특수한 서비스 제공자들은 집단과정에서 발전하는 호의적이고 전문적인 관심에 의존한 전문가들 간의 비공식적인 협약을 이끌어내기도 한다.

4) H. H. Weissman, I. Epstein & A. Savage, *Agency-Based Social Work: Neglected Aspects of Clinical Practice*, Philadelphia: Temple University Press, 1983, p.103.

이중적인 계약체계는 더욱 공식적인 방법으로서 기본적인 역할과 책임을 명시한 기관 상호간의 계약과 각각의 클라이언트에 대한 특정한 계약을 맺는 것이다. 그러한 계약을 이행하기 위해서는 모든 서비스 제공자들과의 회합, 각각의 기관의 책임을 명시한 계약의 입안, 그리고 지명된 사회복지사와 행정가의 협약에 대한 서명 등이 필요하다. 그러한 과정은 협상과 재협상을 포함하고 있다. 만일 기관의 대표자인 사회복지사가 그러한 계약에 서명하기를 거절했다면, 이러한 문제는 행정적인 중재를 통하여 다루어져야 할 것이다. 한편 계약과정에 다양한 직원들을 참여시키는 것은 각각의 기관의 자율성을 해칠 우려를 낮출 수 있으며, 이러한 과정에 클라이언트를 관여시키는 것은 권한부여를 향한 한 단계로서 옹호의 직접적인 형태가 될 수 있다.

점검은 아주 많은 조직적인 장애물과 만날 수 있기 때문에 대단히 복잡하다. 서비스의 점검에 협력하는 기관들과 전문직들의 기본적인 자율성을 침해하지 않는 것 외에도 점검에서는 많은 부분의 협력이 필요하다. 기관 상호간의 그리고 전문가들 간의 조정과 관련된 특정한 문제에는 ① 전문가들 사이의 지위체계에 대한 도전, ② 표적인구집단의 욕구와 문제해결을 위한 전략의 불일치, ③ 클라이언트의 이익에 관한 다른 전문적인 문화와 가치 등이 있다. 케어매니저가 점검하기 위하여 기관의 경계와 프로그램의 경계를 교차할 때면 언제나, 그러한 점검을 세밀하게 실시한 기관의 판단에 대한 도전으로 간주될 수도 있다.

따라서 점검자는 서비스의 전달을 보장하는 협력기술을 활용해야 하며, 클라이언트의 진척뿐만 아니라 기관의 협력을 점검해야만 한다. 점검의 목표는 서비스계획의 목표를 충족시키는 클라이언트의 진전을 평가하는 것과 그 계획에서 변화를 필요로 하는 서비스 전달상의 문제점들을 지적하는 정보를 제공하는 것이다.[5] 이와 같이 점검은 케어매니지먼트 체계의 운영을 평가하기 위해 활용할 수 있는 유용한 정보를 제공한다.

---

5) I. S. Levine & M. Fleming, *op. cit.*, p.14.

### (7) 옹호

옹호는 서비스를 제공받는 많은 취약인구집단이 서비스에 공평하게 접근하지 못하며, 서비스가 부적당하게 여겨지며, 정책과 프로그램에서 서비스가 불충분하게 제공되며, 많은 클라이언트들이 의존적이기 때문에, 케어매니지먼트에서 특히 강조되어야 한다.

케어매니지먼트에서 옹호는 두 가지 수준에서 수행되어야 한다. 첫째는 사례수준에서 케어매니저가 클라이언트의 욕구와 최고의 이익을 위해 주장해야 하며, 둘째는 체계수준에서 케어매니저가 의원에게 운동하고, 협상하며, 중재하고, 전체 표적인구집단에게 이익이 되도록 체계의 변화를 위해서 일해야 한다.

옹호는 보통 적대적인 과정으로 여겨지며, 케어매니저에게 위험스런 분야이기도 하다. 케어매니지먼트의 다른 기능들은 다양한 기관의 직원들과 밀접한 협력과 협동을 필요로 한다. 그러나 옹호는 이들과의 협력이 이루어지지 않을 때 필요하다. 다른 직원들은 옹호를 매우 진취적이고 적대적인 활동으로 인식하기도 한다. 이러한 긴장 때문에 옹호자는 분명한 전략을 가져야 한다.

케어매니지먼트 과정에서 협력체계를 파괴하지 않고 윤리적이면서도 효과적으로 클라이언트의 욕구를 옹호하기 위한 전략으로는 최소경쟁원리가 있다. 이것은 서비스의 전달에서 실행해야 할 내용에 대한 실질적인 동의가 존재하는 상태에서의 회의참가자로부터 클라이언트가 필요로 하는 것에 대한 계획과 조정을 담당하는 중개자까지의 역할의 진행과정을 설명한 것이다.[6] 이러한 역할이 실패했을 때, 케어매니저가 클라이언트에게 옹호를 제공한다. 또한 교육으로부터 단계적으로 강화하는 접근방법이 있다. 이것은 설득, 교섭, 조직적인 운동전술 등을 활용하는 것이며, 이러한 수단이 실패했을 때 결국 직접적인 경쟁전술을 활용한다. 이러한 전술들은 현재의 클라이언트의 상황의 결과에 관계없이, 케어매니저가 다시 원래대로 돌아와서 동일한 기관들과 다른 케이스를 담당한 직원과 함께

6) R. Middleman & G. Goldberg, *Social Service Delivery: A Structural Approach to Social Work Practice*, New York: Columbia University Press, 1974, p.73.

일해야 하기 때문에 존재한다.

효과적인 옹호가 되기 위해서는 옹호자가 문제를 논리 정연하게 분석하고 바람직한 변화를 성취할 가능성을 최대화하는 전략을 선택해야 하며, 민감성, 유연성, 문제해결 능력 및 개별적인 기술과 방법을 지닌 자격을 소유하고 있어야 한다. 옹호를 통하여 문제를 해결하는 논리적인 과정은 ① 문제의 원천은 무엇인가?, ② 적절한 표적체계는 무엇인가?, ③ 목적은 무엇인가?, ④ 제안된 개입을 위한 재가는 무엇인가?, ⑤ 개입을 위한 적절한 자원은 무엇인가?, ⑥ 표적체계는 어떻게 받아들일까?, ⑦ 누구와 함께 개입해야 하는가?, ⑧ 어떤 수준에서 개입해야 하는가?, ⑨ 개입에는 어떤 방법을 적용해야 하는가?, ⑩ 결과는 무엇인가? 등으로 나누어 분석할 수 있다.[7)]

이러한 질문들에 답하기 위해 케어매니저는 ① 클라이언트, ② 케어매니지먼트 기관, ③ 케어매니지먼트 체계를 구성하는 폭넓은 서비스망, ④ 다른 관료기관들의 업무, ⑤ 지역사회 자원 등에 관한 확고한 지식을 지니고 있어야 한다.

또한 옹호기능을 수행하면서 케어매니지먼트 체계에 손상을 주지 않고 오히려 활용하는 접근방법이 있다. 그것은 교환이론에 기초한 것으로 문제가 되는 옹호상황을 교환관계로 간주하는 것이다. 즉, 이러한 접근방법은 상대방을 힘으로 굴복시키는 것보다는 오히려 교환할 수 있는 어떤 것을 가지고 상대방에게 접근하여 협력을 구하는 것이 쉽다는 사실을 바탕으로, 자원, 시간, 원조 또는 협력적인 직원에 대한 단순한 보답을 상대방에게 제공하여 문제를 해결하는 것이다. 이와 같이 옹호는 필요한 서비스 또는 자원을 클라이언트에게 제공하는 사람들에게 보답하는 교환의 형태로 실천될 수 있다.[8)]

### (8) 평가

케어매니지먼트의 평가는 옹호와 마찬가지로 두 가지 수준에서 이루어져야 한

7) B. G. McGowan, "The Case Advocacy Function in Child Welfare Practice", *Child Welfare*, 57, 1978, pp.280-281.
8) H. H. Weissman, I. Epstein & A. Savage, *op. cit.*, p.148.

다. 첫째는 케어매니저가 클라이언트에게 제공된 서비스와 클라이언트의 진척과 문제를 평가하는 데 관여하는 것이며, 둘째는 케어매니저가 케어매니지먼트 체계의 전반적인 평가에 관여하는 것이다. 개별 클라이언트와 특수한 유형의 클라이언트에게 일어나는 일은 체계의 평가에 중요하며, 체계의 평가에 대한 관여는 특정 클라이언트에게 서비스를 제공하는 세밀한 문제에 도움이 될 수 있다.

각각의 사례와 전체 체계를 평가하기 위한 계획과 체제는 케어매니지먼트 체계의 기획을 통합하는 데 필요하며, 이러한 체제는 전문 프로그램 평가자와 행정가뿐만 아니라 케어매니저에 의해서도 직접적으로 활용될 수 있다.

평가는 케어매니지먼트 프로그램에 관한 자료의 수집, 분석 및 분류를 통하여 점검기능을 형식화하며, 수정하는 것이 필요한 프로그램과 절차를 확인함으로써 환류와 체계수정의 중요한 수단이 된다. 평가는 또한 클라이언트의 진척과 체계의 운영에 관한 빈번한 보고를 통하여 체계의 운영상황을 계속 추적할 수 있도록 하며, 목표의 변화를 방지할 수 있게 하고, 체계가 표적인구집단의 복지와 욕구에 초점을 두도록 보장할 수 있게 한다.

개별 클라이언트에 대한 지속적인 점검을 통한 정기적인 평가는 다음과 같은 결과를 제공할 수 있다.

① 서비스계획의 개정을 요구함으로써 욕구와 서비스의 목표를 재정의하도록 한다.
② 케어매니지먼트 체계의 전반적인 운영이 잘 진행되고 있는가를 확인할 수 있으며, 서비스계획에 대한 결과가 서면화되어야 한다는 사실을 확립한다.
③ 더욱 면밀한 점검, 문제해결 또는 옹호에 대한 필요성을 지적함으로써 서비스계획에서의 문제점을 확인할 수 있다.
④ 케어매니지먼트 서비스를 통하여 클라이언트의 욕구가 충족되었다거나, 또는 클라이언트가 이미 계속적인 서비스를 필요로 하지 않는다는 사실을 인식할 수 있게 한다.
⑤ 기본적인 서비스 욕구는 케어매니지먼트 체계에 대한 집중적인 관여보다

오히려 가끔의 사후검토를 통하여 충족될 수 있다는 것이다.

평가는 케어매니지먼트의 과정을 완성하며, 특정 클라이언트에게 욕구 또는 상황의 변화가 있을 경우에 재사정과 서비스기획을 유도한다. 평가는 케어매니지먼트 체계의 개선뿐만 아니라 존속을 위해서도 필요하다.

### 3) White와 Goldis

White와 Goldis는 케어매니지먼트의 과정을 케어매니지먼트가 실행되는 방법과 관련된 수단과 절차로 보고 있다. 그들은 케어매니지먼트의 과정을 ① 사례발견, ② 사정, ③ 보호기획, ④ 계획수행, ⑤ 사후검토, ⑥ 재사정 등의 6단계로 나누고, 각 과정을 [그림 7-2]와 같이 나타내고 있으며, 각 과정에 따른 일련의 과업과 활동을 다음과 같이 제시하고 있다.[9]

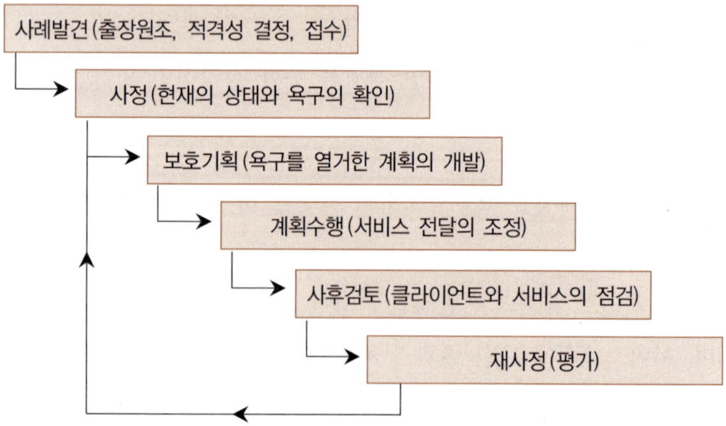


자료 : M. White, "Case Management", in G. L. Maddox(Ed.), The Encyclopedia of Aging, New York: Springer Publishing Company, 1986, p.93.

**[그림 7-2]** 케어매니지먼트의 과정

9) M. White, "Case Management", in G. L. Maddox(Ed.), *The Encyclopedia of Aging*, New York: Springer Publishing Company, 1986, pp.93-94, and M. White & L. Goldis, "Evaluation: Case Managers and Quality Assurance", in B. S. Vourlekis & R. R. Greene(Ed.), 1992, *Social Work Case Management*, New York: Aldine De Gruyter, pp.169-173.

### (1) 사례발견

사례발견은 출장원조, 접수, 적격성의 결정, 프로그램에 적절하지 않은 클라이언트에 대한 안내와 의뢰 등을 행하는 과정이다. 사례발견은 세 가지 단계의 과업을 수행한다. 첫째는 소정의 인구집단의 문제의 유형과 문제의 발생빈도를 결정하는 욕구의 사정을 행한다. 둘째는 서비스를 창출하는 것이다. 셋째는 효과적인 방법으로 서비스의 유용성을 전하는 것이다.

접수절차는 직원구성, 방법론 및 사용될 서류를 포함하며, 그것이 효과적이기 위해서는 주요 의뢰자원들을 확인하고 그러한 자원들과의 관계형성에 노력해야 한다. 접수과정에서 필요한 요소들은 철저성, 적시성, 위험의 심사, 직원 사이의 면접의 일관성 등이다.

사례발견의 결과측정은 목표로 정한 클라이언트 집단이 얼마나 잘 프로그램에 접근하고 적용될 수 있는가에 초점을 두며, 의뢰의 수, 도움을 받는 표적인구집단의 백분율 및 제공된 의뢰의 적절성과 같은 요소들로 이루어진다.

### (2) 사정

사정은 클라이언트에게 유용한 지원을 결정하는 데 도움이 될 수 있도록 그들의 현재의 건강상태, 심리사회적 및 기능적인 지위와 욕구 등을 포괄적으로 평가하는 것이다. 이것은 역시 클라이언트의 생활에서의 주요한 의사결정자들의 관여나 접촉에 대한 분석을 포함한다. 사정은 보통 케어매니저가 행하지만 다양한 학제간 팀에 의해 실시되기도 한다. 클라이언트에 대한 부가적인 정보를 얻거나 또는 이미 획득한 정보를 확인하기 위해서, 케어매니저는 클라이언트의 가족, 다른 비공식 지원체계, 의사, 현재 또는 과거의 서비스제공자 등과 접촉한다.

사정의 구조적인 측면에서의 주요한 요소들은 ① 사정의 내용과 초점, ② 사정에 필요한 직원의 업무분담, ③ 시간구성, ④ 활용할 사정도구, ⑤ 축적될 정보의 양, ⑥ 사정과정에 관여하는 사람들, ⑦ 사정을 행하는 방법과 장소 등이며, 사정의 질적인 면을 보장하기 위해서는 이들을 정확히 규정해야 한다.

사정의 질적인 면을 보장하기 위한 사정과정상의 방법에는 서류에 대한 동료와 지도감독자의 검토활동, 다른 직원들 사이의 사정에서의 일관성을 보장하기 위한 사정자의 훈련, 동일한 클라이언트에 대한 다양한 직원들로부터의 사정자료의 비교, 그리고 지도감독자에 의한 사정면접의 빈틈없는 점검 등이 있다.

사정의 결과측정은 클라이언트와 관련된 정보의 정확성에 초점을 둔다. 이러한 정확성을 조사하는 방법에는 두 가지 방법이 있으며, 그것은 ① 사정과정에서 얻은 클라이언트에 대한 서술이 얼마나 오랫동안 잘 유지되는가와 그것이 얼마나 밀접하게 케어매니지먼트의 개입과 관련되는가를 평가하는 것, 그리고 ② 사정의 정확성에 관하여 클라이언트, 클라이언트의 가족 또는 다른 관련 전문가들로부터의 환류를 얻는 것이다.

### (3) 보호기획

보호기획은 클라이언트의 확인된 욕구를 바탕으로 공식적・비공식적 보호체계의 통합을 통하여 서비스 전달에 관한 서면계획을 개발하는 것이다. 이것은 또한 서비스 제공원천에 대한 고려와 계획된 서비스의 지속성에 대한 기대를 포함한다.

보호기획의 구조적인 측면에서는 ① 보호기획의 관여자, ② 보호기획의 형식화, ③ 팀체제인 경우에 보호기획을 위한 팀구성, ④ 사용될 서류, ⑤ 시간구성에 대한 기준 등을 고려해야 한다. 보호기획의 과정의 측면에서는 기록의 검토, 보호기획 과정에서 확인된 문제들이 수록된 사정자료들의 상호관계와 계획된 개입에서의 그들의 관계, 그리고 보호계획에서 케어매니저를 돕는 지도감독자와 동료의 관여 등을 고려해야 한다.

보호기획의 결과측정은 ① 제시된 계획이 존속할 수 있는 것인가, ② 개입이 가능하도록 배열이 충분히 고려되었는가 및 최상의 선택이 이루어졌는가, 그리고 ③ 클라이언트의 선호도와 우선순위가 통합되었는가 등으로 이루어진다. 이러한 계획은 반드시 클라이언트와 클라이언트의 상황에 따라 개별화되어야 한다.

### (4) 계획수행

계획수행은 가능하고 유용한 지원망과의 서비스의 구매 또는 의뢰관계를 통하여 서비스를 전달하고 조정하는 것을 말한다.

계획수행의 구조적인 측면은 케어매니저의 역할과 기능 및 계획수행에서 클라이언트와 클라이언트의 비공식체계의 관여를 포함한다. 이러한 관여는 가치적인 측면에서 클라이언트와 클라이언트의 비공식망 내의 사람들이 능력이 있는 한 수행과정에 참여하도록 장려하는 것이다.

계획수행의 과정상의 측면으로는 계획의 서술, 역할의 분화, 시간구성, 가정방문의 빈도, 동료와 지도감독자에 의한 수행과정의 점검 등을 고려해야 한다. 한편 계획수행의 결과측정은 확인된 문제의 해결 여부로 이루어진다.

### (5) 사후검토

사후검토는 제공된 서비스의 양과 질을 감독하는 것이다. 즉, 그것은 클라이언트의 상태, 제기된 문제해결 및 적절한 변화의 수행에 관하여 점검하는 것이다. 서비스의 점검은 서비스 제공의 연속성, 우수성 및 적절성을 보장하기 위하여 실시된다. 클라이언트에 대한 주요 점검사항은 보호에 대한 반응과 상태의 변화이다. 클라이언트, 클라이언트의 비공식 지원체계 및 서비스 제공자와의 규칙적인 접촉은 문제가 발생하는 초기에 개입할 수 있는 의사소통의 통로를 마련해 준다.

사후검토의 구조적인 측면에서는 접촉의 빈도, 접촉의 방법 및 접촉해야 할 개인들에 관한 사항들을 고려해야 한다. 또한 가정방문의 빈도에 대한 최소기준, 전화접촉 및 의사와 후견인과 같은 부차적으로 접촉할 주요한 사람들에 대한 것들도 고려해야 한다.

사후검토 과정의 주요한 구성요소는 동료의 자문과 개별적인 지도감독, 서비스 제공자의 보고 및 기관 직원과의 접촉이다. 특히 동료의 자문과 개별적인 지도감독은 제공되는 서비스의 질을 보장할 수 있고 사후검토의 초점을 유지할 수 있는 주요한 방법이다. 다른 유용한 점검방법은 클라이언트의 만족도를 조사하는 것이다. 이것은 전화나 서면을 통해 이루어지며, 케어매니지먼트 개입에 대한 클라이언트의 견해를 파악하는 수단이 된다. 케어매니지먼트에 대한 클라이언트의 만족도를 효과적으로 공정하게 평가하기 위해서는 서비스의 조정과 같은 케어매니지먼트 서비스와 특정 개인을 위한 보호를 분명하게 구별해야 한다.

문제해결 이후에 나타나는 새로운 문제들은 사후검토 기간에 제기되는 결과측정의 요소이다. 사례들은 대개 클라이언트의 욕구의 변화로 인하여 유동적이다. 그러나 보호계획에서 제기된 문제들의 결과는 어느 시점에서 위기해결과 안정으로 나타나게 된다.

### (6) 재사정

재사정은 클라이언트의 상황과 보호계획에 대한 예정된 정기적인 재평가이며, 클라이언트의 장래의 위치를 결정하는 과정이다. 주기적인 재사정은 클라이언트의 상황이 더 호전되었는가 또는 더 악화되었는가, 클라이언트가 다른 서비스를 더 원하는가 또는 덜 원하는가 등에 관하여 평가한다. 이러한 재사정은 케어매니지먼트 과정의 결정적인 요소이다. 즉, 점검하는 능력, 변화 또는 문제에 대한 반응 및 평가가 없이는 진정한 케어매니지먼트는 있을 수 없다.

재사정은 보호계획에서 결정한 빈도에 따라 정기적으로 케어매니지먼트 과정에서 이루어져야 한다. 그것은 프로그램의 구조에 따라 다르지만 대개 세 달이나 여섯 달 간격으로 이루어지며, 케어매니지먼트가 종결될 때까지 계속된다. 재사정은 보호계획의 완결성, 적시성, 철저성에 대하여 검토하며, 클라이언트의 상태와 변화를 추적하는 것이다. 이 과정에서 개별적인 지도감독은 대단히 중요하며, 케어매니저는 그들의 권고를 기꺼이 받아들일 필요가 있다.

재사정의 주요한 결과는 장래에 케어매니지먼트 서비스나 다른 서비스 체계에 클라이언트를 관여시킬 것인가에 대한 결정이다. 클라이언트에게 연속적인 보호를 제공해야 하거나, 또는 다른 프로그램에 클라이언트를 이송해야 하는 경우를 제외하고는, 문제가 해결되었을 경우에 케이스를 종결하게 된다. 그러나 만일 클라이언트의 상태가 아직 미숙하고 케어매니지먼트에 클라이언트를 계속적으로 관여시켜야 한다면, 클라이언트의 상태를 변화시키거나 필요한 서비스를 제공하기 위한 새로운 보호계획을 개발해야 한다. 이러한 결정에서 중요한 측면은 직원, 가족 및 클라이언트가 사례가 종결되는 이유와 시기에 관하여 분명히 이해할 수 있는 표준화된 종결정책이 있어야 한다.

### 4) Moxley

Moxley는 케어매니지먼트의 모든 기능은 케어매니지먼트의 핵심을 개발하는데 있어서 결정적인 요소라고 보고, 이러한 핵심을 케어매니지먼트의 초점으로 분류하고 있다. 즉, 케어매니지먼트의 초점은 케어매니저가 케어매니지먼트의 기능의 적용을 통하여 고안하는 것으로, 자기보호, 전문적 보호, 상호보호의 통합을 통하여 클라이언트 지원망을 창조하는 것이다.

클라이언트 지원망의 자기보호 요소는 자기보호의 활동과 과업에 종사하는 클라이언트의 행위능력과 수용능력이며, 클라이언트 지원망의 전문적 보호의 요소는 서비스 전달에서 다양한 전문적 제공자의 관여이며, 클라이언트 지원망의 상호보호의 요소는 보호와 사회적 지지의 제공을 통한 클라이언트의 사회적 관계망에 대한 관여이다. 따라서 케어매니지먼트의 기능을 클라이언트의 지원망의 차원에서 ① 사정, ② 기획, ③ 개입, ④ 점검, ⑤ 평가로 분류하고 있다. 그러나 이것은 케어매니지먼트의 순수한 기능이라기보다는 오히려 과정의 구성요소들로 보는 것이 타당할 것이다. 클라이언트의 지원망 차원에서 케어매니지먼트의 기능별 활동은 <표 7-2>와 같으며, 각 기능별 활동과 과업은 다음과 같다.[10]

#### (1) 사정

사정은 케어매니저의 중요한 기능 중의 하나로서 클라이언트의 독특한 욕구

10) D. P. Moxley, *The Practice of Case Management*, Newbury Park, CA: Sage Publications, Inc., 1989, pp.20-22, pp.25-138 참조.

〈표 7-2〉 케어매니지먼트의 기능별 활동

| 기 능 | 클라이언트의 지원망 차원 | | |
|---|---|---|---|
| | 자기보호 | 전문적 보호 | 상호보호 |
| 사 정 | 일상생활의 욕구, 신체적 기동성, 사회적 및 대인관계의 기술, 정신건강 상태, 자신을 옹호하는 능력 등에 대한 사정 | 학문 분야들로부터의 사정의 획득, 대인서비스의 적격성 기준의 사정, 대인서비스의 유용성의 확인, 클라이언트와 함께 일하는 서비스 제공자들의 기술에 대한 사정 | 사회적 관계망의 구조에 대한 사정, 관계망 내에서의 클라이언트에 대한 감정의 사정, 자연원조자의 확인, 유용한 사회적 지원유형의 확인 |
| 기 획 | 클라이언트의 능력과 기술의 증진을 위한 목표의 설정, 기능적 상태와 삶의 질을 향상시키기 위한 계획 | 적절한 대인서비스의 이용을 위한 목표의 설정과 이러한 서비스에 대한 접근성, 유용성, 적절성의 제기 | 사회적 관계망의 성원들의 관여와 사회적 지지의 제공을 위한 목표의 설정 |
| 개 입 | 가능한 경우에 클라이언트가 자신의 욕구와 이익을 위해 옹호할 수 있도록 하는 교육의 실시, 클라이언트가 자신의 보호에 더욱 관여할 수 있도록 하는 교육의 실시 | 서비스의 중개, 서비스의 조정, 클라이언트의 욕구에 대한 책임을 위한 옹호, 대인서비스 제공자의 능력의 조성 | 지지를 제공하는 관계망의 성원들과의 협의, 관계망의 성원들의 스트레스를 감소시키기 위한 지지적 서비스의 조정, 관계망의 성원들의 기술개발을 위한 원조 |
| 점 검 | 클라이언트의 기술과 능력조성에 관한 지표의 점검 | 케어매니지먼트 계획에 따른 서비스 의 제공여부의 점검 | 사회적 지지의 제공과 사회적 관계망의 성원들의 관여의 점검 |
| 평 가 | 클라이언트의 기능적 상태, 삶의 질 및 서비스의 개선의 만족도에 관한 평가 | 서비스가 클라이언트의 기능적 상태와 삶의 질에 미친 영향에 관한 평가 | 클라이언트의 기능에 관한 사회적 지지의 영향의 평가 |

자료 : D. P. Moxley, The Practice of Case Management, Newbury Park, CA: Sage Publications, Inc., 1989, p.19.

또는 관심사를 개별적으로 제기할 수 있도록 하는 일차적인 수단이다. 즉, 그것은 케어매니저와 클라이언트가 클라이언트의 확인된 욕구에 관한 정보를 수집하고, 분석하며, 우선순위화하고, 종합하기 위해 협력하는 과정이다.

케어매니지먼트의 사정은 일곱 가지의 주요한 속성을 지니고 있다. 그러한 속성들은 ① 사정은 욕구에 기초를 두고 있으며, ② 사정은 전체론적이며 포괄적이고, ③ 사정은 다양한 학문 분야 간의 상호협력을 필요로 하며, ④ 사정은 참여적이고, ⑤ 사정은 하나의 과정이며, ⑥ 사정은 체계적이고, ⑦ 사정은 하나의 산물이라는 것 등이다.

사정과정에서 케어매니저는 ① 클라이언트의 자기보호 능력과 대인서비스 욕구의 사정, ② 클라이언트의 사회적 관계망과 클라이언트의 욕구에 부합하는 관계망의 능력의 사정, ③ 대인서비스 제공자와 클라이언트의 욕구에 부합하는 서비스 제공자의 능력에 대한 사정 등에 관여하는 포괄적인 사정활동을 수행한다.

### (2) 기획

기획은 의미 있는 목표를 확인하고, 이러한 목표에 부합하는 활동과 서비스를 개발하는 체계적인 과정이다. 즉, 케어매니지먼트의 기획은 사정과정 동안 확인된 클라이언트의 욕구들을 바탕으로 서비스와 지원계획을 개발하는 것이다.

서비스와 지원계획은 클라이언트의 욕구를 적절히 그리고 효과적으로 제시하고 수행과정에서 클라이언트의 지원망을 개발하기 위해 필요한 여섯 가지의 주요 구성요소로 이루어진다. 그 주요 구성요소들은 ① 서비스와 지원계획에서 제시된 적절한 욕구 분야의 상술, ② 영향목표의 확인, ③ 서비스와 지원목적의 확인과 목록화, ④ 서비스와 지원계획의 목적을 달성하기 위해 계획한 특정 활동을 떠맡을 행위자의 확인, ⑤ 각각의 목적의 달성을 위한 시간표의 상술, ⑥ 각각의 목적의 달성의 결과로 인하여 기대되는 변화에 대한 진술 등이다.

기획과정에서 케어매니저는 서비스와 서비스 제공자들 및 사회적 관계망의 성원들의 사회적 지지 활동을 통합할 수 있는 포괄적인 서비스계획의 개발에 관여한다. 이러한 계획은 다양한 학문 분야와의 또는 학문 분야 상호간의 과정에 기초하고 있으며, 클라이언트와 사회적 관계망의 성원들로부터의 실질적인 투입을 포함하고 있다.

### (3) 개입

개입은 케어매니저가 클라이언트, 클라이언트의 사회적 관계망, 대인서비스 제공자들의 실행 등을 변화시키기 위해 직접적으로나 간접적으로 관여하는 것이다. 케어매니저가 활용하는 개입은 두 가지의 유형이 있으며, 그것은 직접개입과 간접개입이다.

직접개입은 케어매니저가 서비스에 접근하고 이것을 활용하는 클라이언트의 기술과 능력을 향상시키기 위한 노력을 통하여 그들과 함께 일할 때 존재한다. 케어매니지먼트에서 직접개입의 실례에는 ① 클라이언트의 의사소통과 자기표현의 기술에 대한 교육, ② 클라이언트의 자기옹호의 기술에 대한 교육, ③ 위기기간 동안의 개입 등이 있다.

간접개입은 케어매니저가 클라이언트를 대신하여 체계의 행동 또는 수행을 변화시키려고 할 때 존재한다. 간접개입의 유형의 실례에는 ① 클라이언트와 대인서비스 제공자들과의 연결, ② 서비스의 중개, ③ 클라이언트의 욕구에 부합하기 위한 옹호, ④ 사회적 지지의 제공의 증가 등이 있다.

### (4) 점검

점검은 케어매니저가 클라이언트의 종합기본계획에서 확인된 서비스와 지원의 전달을 추적하고자 수행하는 적극적이고 유동적인 과정이다. 즉, 그것은 서비스와 지원계획이 클라이언트의 지원망의 성원들에 의해 얼마나 잘 수행되고 있는가를 결정하기 위해 활용하는 과정이다.

케어매니지먼트의 실천에서 점검은 네 가지의 목적에 이바지한다. 이러한 목적들은 ① 서비스계획이 얼마나 적절하게 수행되고 있는가에 관한 정도의 결정, ② 클라이언트의 서비스와 지원계획의 목적의 달성에 대한 결정, ③ 서비스와 지원의 결과의 결정, ④ 서비스계획에서 변화를 요구하는 클라이언트의 새로운 욕구의 출현에 대한 확인 등이다.

점검과정에서 케어매니저는 네 가지 차원에서 서비스와 지원계획의 수행을 점검할 수 있다. 그러한 차원들은 노력, 적당성, 질, 결과 등이다. 노력은 케어매니저가 클라이언트의 지원망의 성원들이 어느 정도 목적을 달성하고, 특정 활동을 이행하며, 그들의 책임을 완수하고, 시간경계에 따르는가에 관하여 관심을 갖는 것이다. 적당성은 케어매니저가 클라이언트에 대한 계획이 일정한 시간에 클라이언트의 욕구를 제기하는 데 필요한 서비스와 지원을 소유하고 있는가에 관하여 관심을 갖는 것이다. 이것은 특히 클라이언트의 환경 또는 욕구의 변화에 따른 계획의 적응에 필요한 정보를 획득하는 데 중요하다. 질은 케어매니저가 클라이언트에 대한 서비스와 지원계획이 얼마나 잘 수행되고 있는가에 관심을 갖는 것이다. 결과는 케어매니저가 그 계획이 성공적인가 또는 반대의 결과를 초래하는가에 관한 정도에 관심을 갖는 것이다.

또한 점검과정에서 케어매니저는 클라이언트의 서비스계획의 실행과 완성을 점검하는 데 관여한다. 케어매니저는 ① 클라이언트의 상태, ② 대인서비스의 계획된 전달, ③ 사회적 관계망의 구성원들의 관여 등을 추적한다. 점검활동을 통하여 케어매니저는 클라이언트의 서비스계획이 규정대로 어느 정도 수행되는가를 판단하려고 시도한다.

### (5) 평가

평가는 케어매니저에 의해 동원되고 조정된 서비스계획, 서비스의 구성요소 및 서비스 활동이 가치가 있는 것인가에 관하여 결정을 내리는 과정이다. 즉, 그것은 클라이언트가 케어매니지먼트 과정에 참여하여 유익한 결과를 실현하고 있는가에 관하여, 케어매니저가 판단을 내리는데 적용하는 기능이다.

평가과정에서 케어매니저는 네 가지의 접근방법을 통하여 케어매니지먼트 과정의 가치를 결정하는 수단으로 활용한다. 첫째는 클라이언트에 대한 서비스와 지원계획이 가치가 있는 것인가에 관하여 질문하는 것이다. 둘째는 특정한 영향목표의 달성이 이러한 목표에 의해 지정된 욕구 분야에 긍정적인 또는 부정적인 차이를 가져왔는가를 조사하는 것이다. 셋째는 클라이언트에 대한 서비스와 지원계획의 수행이 클라이언트의 생활에 중요한 차이를 나타내게 하는가를 검토하는 것이다. 즉, 그것이 클라이언트의 기능 또는 복지를 개선하고 있는가에 관하여 검토하는 것이다. 넷째는 클라이언트가 그들에 대한 서비스와 지원계획, 서비스와 지원계획의 수행 및 서비스와 지원계획의 효과성에 만족하는 정도를 평가하는 것이다. 그 외에도 케어매니저는 사회적 관계망의 구성원들이 클라이언트를 지지하는 데 있어서의 그들의 능력을 개발하는 정도, 대인서비스 제공자들이 유사한 클라이언트를 돕는 그들의 능력의 개선의 정도 등에 관한 것들을 평가한다. 특히 평가과정에서 케어매니저는 클라이언트의 서비스계획의 수행을 통한 이익의 여부와 정도를 판단하고자 질적·양적인 기술을 활용한다.

### 5) Rothman

Rothman은 케어매니지먼트 서비스에서 수행되는 전형적인 기능과 이러한 기능들의 상호관련성을 바탕으로 케어매니지먼트 실천의 단계를 규정하고 있다. 이러한 기능들은 개별 클라이언트와 관련된 실천에 초점을 두고 있으며, 단계적 실행의 연속성을 바탕으로 이루어져 있다.

케어매니지먼트 실천에서 클라이언트와 관련된 기능은 14가지가 있으며, 이들은 6단계로 분류될 수 있다. 그러나 여기에서 기관 상호간의 조정, 상담, 치료, 옹호 등은 과정에 포함시키는 것보다는 순수한 기능으로 분류하는 것이 좋을 것 같다. 따라서 케어매니지먼트의 과정은 ① 기관에 대한 접근, ② 접수, ③ 사정, ④ 목표설정, ⑤ 개입기획 또는 자원확인과 목록작성, ⑥ 클라이언트와의 연결, ⑦ 점검과 재사정, ⑧ 결과평가 등이다.

케어매니지먼트의 기능과 이러한 기능들의 상호관련성을 바탕으로 한 케어매니지먼트의 과정은 [그림 7-3]과 같이 나타낼 수 있으며, 각 과정에서의 과업과 활동은 다음과 같다.[11]

11) J. Rothman, "A Model of Case Management: Toward Empirically Based Pratice", *Social Work*, 36(6), Silver Spring, MD: National Association of Social workers, Inc., 1991, pp.522-525.

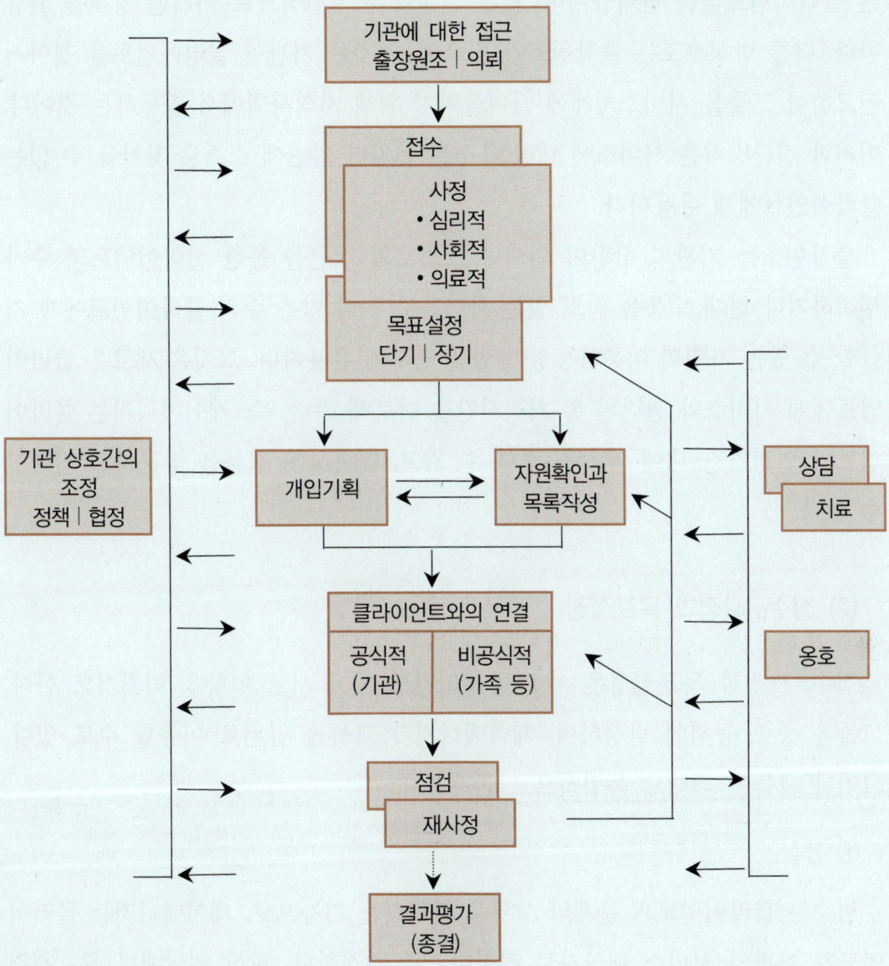


자료 : J. Rothman, "A Model of Case Management: Toward Empirically Based Practice," Social Work, 36(6), Silver Spring, MD: National Association of Social workers, Inc., 1991, pp.523.

**[그림 7-3]** 케어매니지먼트의 기능과 과정

### (1) 기관에 대한 접근

클라이언트는 기관, 가족, 지역사회조직, 목사, 경찰, 학교 등의 의뢰를 통해서나 자기 스스로 기관에 접근한다. 의뢰가 이루어지면 그 기관은 체계에 접근해

온 클라이언트들을 받아들이며, 많은 기관들은 우선적으로 이러한 방식을 활용한다. 다른 방식으로는 출장원조가 있으며, 이것은 기관이 클라이언트를 찾아서 권고하여 그들을 서비스체계에 끌어들이기 위해 지역사회에서 활동하는 것이다. 이러한 접근방식은 서비스에 대한 욕구는 높지만 기관에 스스로 찾아올 수 없는 클라이언트에게 유용하다.

출장원조는 기관의 상황이 의뢰나 스스로의 접근을 통한 클라이언트의 수가 부족하거나 현재 도움을 받고 있는 사람들보다 더 많은 수의 클라이언트에게 지급할 수 있는 자원의 이용가능성이 있을 경우에 유용하다. 그것은 새로운 클라이언트에게 서비스와 관련된 총 처리시간을 단축해 준다. 즉, 케어매니저는 클라이언트와 일정기간 내에 약속을 정할 수 있고, 신속하게 그들을 방문하고 접촉할 수 있다.

### (2) 접수, 사정과 목표설정

접수, 사정과 목표설정은 서로 중복되기도 하고 서로 영향을 미치기도 한다. 그들은 종종 동시에 발생하며, 케어매니저가 그들을 앞뒤로 이동할 수도 있다. 그러나 그들은 때때로 독립적으로 존재한다.

#### ① 접수

접수는 클라이언트의 문제와 상황을 확인하는 기능으로, 케어매니저는 클라이언트가 기관의 서비스 대상자로 적합한가를 결정한다. 또한 케어매니저는 적격성을 조사하며, 재정적인 상황을 평가한다. 클라이언트는 기관의 서비스, 필요조건, 제한 등과 같은 정보를 제공받게 되며, 이것은 집단적으로 행하기도 하고 새로운 클라이언트를 지도할 때 언급하기도 한다. 접수는 정보수집보다 더욱 공식적인 과정으로서 필요한 서식을 갖추고 일정한 교육이 뒤따르게 된다.

#### ② 사정

사정은 클라이언트에 관한 문제의 확인을 더욱 정교하게 하는 기능으로, 클라이언트의 심리적 및 신체적 기능의 수준을 명료하게 하는 것이다. 케어매니저는 가족과 이전에 클라이언트와 관계를 맺고 있던 기관을 포함한 정보제공자들로부터 정보를 수집한다.

가족에 대한 사정은 클라이언트에 대한 가족의 잠재력과 만성적인 클라이언트에 대처하는 가족의 능력에 대해 역점을 두고 신중하게 이루어져야 한다. 사정은 여러 학문 분야의 전문가들의 참여에 의해 이루어지는 것이 좋다. 가족과 가족의 역동성을 파악하기 위해서는 충분한 시간이 필요하며, 적절한 사정도구가 사용되고 개발되어야 한다.

③ 목표설정

목표설정은 사정을 토대로 이루어지는 것으로, 여기에서 케어매니저는 개선이 필요한 부분에 대한 클라이언트의 인식을 획득하고, 전문적인 목적의 틀 안에 클라이언트의 개인적인 목적을 포함시킨다. 목표는 전형적으로 단기목표와 장기목표로 이루어진다. 치료, 약물치료와 사회적 재활에 대한 필요성이 고려된다. 목표는 장애나 만성질환이 있는 클라이언트의 한계를 고려하여 현실적으로 실현가능한 것이어야 한다. 많은 상황에서 주요한 목표는 클라이언트로 하여금 안정된 상황을 유지하고 상습적인 입원을 감소시켜 나가도록 하는 것이어야 한다. 현실적인 기대는 직원의 사기를 유지하고 소진을 방지하기 위해 필요하다.

### (3) 개입기획 또는 자원확인과 목록화

이 단계는 특수한 목표를 달성하기 위해서 개입계획을 세우고, 그 계획을 수행하기 위해 필요한 자원을 탐색하는 과정이다. 이 단계의 문제점은 자원이 수요에 비해 공급이 부족하며, 서비스체계의 변화가 심하다는 것이다. 이러한 것들이 바람직한 목표에 도달하지 못하게 하므로, 케어매니저는 자원들 중에서 유용한 것을 발견하고 그것을 기초로 하여 서비스계획을 세워나간다.

① 개입기획

개입기획은 상담과 치료를 포함하는 치료기획과 외부기관의 실제적인 원조와 클라이언트와의 연결을 포함하는 서비스기획으로 이루어진다. 개입기획은 단기목표와 장기목표를 달성하는 방법을 포함하며, 기획은 자원확인 및 연결과 밀접하게 관련되어 있다.

계획의 개발에서 케어매니저는 클라이언트 수준과 체계수준에서 초래될 수 있는 장애요인들과 그러한 것들에 대처할 수 있는 대안을 고려해야 한다. 개입기획에서의 클라이언트의 참여는 그들 자신의 욕구를 더욱 정확하게 확인시키는 계기가 되며, 더욱 효과적인 서비스의 결과를 달성하는 데 기여할 수 있다.

② 자원확인과 목록화

자원확인과 목록화는 클라이언트와 관련된 서비스 자원에 관한 정보를 획득하고 접근이 용이하도록 자료를 조직화하는 기능이다. 기관과의 전화접촉, 기관의 대표자들이 참여하는 회합, 비공식 지원망, 개인적인 자원에 관한 서류철, 관공서의 자원에 관한 서류철과 규정집 등은 자원확인의 유용한 수단이 된다. 또한 클라이언트에게서도 자원에 관한 중요한 정보를 얻을 수 있다.

케어매니저는 자원확인을 위해 다양한 수단을 활용해야 하며, 기관의 정책과 프로그램이 수시로 변화하기 때문에 부정확하거나 낡은 정보를 인식할 수 있어야 한다. 복합적인 문제를 지닌 클라이언트에 대한 서비스를 발견한다는 것은 특히 어렵지만, 케어매니저는 클라이언트에게 기회가 제공되지 않거나 서비스의 공급이 부족할 경우에 새로운 자원을 적극적으로 개발해야 한다.

### (4) 클라이언트와의 연결

클라이언트와 서비스와의 연결은 케어매니저의 활동 중에서 가장 핵심적인 기능이다. 이러한 공식적인 연결기능은 서비스에 대한 욕구를 명료화하고, 클라이언트와 서비스를 신중하게 조화시키며, 전화로서 서비스 제공기관과의 최초접촉을 시도하고, 클라이언트를 지도하며, 필요한 서류를 준비하고, 기관을 방문하는 것 등의 활동을 포함하고 있다. 클라이언트와의 연결을 더욱 적극적이고 용이하며 효과적으로 실행하기 위해서는 케어매니저가 순회 동반자(traveling companion)로서 클라이언트를 돕는 것이다.

연결과정에서 케어매니저는 클라이언트와 서비스 제공자에게 구체적이고 정서적인 지지를 제공해야 한다. 서비스의 연결을 보장하기 위해서, 케어매니저는 누구와 접촉하고 어떤 수준에서 개입할 것인가 등과 같은 조직적인 기술, 어떤 새로운 서비스를 개발하며, 어떤 입법상의 정책을 적용할 수 있고, 어떤 자금이 이용가능한가 등과 같은 지역사회 지향적 기술 등을 활용해야 한다. 또한 연결기능을 효과적으로 수행하기 위해서는 연결을 위해 클라이언트를 준비시켜야 한다. 이것은 상세한 정보를 제공하며, 어려움을 예측하고, 역할연습을 하며, 최초 방문에 클라이언트를 동반하는 것 등이다. 연결은 외적인 것뿐만 아니라 내적인 것도 포함한다.

가족과의 비공식적인 연결은 상당히 중요하므로, 가족에 대한 사정은 가족이 도움을 줄 수 있는 잠재력이 있는가, 그리고 가족이 극도로 의존적인 성원에 대한 보호의 부담을 계속적으로 떠맡을 수 있는가를 결정하기 위해서 이루어져야 한다. 케어매니저는 비공식 지원체계에게 지원역할을 수행하는 데 필요한 오리엔테이션, 훈련 및 자문을 제공할 수 있도록 시간을 할애할 필요가 있다.

### (5) 점검과 재사정

점검과 재사정은 넓은 의미로 보면 서로 중복되는 기능이다. 점검과 재사정의 목적은 현존하는 서비스체계가 클라이언트에게 만족스러운가 또는 변화가 필요한가에 관한 경향을 파악하는 것이다.

#### ① 점검

점검의 핵심은 기관과 비공식 관계망에 대한 접촉에 있다. 점검의 목적은 지역사회에서 클라이언트를 지원하기 위해 제공되는 서비스의 적절성을 사정하는 것이다. 점검은 기관 직원에게 전화를 하거나, 방문하거나, 클라이언트에게 전화하거나, 기관이나 클라이언트가 케어매니저에게 전화하는 것 등을 통하여 수행할 수 있다. 점검은 명확하고 실질적인 시간할당을 요구한다. 케어매니지먼트 과정에서 위기상황이 발생할 수 있으므로, 케어매니저는 위기상황을 다루기 위해 그의 업무시간 내에서 어느 정도 융통성을 발휘할 수 있어야 한다.

② 재사정

장기보호의 맥락에서 보면, 클라이언트의 상황에 대한 정기적인 평가가 필요하며, 이를 위해서 공식적으로 시기를 정할 필요가 있다. 그동안에 실시했던 사정은 적시에 재사정을 해야 한다. 이러한 재사정은 공식적 또는 비공식적, 주기적 또는 계속적일 수 있으며, 다양한 간격으로 실시할 수 있다. 이러한 재사정에는 클라이언트를 참여시키는 것이 좋다.

재사정에 지장을 초래하는 요소들은 다양하다. 그러한 요소들은 분명치 않은 목표, 클라이언트에 의한 정보의 보류와 그들의 진척의 불규칙성과 불확실성, 부속기관들의 정보제공의 부실, 업무에 대한 압박감과 시간적인 구속 등이다. 재사정은 연속적인 반복, 새로운 연결 또는 배치, 다른 개입계획, 수정된 목표 등을 유도하기도 한다.

### (6) 결과평가

평가는 종결 또는 소멸의 의미를 지니고 있다는 점에서 재사정과는 다르다. 평가는 대개 케어매니저의 전문적인 판단에 근거하여 클라이언트가 서비스를 더 이상 필요로 하지 않을 때 이루어진다. 대부분의 장기적인 클라이언트들은 계속적인 전문적·사회적 지원을 요하는 지속적인 보호상태에 놓여 있기 때문에, 그러한 최종적인 결과평가는 거의 드물다. 이러한 이유 때문에, 점선을 이용하여 이러한 최종적인 결과평가에 이르지 못하는 것을 표시하기 위한 도표를 활용하기도 한다. 이러한 간헐적인 평가기능은 케어매니지먼트의 연속적인 흐름에서 적절한 위치를 차지하지 못하며, 그들은 다양한 지점에서 수행될 수 있다.

상기의 여러 학자들이 주장한 케어매니지먼트의 다양한 과정을 종합적으로 정리해 보면, <표 7-3>과 같이 나타낼 수 있다.

〈표 7-3〉 케어매니지먼트의 주요 과정

| Steinberg & Carter (1983) | Weil & Karls (1985) | White & Goldis (1986) | Moxley (1989) | Rothman (1991) |
|---|---|---|---|---|
| 가입(사례발견, 사전 적격심사, 접수) | 클라이언트 확인과 출장원조 | 사례발견 | | 기관접근, 접수 |
| 사정 | 개별적인 사정, 진단 | 사정 | 사정 | 사정 |
| 목표설정, 서비스기획, 능력조성 | 서비스기획, 자원확인 | 보호기획 | 기획 | 목표설정, 개입기획, 자원확인과 목록화 |
| 보호계획의 수행 | 서비스 연결, 서비스 실행과 조정 | 계획수행 | 개입 | 클라이언트와의 연결 |
| 재사정 | 서비스 전달의 점검, 옹호 | 사후검토, 재사정 | 점검 | 점검과 재사정 |
| 종결, 관계유지 | 평가 | | 평가 | 결과평가 |

## 2. 케어매니지먼트의 과정

케어매니지먼트의 과정은 상기한 학자들의 견해와 같이 다양하게 논의될 수 있다. 그러나 그러한 과정에는 공통적인 단계가 존재하며, 그 단계는 대개 접수, 사정, 기획, 실행, 점검, 평가의 6단계로 나누어 볼 수 있다.

접수는 케어매니지먼트의 첫 단계로서 클라이언트가 기관에 스스로 접근하거나 출장원조나 의뢰를 통하여 기관에 접근하여 적격성을 심사하고 등록을 통하여 클라이언트가 되는 단계이다. 사정은 클라이언트의 욕구, 기능과 잠재력, 비공식 보호체계와 공식 보호체계의 원조능력 등에 관한 자료를 수집하고 분석하며 종합하는 단계이다. 기획은 클라이언트에 대한 장·단기의 목표를 설정하고 비공식적 보호체계와 공식적 보호체계의 통합을 통하여 서비스를 제공하기 위한 보호계획을 수립하는 단계이다. 실행은 클라이언트와 필요한 서비스를 연결하고 서비스에 대한 개입을 통하여 적절하게 서비스를 배열하고 정리하는 단계이다. 점검은 서비스 제공자를 포함한 클라이언트의 지원체계들의 서비스의 전달과 이행을 추적하고 감독하며, 재사정을 실시하는 단계이다. 마지막으로 평가는 클라이언트에게 제공된 서비스의 효과성, 서비스계획, 서비스활동, 서비스체계 등을 종합적으로 평가하며, 필요할 경우에 케어매니지먼트 과정을 종결하는 단계이다. 이러한 케어매니지먼트의 과정은 [그림 7-4]와 같이 나타낼 수 있다.

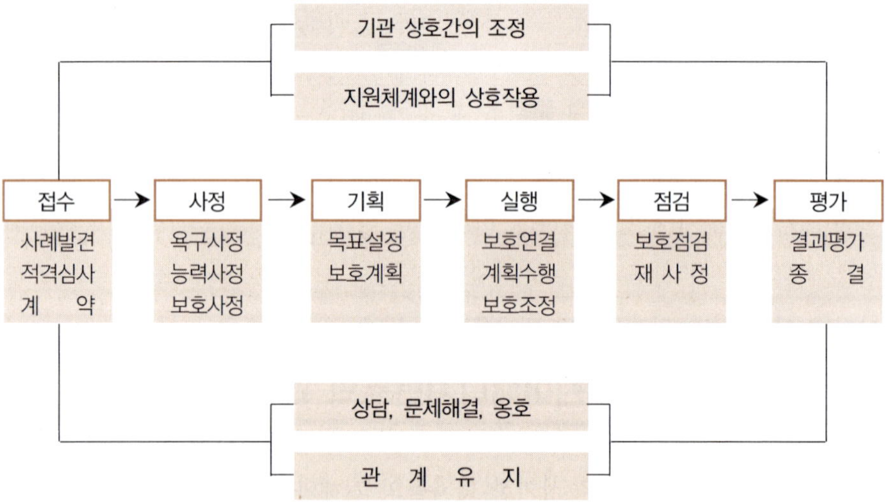


[그림 7-4] 케어매니지먼트의 과정

### 1) 접수

케어매니지먼트의 첫 단계인 접수는 프로그램에 가장 적절한 사례를 발견하고 사전적격심사를 통하여 클라이언트를 확인한 후 서비스를 제공할 것을 약속하고 계약하는 과정이다. 즉, 케어매니지먼트 서비스를 필요로 하는 클라이언트를 발견하고 그들의 욕구를 개략적으로 파악하여 적격성심사를 거쳐 클라이언트로 확정하는 과정이다.

### (1) 사례발견

케어매니지먼트 서비스가 필요한 클라이언트는 대개 낙인의식, 두려움, 자포자기, 무기력(helplessness), 동기부족, 좌절감, 무능력, 신체장애, 정신장애 등으로 인하여 필요한 서비스에 접근하기 어렵기 때문에, 케어매니저는 적절한 사례발견 전략을 선택해야 한다. 사례발견의 전략에는 출장원조, 의뢰, 정보제공 등이 있으며, 서비스가 절실히 필요함에도 불구하고 원조를 요구하지 않는 클라이언트를 위한 출장원조는 가장 선호하는 사례발견의 전략이다.

#### ① 출장원조

출장원조는 자신의 욕구를 충족시킬 수 있는 서비스와 자원에 대하여 인식하지 못하거나, 그러한 것들을 자발적으로 구하려고 하지 않는 잠재적 클라이언트로 하여금 서비스에 대한 접근성을 향상시키기 위해 대인서비스 기관에서 활용하는 수단이다. 즉, 그것은 서비스가 필요한 클라이언트를 확인하고, 서비스의 제공과 급여를 그들에게 권유하며, 그들로 하여금 이용 가능한 서비스를 활용할 수 있도록 원조하는 방법이다.[12)]

출장원조는 전형적으로 포스터와 간단한 인쇄물의 배포, 대량우송을 통한 선전, 다양한 대중매체에의 광고, 라디오나 텔레비전에의 출연, 지방신문에의 연재, 공공장소에의 안내소의 설치, 동호회에서의 연설, 집집마다의 방문권유 등의 활동을 포함한다. 이러한 방법들 중에서 대중매체를 통한 방법은 서비스를 필요로 하는 클라이언트의 주의를 끌기 어렵기 때문에, 효과적인 출장원조를 위해서는 잠재적 클라이언트와의 개인적인 상호작용을 통한 방법이 필요하다. 출장원조에서 대면적인 상호작용을 하기 위한 훌륭한 수단은 유용한 서비스와 급여에 관한

12) R. Toseland, "Increasing Access: Outreach Methods in Social Work Practice", *Social Casework*, 62, Milwaukee, WI: Family Service America, 1981, p.227.

정보를 계속적으로 제공할 수 있으며 잠재적 클라이언트를 의뢰할 수 있는 전문가들이 직접적으로 운동을 전개하는 것이다.[13)]

출장원조에서 케어매니저는 클라이언트의 사생활과 자기결정의 권리에 민감해야 하며, 그들에게 서비스를 강요해서는 안 된다. 또한 케어매니저는 유용한 서비스와 급여에 관한 정보를 그들에게 충분히 제공하고, 필요한 서비스를 이용하려는 그들의 동기를 고양시키도록 노력해야 한다.

② 의뢰

의뢰는 필요한 서비스를 제공할 수 있는 기관, 자원 또는 전문가에게 클라이언트를 직접 연결시켜 주는 방법이다. 이것은 클라이언트의 욕구와 그들에게 유용한 서비스를 확인하고, 그러한 서비스에 클라이언트가 참여할 수 있는 기회를 제공하며, 클라이언트와 서비스와의 연결이 잘 이루어졌는가를 확인하는 것을 포함한다.

의뢰에서 클라이언트와 서비스와의 연결은 신중하게 다루어져야 하며, 이를 위해서 다음과 같은 지침은 클라이언트를 의뢰하는 데 도움이 될 것이다.[14)]

① 다른 곳에서 서비스를 추구하는 것에 관한 의심, 염려, 오해 등과 같은 클라이언트의 감정을 이끌어 냄으로써 클라이언트의 의뢰에 대한 준비를 확인한다. 케어매니저는 클라이언트에게 의뢰가 반드시 필요하다는 인식을 상기시켜야 하며, 그들에게 의뢰에 대한 준비를 시킨다.

② 어떤 자원이 클라이언트의 욕구에 가장 적합한가를 결정한다. 케어매니저는 지역사회 내의 다양한 자원에 관한 지식을 소유해야 하며, 기관의 정책과 절차는 물론 기관이나 다른 서비스 제공자에 의해 제공되는 서비스의 질에 관해서도 정통하고 있어야 한다.

---

13) M. Bendick, "Failure to Enroll in the Public Assistance Programs", *Social Work*, 25, Silver Spring, MD: National Association of Social workers, Inc., 1980, pp.268-274.

14) D. H. Hepworth & J. A. Larsen, *Direct Social Work Practice: Theory and Skills*, 4th Ed., Pacific Grove, CA: Brooks/Cole Publishing Company, 1993, pp.34-35.

③ 의뢰에 대한 선택권을 행사할 수 있도록 클라이언트의 자기결정의 권리를 존중하며, 가장 적절하고 유익한 서비스를 추천한다. 그러나 클라이언트의 의사결정에서 케어매니저에게 의지하게 하는 것은 참여를 가장한 전문적인 책임의 회피이다.

④ 클라이언트를 원조할 수 있는 다른 기관의 기능에 관한 그릇된 약속이나 비현실적인 재보증(reassurance)을 하지 않는다. 그러나 다른 기관 또는 전문가의 서비스로부터 이익을 얻을 수 있는 클라이언트의 가능성에 관한 낙관은 표현할 필요가 있다.

⑤ 선택된 기관의 기능이나 방법을 명료하게 하더라도, 다른 전문가가 행할 일을 구체적으로 설명하지 않는다. 전문가들은 각기 다른 방식과 방법을 적용하기 때문에, 그들이 행할 일을 규정한다는 것은 그들의 약점을 드러내어 클라이언트에게 실망을 안겨줄 수 있다.

또한 의뢰에서 클라이언트와 서비스와의 성공적인 연결을 위해서는 다음과 같은 단계를 거쳐 의뢰가 이루어져야 한다.[15)]

① 서비스의 명칭과 소재지, 약속을 얻어내는 방법, 서비스에 접근하는 방법, 클라이언트가 도달할 수 있는 기대 등과 같은 정보를 포함한 서비스와 접촉하는데 필요한 사실들을 상세하게 기록한다.

② 특별히 접촉할 사람에 대한 성명을 클라이언트에게 제공한다. 접촉할 사람이 이용할 수 없게 되어 실망하지 않도록 대리인의 성명을 제공한다.

③ 클라이언트의 욕구와 문제가 복합적일 경우에, 서비스에 대한 내용, 클라이언트의 욕구와 문제, 그들이 원하는 서비스 등을 상술한 간략한 서면의 진술을 클라이언트에게 제공한다.

④ 클라이언트로 하여금 약속한 서비스를 요청하도록 한다. 케어매니저는 클라이언트가 접촉할 사람에게 도달하고 그들에게 대화를 인계할 수 있도록

15) A. Weissman, "Industrial Social Services: Linkage Technology", *Social Casework*, 57, Milwaukee, WI: Family Service America, 1976, pp.50-54.

보장하기 위해서 방문장소를 선택할 필요가 있다.

⑤ 클라이언트가 혼자 서비스와 접촉하는 데 따른 염려와 망설임이 존재할 때, 케어매니저, 가족, 친구 등이 클라이언트와 동행하는 것이 좋다. 또한 클라이언트를 준비시키기 위하여 행동연습을 활용하기도 한다.

### (2) 사전적격심사

사전적격심사는 사례발견을 통하여 서비스를 신청한 사람을 대상으로 서비스 제공의 적합성을 결정하는 것이다. 즉, 그것은 정해진 적격성 기준에 합당한 사람을 확인하고, 그들을 케어매니지먼트 서비스의 클라이언트로 결정하는 과정이다.[16] 이것은 부적절한 의뢰를 방지하고 서비스를 제공할 필요가 없는 사람을 사정과정 이전에 판단함으로써 서비스가 필요한 클라이언트에게 신속하게 서비스를 제공할 수 있도록 한다. 사전적격심사에서 심사의 기준이 되는 사항으로는 ① 시설보호에 대한 욕구, ② 배우자나 중요한 타자의 상실로 인한 고통, ③ 복합적인 욕구와 문제, ④ 일상생활 과업의 원조에서 비공식 지원체계의 원조의 불충분성, ⑤ 기관에 대한 원조의 회수, ⑥ 원조를 제공할 수 있는 장소, ⑦ 진료기록의 유무, ⑧ 이상행동과 같은 행동적 특성, ⑨ 보호자나 후견인의 유무, ⑩ 자기보호의 능력 등이 있다.

### (3) 계약

계약은 클라이언트가 케어매니지먼트 서비스를 제공받기를 원하여 케어매니저와 함께 서비스 제공에 동의하는 서식에 서명하는 것이다. 이것은 효과적인 업무관계를 수립하는 과정으로 케어매니저의 원조에 대한 의지와 능력에 바탕을 둔 클라이언트의 신뢰에 기초하고 있으며, 케어매니저와 클라이언트의 상호기대에 대한 정확하고 명백한 이해에 기초하고 있다. 즉, 계약에서 중요한 사항은 케어매

16) J. Quinn, *Successful Case Management in Long-term Care*, New York: Springer Publishing Company, Inc., 1993, p.33.

니저와 클라이언트 사이에 신뢰감을 형성하고, 상호간의 역할을 명료화하며, 서비스에 대한 클라이언트의 기대를 파악하고 협상하는 것이다.[17)]

따라서 계약에서 포함되어야 할 사항으로는 ① 클라이언트의 기대, ② 클라이언트에 대한 프로그램의 관심과 중요성, ③ 프로그램의 기능, ④ 프로그램의 수행방법, ⑤ 클라이언트가 수용해야 할 조건과 책임, ⑥ 클라이언트나 친족에 대한 선택과 통제의 권리의 보장, ⑦ 클라이언트가 되기 위한 동의, ⑧ 프로그램의 책임성, ⑨ 사례의 상대적인 긴급성, ⑩ 필요한 응급조처, ⑪ 다음 단계에 대한 약속의 조정, ⑫ 이전에 관여하던 다른 기관에 대한 통고 등이 있다.[18)]

### 2) 사정

사정은 접수과정에서 케어매니지먼트 서비스를 제공하기로 결정한 클라이언트를 대상으로 그들의 복합적인 욕구와 문제, 그들의 현재의 기능, 그들의 장점과 잠재능력, 공식적·비공식적 지원체계의 그들에 대한 보호능력 등에 관하여 전반적인 자료를 수집하고 종합적으로 분석하는 과정이다. 즉, 케어매니지먼트의 전반적인 목적이 클라이언트와 필요한 서비스를 연결하는 것이라면, 사정의 목적은 클라이언트가 어떤 유형의 서비스를 필요로 하는가를 상술하는 것이다. 또한 사정은 클라이언트의 가치와 이익에 가장 부합되는 해결방안과 클라이언트와 관련체계와의 관계에 관한 사항들을 검토하는 것이며, 케어매니지먼트 과정에서 케어매니저의 서비스에 대한 관여의 수준과 본질은 물론 서비스 전달의 양과 질을 결정하는 과정이다.[19)]

---

17) J. R. Ballew & G. Mink, *Case Management in the Human Services*, Springfield, IL: Charles C Thomas · Publisher, 1986, pp.13-14.

18) R. M. Steinberg & G. W. Carter, *op. cit.*, pp.10-11.

19) J. Orme & B. Glastonbury, *Care Management: Tasks and Workloads*, London: The Macmillan Press Ltd., 1993, p.72.

### (1) 클라이언트의 욕구의 사정

케어매니저는 클라이언트와 함께 그들의 현재의 상황에서의 다차원적이고 복합적인 욕구를 확인해야 한다. 클라이언트의 욕구는 대개 소득, 의료, 취업, 여가, 사회활동, 교육, 주택, 교통, 수발, 정신보건 등 상당히 다양하다. 이러한 클라이언트의 욕구에 대한 확인은 클라이언트 자신이 가장 훌륭한 자료원임을 고려하여 그들의 진술을 토대로 케어매니저의 관찰과 함께 이루어져야 한다. 이것은 가족을 포함한 클라이언트의 중요한 타자들의 진술과 과거에 서비스를 제공받은 경험이 있을 경우 이전의 서비스 제공자의 진술과 기존의 자료를 활용하는 것도 바람직하다. 또한 클라이언트의 생활변천과 관련된 스트레스 요인을 포함하는 문제와 위기상황에 관한 것도 사정할 필요가 있다.

### (2) 클라이언트의 능력의 사정

케어매니저는 클라이언트가 자신의 욕구를 충족시키고 문제를 해결하려는 동기가 있는가, 그리고 스스로의 힘으로 이들을 해결할 수 있는 능력을 가지고 있는가를 확인한다. 클라이언트의 능력을 사정할 때 중요한 점은 그들의 강점, 잠재능력, 건전한 기능, 활용 가능한 자원, 성장과 발전의 가능성, 문제해결 능력 등과 같은 긍정적이고 발전적인 요소에 초점을 두어야 한다는 것이다. 케어매니저는 클라이언트의 능력을 사정하기 위해 그들의 신체적·인지적·정서적·행동적·사회적·경제적 기능을 사정하며, 과거의 병력(病歷)과 기능의 한계 등도 함께 확인한다.

### (3) 지원체계의 능력의 사정

케어매니저는 클라이언트의 욕구를 충족시키기 위한 비공식 지원체계와 공식 지원체계의 능력을 사정한다. 클라이언트의 비공식 지원체계는 가족, 친척, 친구, 이웃, 자조집단, 종교집단, 직장동료 등 다양한 형태가 존재한다. 비공식 지원체계의 능력에 대한 사정은 ① 클라이언트에게 지원을 제공하는 유형별 관계의 수, ② 클라이언트와 직접적으로 교류를 갖는 사람이나 비공식 집단의 수, ③ 비공식 지원체계와의 친밀성, ④ 비공식 지원체계의 위치와 접근성, ⑤ 현재 제공하는 지원의 종류, ⑥ 클라이언트에 대한 정서적 지지의 강도와 빈도, ⑦ 비공식 지원체계의 사회적·경제적·신체적 능력, ⑧ 클라이언트의 욕구 충족을 위한 효과적인 대처전략, ⑨ 보호의 이용가능성과 지속성, ⑩ 비공식 지원체계와의 상호작용의 양과 질, ⑪ 비공식 지원체계의 보호에 대한 책임의 정도 등에 관하여 이루어진다.

공식 지원체계는 사회복지기관과 시설, 지역사회의 공식적인 단체와 기관, 정부기관 등이 있다. 공식 지원체계의 능력에 대한 사정은 ① 공식 지원체계가 지원할 수 있는 자원의 종류와 내용, ② 공식 지원체계의 접근성, ③ 지원의 이용가능성, ④ 지원의 적당성과 적절성, ⑤ 욕구와 문제에 대처하는 대인서비스 기관의 능력 등에 관하여 이루어진다.[20]

### (4) 지원체계의 결함의 사정

케어매니저는 클라이언트가 공식 지원체계와 비공식 지원체계를 활용하는데 있어서의 장애에 대한 사정이다. 이것은 클라이언트가 필요한 원조자로부터 서비스를 제공받고 활용하는데 장애가 되는 것이 무엇인가를 파악하는 것이다. 이러한 장애요인으로는 ① 이동의 부자유나 교통편의의 부족으로 인한 접근성의 결여, ② 지원체계에 대한 부정적인 이미지로 인한 자원이용의 거부, ③ 낙인의식, 두려움, 동기부족 등과 같은 심리사회적인 문제, ④ 신체적·인지적·정신적 능력의 부족으로 인한 자원이용의 불가능성, ⑤ 지원체계의 결여, ⑥ 자원의 부족, ⑦ 지원체계에 대한 정보의 부족, ⑧ 서비스의 단편성과 불연속성, ⑨ 비공식 지원체계의 태만과 책임성의 결여, ⑩ 가족 성원의 과중한 부담감 등이 있다.

사정은 케어매니지먼트의 전반적인 목적을 성취하는 데 기여하며, 케어매니저

20) D. P. Moxley, *op. cit.*, pp.50-53.

가 클라이언트에게 관여할 수 있는 근거와 클라이언트를 접촉하는 초점을 제공할 수 있다. 사정은 서비스기획을 위한 자료와 정보를 체계화하는 과정이기 때문에 클라이언트에 따라 개별화되어야 하며, 클라이언트의 적극적인 참여를 바탕으로 그들과의 관계를 수립하고 상세하고 정확한 사정이 이루어져야 한다. 사정 과정에서 사정의 자료와 정보를 체계화하기 위한 케어매니지먼트 사정의 구조는 <표 7-4>와 같다.

〈표 7-4〉 케어매니지먼트 사정의 구조

| | 사 정 의 차 원 | | | |
|---|---|---|---|---|
| 사정의 특 성 | 클라이언트의 욕구의 확인 | 자기보호의 사정 | 전문적 보호의 사정 | 상호보호의 사정 |
| 개념의 구 성 | 충족되지 않은 욕구 | 클라이언트의 기능 | 공식적 대인서비스 | 사회적 관계망·사회적 지지 |
| 사 정 의 기본단위 | 1. 소득<br>2. 주택<br>3. 고용·직업<br>4. 건강<br>5. 정신보건<br>6. 사회활동·대인관계<br>7. 레크리에이션·여가<br>8. 일상생활의 활동<br>9. 교통<br>10. 법률<br>11. 교육 | 1. 신체적 기능<br>2. 인지적 기능<br>3. 정서적 기능<br>4. 행동적 기능 | 1. 자원목록<br>2. 유용성<br>3. 적당성<br>4. 적절성<br>5. 수용성<br>6. 접근성 | 1. 사회적 관계망의 구조<br>2. 사회적 관계망의 상호작용<br>3. 정서적 지지<br>4. 수단적 지원<br>5. 물질적 지원 |
| 사정의 과 정 | 클라이언트와 전문가와 함께 일상생활의 주요 영역에서 클라이언트의 욕구를 검토한다. | 클라이언트가 자신의 욕구를 충족시킬 수 있는가를 사정하기 위해 클라이언트의 기능적 영역과 욕구를 조화시킨다. | 공식적 서비스가 클라이언트의 욕구를 충족시킬 수 있는가를 사정하기 위해 전문적 보호의 자원과 욕구를 조화시킨다. | 사회적 관계망이 클라이언트의 욕구를 충족시킬 수 있는가를 사정하기 위해 상호보호의 자원과 클라이언트를 조화시킨다. |

자료 : D. P. Moxley, *The Practice of Case Management*, Newbury Park, CA: Sage Publications, Inc., 1989, p.57.

### 3) 기획

기획은 케어매니지먼트의 목적을 달성하기 위해 클라이언트에 대한 장·단기의 목표를 설정하고, 그러한 목표달성을 위한 가장 적절한 해결방안을 모색하기 위하여 클라이언트에 대한 개별적인 보호계획을 수립하는 과정이다. 즉, 기획은 클라이언트를 위해 제공되는 서비스에 대한 청사진을 작성하는 것으로, 서비스 제공을 위한 세부 목표와 우선순위를 설정하고 이러한 목표에 상응하는 활동과 서비스를 개발하고 계획화하는 지적인 과정이다.

기획은 다음의 네 가지 단계로 이루어진다. 첫째는 사정과정에서 확인된 목적을 바탕으로 설정되는 특수한 실천적인 목표의 공식화이다. 둘째는 긴급한 욕구를 우선적으로 열거하며 심각하고 해결 가능한 문제들을 연속적으로 연관시키는 방법을 통한 목표들 사이의 우선순위의 설정이다. 셋째는 목표를 성취할 방법의 선택이다. 이러한 방법은 대개 기술, 전략 또는 개입으로 불리며, 케어매니저와 클라이언트가 변화를 가져오도록 취해야 할 행동을 말한다. 넷째는 시간활용을 확인하고 클라이언트의 진척을 평가하는 절차이다.[21)]

#### (1) 목표설정

클라이언트에 대한 목표는 그들의 생활상의 변화와 관련되어 있는 것으로 사정과정에서 확인된 욕구를 바탕으로 설정되며, 그것은 클라이언트의 생활여건의 개선, 클라이언트의 개인적인 능력의 향상, 클라이언트를 위한 지원망의 개발과 강화 등이다. 즉, 클라이언트에 대한 목표는 서비스에 대한 개입을 통해서 클라이언트에게 기대할 수 있는 결과와 관련되어 있다.

목표를 설정할 때 케어매니저는 가능한 한 클라이언트가 스스로 성취하고자 하는 목표를 설정할 수 있도록 지도해야 하며, 현실적으로 실현가능한 것을 선택할 수 있도록 해야 한다. 즉, 클라이언트 스스로 그들의 목표를 설정했을 때, 그

21) J. R. Ballew & G. Mink, *op. cit.*, p.18.

들이 목표달성을 위해 보다 적극적으로 책임성 있게 노력할 것이며, 비현실적인 목표는 클라이언트에게 실망감을 안겨주어 케어매니지먼트 과정을 지속하는 데 지장을 초래할 수 있을 것이다.

기본적인 목표가 설정되면 이러한 목표를 구체적으로 달성하기 위한 구체적이고 세부적인 하위목표가 설정되어야 한다. 이러한 목표들은 클라이언트의 변화를 촉진하는 데 도움이 될 수 있도록 장·단기로 구분하여 적절히 안배하고, 우선순위에 입각하여 설정되어야 한다.

### (2) 보호계획의 수립

보호계획은 클라이언트에 대하여 설정한 목표를 달성하기 위해서 어떠한 서비스가 언제, 어떤 방식으로, 얼마동안, 얼마만큼 제공되어야 하는가에 관한 사항들을 개별적으로 문서화한 것이다.

보호계획의 수립은 대개 다양한 학문 분야의 전문가들로 구성된 팀을 활용하여 이루어지며, 이 과정에서 케어매니저와 클라이언트가 적극적으로 관여해야 한다. 보호계획을 수립하는 과정에서의 케어매니저의 관여는 몇 가지 중요한 이익을 가지고 있다. 첫째는 클라이언트가 욕구를 제기한 근본적인 이유와 그들의 기대를 정확히 파악할 수 있으며, 둘째는 보호계획에서 고려되고 있는 서비스의 유용성과 타당성을 확인하는 계기가 되며, 셋째는 클라이언트에 대한 옹호자로서 기여하는 기회가 제공된다는 것이다. 또한 케어매니저는 보호계획을 수립할 때, 클라이언트의 적극적인 참여를 바탕으로 그들과의 신뢰관계를 유지·발전시키고, 클라이언트와의 의사소통을 증진하며, 단계적인 해결방안을 선택하고 이행하는 복잡성을 이해해야 한다.

보호계획의 기록은 케어매니저가 사정과정에서 수집한 모든 관련된 정보를 조직화할 기회를 제공하며, 불필요한 사항을 제거할 수 있게 하고, 케어매니지먼트 활동의 논리적인 기초를 제공한다. 또한 그 계획은 케어매니저가 클라이언트를 더 잘 인식할 수 있도록 변화시킨다.

보호계획을 수립할 때 기록해야 할 사항들은 ① 원하는 결과 또는 목적, ② 문서에 대한 서명, 친척에게 알리는 것, 직접적인 서비스의 요청, 자기보호 등과 같은 클라이언트가 행하는 일, ③ 가족, 친구 또는 이웃이 행하는 일, ④ 케어매니저가 행하는 일, ⑤ 기관 내의 다른 사회복지사가 행하는 일, ⑥ 순서, 기간, 비용, 부가적인 전문적 사정의 필요성 등과 같은 기관으로부터 획득할 수 있는 것, ⑦ 기대되는 변화들, ⑧ 계획에서의 새로운 단계, 재사정 또는 수정된 계획을 야기시킬 사건들 등이다.[22)]

보호계획은 대개 소득, 일상생활의 활동에 대한 원조, 가족부양, 이동성, 의료보호에 대한 접근 등과 같은 클라이언트의 수단적 욕구에 초점을 두고 있다. 그러나 심리사회적 측면을 강조하는 프로그램은 상담, 정신장애인의 주간보호, 사회화 서비스, 우호방문, 전화접촉, 사회적 지지 등과 같은 정서적 욕구를 중요시한다.

### 4) 실행

실행은 보호계획을 완전하게 수행하는 단계로서 클라이언트와 필요하고 유용한 서비스를 연결하며, 개입을 통하여 서비스의 획득과 활용에서의 장애를 극복하고 보호계획을 수행하며, 적절하게 서비스를 배열하고 정리하는 과정이다. 즉, 실행은 케어매니지먼트 실천의 성공을 결정하는 중요한 단계로서 보호계획의 모든 부분들의 단계적인 실행을 통하여 적절한 서비스를 클라이언트에게 제공하고 서비스를 적소에 배치하며, 분쟁해결과 개입의 연속성을 보장하는 과정이기도 하다.[23)]

22) R. M. Steinberg & G. W. Carter, *op. cit.*, pp.22-23.

23) National Association of Social workers, "Standards and Guidelines for Social Work Case Management for the Functionally Impaired", *Professional Standards*, No.12, Silver Spring, MD: National Association of Social workers, Inc., 1984, p.9.

### (1) 서비스의 연결

클라이언트와 필요한 서비스와의 연결은 케어매니지먼트의 가장 핵심적인 과정이다. 이것은 단순한 의뢰와는 다른 것으로 클라이언트에게 서비스를 제공하는데 필요한 다른 부가적인 것들을 포함하고 있다.

연결과정에서 케어매니저는 서비스제공기관과의 접촉을 시도하며, 기관을 방문하고, 효과적인 연결을 위해서 클라이언트를 지도하며, 필요한 서류를 준비시킨다. 또한 케어매니저는 서비스 제공기관까지 클라이언트와 동행하기도 하며, 클라이언트를 이송시키기도 한다.

케어매니저는 클라이언트와 서비스 제공자에게 정서적 지지를 제공하며, 클라이언트에게 연결과 관련된 상세한 정보를 제공하고, 클라이언트에게 역할연습을 실시하기도 하며, 다른 기관과 접촉하는 클라이언트를 돕기도 하고 연결에 필요한 소개, 교육, 훈련, 자문 등을 제공하기도 한다.

### (2) 보호계획의 수행

보호계획의 수행은 클라이언트에게 서비스를 제공하고 활용할 수 있도록 하는 과정이다. 따라서 클라이언트에게 서비스를 적기에 적절하고 적당하게 제공하며 서비스를 효율적으로 활용할 수 있도록 하기 위해서는 서비스에 대한 개입을 통하여 보호계획의 수행에서 제기되는 서비스의 제공과 활용에서의 장애를 극복할 필요가 있다.

보호계획의 수행에서 제기되는 서비스의 제공과 활용에서의 장애에는 선천적 무능력, 내적 장애와 외적 장애의 세 가지가 있으며, 이러한 장애를 극복하는 주요한 전략은 다음과 같다.[24] 첫째로, 선천적 무능력은 클라이언트가 서비스 제공자와의 의사소통에 지장을 초래하여 특수한 유형의 서비스가 제공되어야만 하는 것으로 보통 비자발적인 측면을 지니고 있다. 선천적인 무능력을 극복하는 전략

24) J. R. Ballew & G. Mink, *op. cit.*, pp.24-26.

에는 ① 자격을 갖춘 전문가로부터의 진단적 사정과 서비스계획에서의 자문의 획득, ② 클라이언트의 적극적인 관여 없이도 유지할 수 있는 지원체계의 개발, ③ 지원체계가 기능을 제대로 수행하지 못할 때와 클라이언트가 비자발적인 서비스에 의뢰되어야만 할 때 모든 서비스 활동에 대한 주의 깊은 기록 등이다.

둘째로, 내적 장애는 동기부족, 낙인감, 좌절감, 두려움, 불신감 등의 클라이언트의 심리사회적인 문제에 의한 것으로, 클라이언트의 강점을 활용하여 그들을 돕는 상담 접근방법으로 장애를 극복할 수 있다. 상담 접근방법은 세 가지 단계로 이루어진다. 그 단계는 ① 내적 장애의 본질의 확인, ② 장애를 극복할 수 있는 내적 자원의 확인, ③ 내적 자원의 동원을 통한 장애의 극복 등이다.

셋째로, 외적 장애에는 지원체계의 결여, 자원의 부족, 자원에 대한 정보와 접근성의 결여, 서비스의 단편성과 불연속성 등이 있다. 외적 장애를 극복하는 전략에는 ① 서비스 제공자들과 새로운 관계를 시작하는 연결, ② 클라이언트와 서비스 제공자 사이의 현재의 연결을 개선하도록 계획한 교섭, ③ 케어매니저가 클라이언트를 위하여 중재하는 옹호 등이 있다.

클라이언트에 대한 서비스의 획득과 활용에서의 장애가 점차 극복되면, 케어매니저는 클라이언트의 보조에 맞게 보호계획을 실행한다. 보호계획의 실행에서 케어매니저는 클라이언트와 클라이언트의 비공식 지원체계, 서비스 제공자 및 케어매니지먼트 기관과 함께 많은 과업을 수행한다.[25)]

첫째로, 케어매니저가 클라이언트 및 클라이언트의 비공식 지원체계와 함께 수행하는 과업은 다음과 같다.

① 제공될 서비스에 관한 정보를 제공한다.

② 서비스를 획득하는 방법에 관한 행동모형을 설계한다.

③ 서비스의 획득을 위해 지지를 제공하거나, 책임을 분담한다.

④ 문제의 이해, 해결방안의 추구, 변화계획의 수행, 변화의 평가 등에 관한 상담을 실시한다.

---

25) R. M. Steinberg & G. W. Carter, *op. cit.*, pp.25-26.

⑤ 클라이언트를 위해 특정한 과업을 행한다.

⑥ 클라이언트를 자신의 문제를 악화시키는 요인과 직면시킨다.

⑦ 클라이언트와 중요한 타자들을 가정에서의 서비스 점검에 종사시킨다.

⑧ 서비스의 감소 또는 종결을 위해 준비시킨다.

둘째로, 케어매니저가 서비스 제공자와 함께 수행하는 과업은 다음과 같다.

① 클라이언트에 관한 케어매니저의 업무를 소개한다.

② 프로그램에서 제공하는 서비스를 구매한다.

③ 서비스 제공자를 격려한다.

④ 서비스 전달을 점검한다.

⑤ 서비스 제공자들 사이의 또는 클라이언트와 서비스 제공자 사이의 갈등을 중재한다.

⑥ 서비스를 획득하거나 수정할 필요가 있을 때 옹호자 또는 민원조사관이 된다.

⑦ 서비스 제공자의 실질적인 수행을 반영하기 위해서 자원목록이나 서비스인 명부를 정정한다.

⑧ 클라이언트를 위해 새로운 서비스를 고안한다.

⑨ 서비스 전달에 대한 장애를 확인하고 보고한다.

⑩ 집주인, 공공회사, 세무공무원, 지적과나 위생과와의 협정을 조정한다.

⑪ 필요할 경우에 서비스 제공자로부터 클라이언트에 대한 진척보고서를 요청한다.

셋째로, 케어매니저가 케어매니지먼트 기관과 수행하는 과업은 다음과 같다.

① 필요할 경우에 업무를 보조하는 직원에게 알린다.

② 기관의 정책이나 절차에 의해 발생하는 장애를 보고한다.

③ 사례기록, 행정 또는 평가에 관한 필수적인 보고서를 만들고 최신정보를 수록한다.

④ 필요하다면 자문을 얻는다.

이와 같이 보호계획의 수행에서 케어매니저는 클라이언트, 클라이언트의 비공식 지원체계, 서비스 제공자 및 케어매니지먼트 기관과 함께 다양한 과업을 수행한다. 그러나 보호계획을 수행하다보면 때로는 갈등을 해결하고 분쟁을 조정하거나, 서비스를 재배치하고 정리하거나, 케어매니지먼트 기관 상호간에 조정을 행해야 할 경우가 많다.

### (3) 보호의 조정

보호계획의 수행이 클라이언트에게 서비스를 제공하기 위해서 수립한 계획을 단순히 실행하는 과정이라면, 보호의 조정은 클라이언트에게 가장 적절한 서비스를 적소에 배치하고 정리하는 과정이다. 즉, 보호계획의 수행이 클라이언트에게 필요한 서비스를 연결시키고 계획된 서비스가 제공되도록 하는 것이라면, 보호의 조정은 클라이언트에게 제공되는 서비스를 적절히 배열하고 정리하여 서비스의 효과성과 보호의 연속성을 보장할 수 있도록 하는 것이다.

보호의 조정에서 케어매니저는 클라이언트에게 제공되는 서비스가 그들에게 가장 적합하고 적당하며 중복되지 않도록 조정하고, 서비스 제공자와 클라이언트 사이에 발생하는 갈등을 해결하며, 서비스 제공자들 사이에 유발될 수 있는 분쟁을 조정하고, 케어매니지먼트 기관 상호간의 협정을 통하여 클라이언트의 서비스를 적절히 조정할 수 있도록 해야 한다.

이를 위해서 케어매니저는 클라이언트와 밀접한 관계를 맺고 서비스 제공과 관련된 기록을 철저히 하여 서비스 조정의 중요한 자료로 활용하며, 서비스 제공자와 클라이언트 사이 및 서비스 제공자들 사이의 의사소통을 촉진시키고, 케어매니지먼트 기관 상호간의 조정을 행한다.

한편 조정과정에서의 보호계획의 수행 및 보호의 조정과 관련하여 케어매니저의 역할을 살펴보면, 직접적인 서비스 역할과 간접적인 서비스 역할이 있다. 직접적인 서비스 역할은 ① 이행자, ② 교사, ③ 안내자·협력자, ④ 진행자, ⑤ 정보전문가, ⑥ 지원자 등이다. 간접적인 서비스 역할은 ① 클라이언트의 욕구를 충족시키는 서비스의 중개자, ② 서비스 및 자원과 클라이언트 사이의 연결자, ③ 클라이언트에 대한 서비스 전달의 조정자, ④ 클라이언트를 위한 옹호자, ⑤ 민감하게 반응하는 사회적 관계망의 수립자, ⑥ 기술적인 원조와 자문의 제공자 등이다.[26)]

### 5) 점검

점검은 클라이언트에게 제공되는 서비스의 적시성, 적당성, 적절성 및 연속성을 보장하기 위해서, 서비스 제공자를 포함한 클라이언트 지원체계의 서비스의 전달과 실행을 추적하고 재사정을 실시하는 과정이다. 즉, 점검은 보호계획이 적절하게 실행되고 있는가, 클라이언트가 기대하는 서비스를 제공받고 있는가, 클라이언트에게 제공되는 서비스가 필요하고 적절한 것인가, 그리고 클라이언트의 지원체계가 서비스 제공과 지지의 역할을 제대로 수행하고 있는가를 추적하고 감독하는 과정이다.

#### (1) 보호의 점검

클라이언트에게 제공되는 보호에 대한 점검은 클라이언트 수준과 서비스 제공자의 수준에서 이루어진다. 클라이언트 수준에서의 점검은 ① 클라이언트는 목표달성을 위해 스스로 노력하고 있는가, ② 클라이언트의 자기보호의 노력은 적절한가, ③ 클라이언트에게 제공되는 서비스가 욕구 충족과 변화에 기여하는가, ④ 클라이언트의 새로운 욕구나 문제가 발생되고 있는가 등에 관한 사항을 확인하는 것이다. 서비스 제공자의 수준에서의 점검은 ① 클라이언트에 대한 보호계획은 적절하게 실행되고 있는가, ② 서비스와 지원은 적시에 적절하게 지속적으로 제공되고 있는가, ③ 제공되는 서비스가 클라이언트의 욕구 충족과 변화를 위해 필요한 것인가, ④ 서비스 제공자들 사이 또는 서비스 제공자와 클라이언트

26) D. P. Moxley, *op. cit.*, pp.83-113.

사이의 갈등이 있는가 등에 관하여 확인하는 것이다.

이러한 점검활동을 수행하기 위해서 케어매니저는 클라이언트 및 서비스 제공자와 지속적으로 접촉할 필요가 있다. 이것은 적절하고 효과적인 서비스가 적시에 제공될 수 있도록 보장한다. 서비스를 제공하는 사람들은 때때로 그들의 책임을 제대로 수행하지 못하는 경우가 있으며, 클라이언트도 자기보호의 노력이나 욕구 충족과 변화에 대한 동기가 감소되는 경우가 있다. 그러므로 클라이언트와 서비스 제공자와의 지속적인 접촉은 클라이언트로 하여금 동기를 고양시키고 서비스 제공자의 책임을 상기시켜 자신들의 과업을 완수할 가능성을 증가시키며, 환류를 촉진하고 관계를 개선하는 훌륭한 수단이 된다.[27)]

점검은 케어매니지먼트의 과정에서 가장 어려운 부분 중의 하나이다. 서비스를 제공하는 기관의 직원들은 대개 서비스를 점검하는 케어매니저를 간섭자로 간주하는 경향이 있기 때문에, 효과적인 점검을 위해서는 케어매니저가 그들에게 권위와 영향력을 행사할 수 있어야 한다. 따라서 케어매니저가 권위와 영향력을 행사하기 위해서는 기관간의 협정, 계약, 사례회의 등을 활용할 필요가 있다. 한편 서비스의 전달을 점검하는 도구로는 관찰, 가정방문, 직접적인 면접, 전화접촉, 서신왕래, 사회적 지원망 구성원들의 회합, 사례회의, 설문지 발송, 기관간의 회의 등이 있다.

점검과정은 다음과 같은 단계를 거쳐 수행된다. 첫째로, 케어매니저는 자기 자신의 시간구속, 전문적인 책임 및 조직적인 맥락을 사정하며, 이러한 사정에 기초하여 점검의 적절한 유형을 선택한다. 둘째로, 케어매니저는 클라이언트의 자기보호, 전문적 보호와 상호보호의 점검 및 선택된 점검의 유형과 관련된 주요한 과업과 활동을 확인한다. 셋째로, 케어매니저는 클라이언트 지원망 구성원 각자에 대하여 노력, 적당성, 질 또는 결과에 초점을 둔 점검의 목적을 확인한다. 넷째로, 케어매니저는 각각의 점검의 목적에 대하여 ① 점검의 참여자, ② 케어매니저가 자료수집에 사용할 점검의 도구, ③ 점검활동의 시간표, ④ 자료에 기초

27) A. Rubin, "Case Management", in A. Minahan, et al., *Encyclopedia of Social Work*, 18th ed., Vol. 1, Silver Spring, MD: National Association of Social workers, Inc., 1987, p.215.

한 케어매니저의 단계적 조처 등을 확인한다.[28)]

### (2) 재사정

재사정은 보호계획의 수행 중에 주기적인 사정을 통하여 클라이언트에게 제공되는 서비스가 적합한가, 보호계획의 변화가 필요한가, 그리고 보호계획은 어떠한 방식으로 변화될 필요가 있는가를 결정하는 과정이다. 재사정과 평가가 다른 점은 재사정이 클라이언트의 보호계획의 적합성을 판단하여 서비스에 대한 변화의 필요성의 여부를 결정하는 과정인 반면에, 평가는 가치와 종결을 포함하는 개념으로 보호계획이 클라이언트의 삶에 어떠한 변화를 가져왔는가 등을 판단하는 효과성과 효율성에 초점을 두는 과정인 것이다.

재사정은 기관의 정책을 통해서 1개월, 3개월 또는 6개월 등의 표준화된 주기적인 간격을 정하고, 보호계획에 기록된 일정표에 기준하여 재사정을 실시한다. 한편 재사정을 실시해야 할 필요가 있는 요건으로는 ① 새로운 케어매니저에 대한 기존의 사례의 할당, ② 계획된 서비스의 서비스 제공자 또는 클라이언트에 의한 중단, ③ 계획된 서비스에 대한 철회와 클라이언트 스스로 변화에 대한 인식을 하도록 원조할 필요성의 제기, ④ 클라이언트 또는 그들의 가족에 대한 예기치 못한 새로운 위기 또는 손상의 발생과 예기치 못한 클라이언트의 상황의 개선, ⑥ 대기하는 새로운 클라이언트에게 기회를 주기 위해 개선되거나 안정된 클라이언트를 종결시키라는 기관의 압력, ⑦ 클라이언트의 상태가 호전되어 시설 또는 친척집에서 가정으로 돌아가도록 하는 것과 같은 생활계획의 변화 등을 제시할 수 있다.[29)]

재사정을 실시하는 데 장애가 되는 요인은 다양하다. 그러한 요인들은 대개 목표의 불확실성, 클라이언트의 진척의 불규칙성, 클라이언트의 진척에 대한 클라이언트 자신과 서비스 제공자의 정확한 정보의 부족, 케어매니저의 시간적인 구

28) D. P. Moxley, *op. cit.*, pp.121-122.
29) R. M. Steinberg & G. W. Carter, *op. cit.*, pp.27-28.

속 등을 들 수 있다.

### 6) 평가

평가는 케어매니지먼트의 필수적인 구성요소로서 클라이언트에게 제공된 서비스, 클라이언트의 진척사항, 보호계획, 서비스 활동 및 서비스체계의 효과성과 효율성을 종합적으로 판단하는 과정이며, 케어매니저의 전문적인 판단에 의해 클라이언트에게 서비스가 더 이상 필요하지 않을 때 케어매니지먼트 과정을 종결하는 단계이다. 이것은 케어매니지먼트의 효과성과 효율성의 분석을 통해 환류를 제공하고, 보호계획, 프로그램 및 서비스체계의 수정의 중요한 수단이 된다.

#### (1) 결과평가

케어매니지먼트 서비스에 대한 결과평가는 클라이언트와 체계의 두 가지 수준에서 이루어진다. 클라이언트 수준에서의 평가척도로는 ① 서비스 제공자가 클라이언트가 수용할 수 있는 형태와 수준의 서비스를 제공하고 있는가, ② 클라이언트에게 제공되는 서비스는 적당한가, ③ 서비스가 일반적으로 수용할 수 있는 양질의 실천기준에 적합한가, ④ 제공된 서비스가 의도한 결과를 초래하는가, ⑤ 클라이언트는 제공되는 서비스에 대하여 만족하는가, ⑥ 한정된 서비스의 공급이 극한 위기에 처해 있는 클라이언트에게 전달되는가 등이 있다.[30] 서비스체계 수준에서의 평가척도로는 ① 보호계획이 클라이언트의 장·단기 목표를 달성하는 데 적절한가, ② 보호계획에서 기술한 활동과 과업은 적절한 방법으로 실행되는가, ③ 보호계획은 클라이언트의 욕구를 충족시키기에 적합한가, ④ 서비스 제공기관의 정책과 프로그램은 클라이언트의 욕구충족에 기여하는가 등이 있다.

케어매니지먼트 서비스를 평가하기 위해서는 다양한 자료원으로부터 자료를 수집해야 하며, 서비스의 효과성을 측정하는 데 필요한 정보를 수집할 수 있도록

---

30) B. S. Vourlekis & R. R. Greene(Ed.), 1992, *Social Work Case Management*, New York: Aldine De Gruyter, Inc., 1992, p.22.

클라이언트 수준에서, 기관 또는 프로그램 수준에서, 그리고 서비스체계 수준에서 질문할 문항이 정해져야 한다. 한편 서비스를 평가하기 위한 수단으로는 클라이언트에 대한 직접적인 면접, 전화면접, 사례회의, 전문가의 기록에 대한 검토, 시설과 기관의 이용빈도 등을 활용한다.[31)]

### (2) 종결

종결은 케어매니지먼트 과정을 통하여 사례의 목표가 달성되었거나, 서비스가 이미 클라이언트의 복지를 위해 필요하지 않거나, 클라이언트의 중대한 변화로 인하여 케어매니지먼트 과정을 계속 수행할 수 없을 경우에 서비스의 제공을 중단하는 과정이다.

케어매니지먼트의 클라이언트는 대개 장기보호를 필요로 하는 사람들이기 때문에 사례의 종결에 어려움이 있으나, 다음과 같은 경우에 클라이언트에 대한 서비스를 종결한다.[32)]

① 클라이언트가 스스로 사례를 종결시킨다.
② 주요한 서비스 제공자가 종결을 권고한다.
③ 사례목표가 성취되었다.
④ 한 사람의 서비스 제공자가 포괄적인 보호의 책임을 맡는다.
⑤ 클라이언트가 대규모 보호시설에 입소하거나, 호스피스 프로그램에 소속되거나, 또는 사망한다.
⑥ 클라이언트가 케어매니저가 추천한 서비스가 비생산적이라고 주장하거나, 추천한 서비스계획을 거절하거나, 다른 방법으로 자원을 낭비하거나, 또는 기관의 신뢰성과 책임성을 위태롭게 할 정도로 비협조적이다.
⑦ 클라이언트의 욕구가 충족되고 제기된 문제가 완화되며, 케어매니저가 클

31) C. A. Rapp & R. Chamberlain, "Case Management Services for the Chronically Mentally Ill", *Social Work*, 30(5), Silver Spring, MD: National Association of Social workers, Inc., 1985, pp.419-420.

32) R. M. Steinberg & G. W. Carter, *op. cit.*, p.29.

라이언트 또는 수발자 스스로 서비스의 획득과 조정의 과업을 수행할 수 있다고 생각한다.

⑧ 클라이언트들 사이에 서비스와 부족한 자원에 대한 우선순위를 정하여 욕구가 더 긴박한 사람을 위해 서비스를 계속 제공받을 수 있는 사람의 서비스를 철회할 필요가 있다.

클라이언트에 대한 서비스의 종결은 케어매니저로 하여금 과중한 사례담당건수를 줄이는 데 도움을 주며, 클라이언트에게는 새로운 독립을 얻을 수 있는 기회를 제공한다. 그러나 사례가 종결되었더라도 클라이언트가 다시 서비스를 필요로 할 경우에 케어매니저에게 접근할 수 있는 의사소통의 통로를 지속적으로 유지하는 것이 좋다.

사례가 종결된 이후의 케어매니저와 클라이언트 간의 지속적인 의사소통은 케어매니지먼트 서비스가 다시 필요할 때면 언제나 이전의 클라이언트에게 서비스를 이용할 수 있는 기회를 제공하며, 이전의 클라이언트를 통하여 새로운 클라이언트의 의뢰를 촉진하고, 클라이언트에게 계속적인 관심과 우호의 태도를 보임으로써 지속적인 정서적 지지를 제공하며, 그리고 불행한 변화가 발생했을 때 클라이언트로 하여금 쉽게 접근할 수 있도록 한다.

케어매니저와 클라이언트 간의 지속적인 의사소통을 위해서는 사례가 종결된 이후에 정기적으로 전화확인이나 우호적인 방문을 실시하며, 클라이언트의 생일, 휴가철, 사례종결 날짜에 일상적인 인사편지를 보내고, 주기적으로 클라이언트의 상태를 평가하며, 그리고 클라이언트에게 기관이나 프로그램의 소식지를 계속적으로 보낼 필요가 있다.

## | 참고문헌 |

Ballew, Julius R. & Mink, George(1986), *Case Management in the Human Services*, Springfield, IL: Charles C Thomas · Publisher.

Bendick, M.(1980), "Failure to Enroll in the Public Assistance Programs", *Social Work*, 25, Silver Spring, MD: National Association of Social workers, Inc.

Hepworth, Dean H. & Larsen, Jo Ann(1993), *Direct Social Work Practice: Theory and Skills*, 4th ed., Pacific Grove, CA: Brooks/Cole Publishing Company.

Levine, I. S. & Fleming, M.(1984), *Human Resource Development: Issues in Case Management*, Baltimore, MD: Center of Rehabilitation and Manpower Services, University of Maryland.

McGowan, Brenda G.(1978), "The Case Advocacy Function in Child Welfare Practice", *Child Welfare*, 57.

Middleman, R. & Goldberg, G.(1974), *Social Service Delivery: A Structural Approach to Social Work Practice*, New York: Columbia University Press.

Moxley, David P.(1989), *The Practice of Case Management*, Newbury Park, CA: Sage Publications, Inc.

National Association of Social workers(1984), "Standards and Guidelines for Social Work Case Management for the Functionally Impaired", *Professional Standards*, No.12, Silver Spring, MD: National Association of Social workers, Inc.

Orme, Joan & Glastonbury, Bryan(1993), *Care Management: Tasks and Workloads*, London: The Macmillan Press Ltd.

Quinn, Joan(1993), *Successful Case Management in Long-term Care*, New York: Springer Publishing Company, Inc.

Rapp, Charles A. & Chamberlain, Ronna(1985), "Case Management Services for the Chronically Mentally Ill", *Social Work*, 30(5), Silver Spring, MD: National Association of Social workers, Inc.

Rothman, Jack(1991), "A Model of Case Management: Toward Empirically Based Practice", *Social Work*, 36(6), Silver Spring, MD: National Association of Social workers, Inc.

Rubin, Allen(1987), "Case Management", in Minahan, Anne, et al., *Encyclopedia of Social Work*, 18th ed., Vol. 1, Silver Spring, MD: National Association of Social workers, Inc.

Steinberg, Raymond M. & Carter, Genevieve W.(1983), *Case Management and the Elderly*, Lexington, MA: Lexington Books.

Toseland, R.(1981), "Increasing Access: Outreach Methods in Social Work Practice", *Social Casework*,

62, Milwaukee, WI: Family Service America.

Vourlekis, Betsy S. & Greene, Roberta R.(Ed.)(1992), *Social Work Case Management*, New York: Aldine De Gruyter, Inc.

Weil, Marie & Karls, James M., et al.(1985), *Case Management in Human Service Practice*, San Francisco, CA: Jossey-Bass, Inc., Publishers.

Weissman, A.(1976), "Industrial Social Services: Linkage Technology", *Social Casework*, 57, Milwaukee, WI: Family Service America.

Weissman, H. H., Epstein, I. & Savage, A.(1983), *Agency-Based Social Work: Neglected Aspects of Clinical Practice*, Philadelphia: Temple University Press.

White, Monika & Goldis, Lynn(1992), "Evaluation: Case Managers and Quality Assurance", in Vourlekis, Betsy S. & Greene, Roberta R.(Ed.), *Social Work Case Management*, New York: Aldine De Gruyter.

White, Monika(1986), "Case Management", in George L. Maddox(Ed.), *The Encyclopedia of Aging*, New York: Springer Publishing Company.

# 08

# 케어매니지먼트의 모형

## 1. 케어매니지먼트 모형의 분류기준

케어매니지먼트의 모형은 상당히 다양하다. 그것은 전형적으로 표적인구집단, 주체, 목적, 활동장소 및 수행역할 등에 따라 분류할 수 있으며, 각각의 분류기준 내에 그리고 분류기준이 서로 교차하여 다음과 같이 다양한 모형이 존재할 수 있다.[1)]

### 1) 표적인구집단

케어매니지먼트 서비스는 대개 특정한 클라이언트 집단을 표적으로 삼는다. 표적인구집단은 복합적인 욕구를 지닌 가족과 같은 취약집단, 발달장애인, 허약한 노인, 신체장애인, 만성정신장애인 및 다른 위험에 처한 집단 등이다. 이러한 인구집단들을 대상으로 케어매니지먼트를 실천하는 분야에서 다양한 모형이 존재할 수 있다. 여기에서 케어매니저는 적절한 자원을 동원하기 위하여 특수한 인구집단에 대한 전문지식과 지정된 집단에게 제공해야 하는 유용한 서비스에 관한 지식을 지니고 있어야 한다.

1) F. E. Netting, "Case Management: Service or Symptom?", *Social Work*, 37(2), Washington D.C.: National Association of Social workers, Inc., 1992, pp.161-162.

### 2) 주체

케어매니저는 다양한 서비스 제공기관에 고용되어 있다. 이러한 기관들은 전통적인 비영리 지역사회 대인서비스기관, 공공기관 또는 영리기관이다. 그들은 정신보건, 장기보호, 급성환자치료(acute care) 또는 다른 서비스를 제공한다. 대부분의 경우에 비영리제공자는 케어매니지먼트 서비스에 투자하는 공공부문으로부터 자금을 지원받는다. 대개 케어매니저는 영리민간제공자, 급성환자치료병원, 종합건강관리기관(HMO), 또는 장기보호체계에서 없어서는 안 될 요소이다. 이들 여러 주체들에 따라 케어매니지먼트 서비스를 제공하는 기관들이 다양하게 존재하며, 그로 인하여 제공기관별 모형도 다양하게 존재할 수 있다.

또한 케어매니지먼트 서비스는 다양한 사람들에 의해 제공될 수 있으며, 그들은 대개 사회복지사, 가족 성원, 지역사회 주민, 자원봉사자, 간호사, 의사, 심리학자 또는 전문적인 팀 등이다. 이러한 케어매니지먼트 서비스를 제공하는 사람들에 따라 다양한 모형이 존재할 수 있다.

### 3) 목적

케어매니지먼트의 모형은 목적 또는 목표에 기반을 두고 존재할 수 있다. 케어매니지먼트의 목적은 대개 보호의 연속성을 보장하고, 서비스 체계에 대한 접근성과 책임성을 향상시키며, 서비스 전달의 효율성을 증대시키는 것이다.[2] 그 외에도 이것은 클라이언트의 사회적 기능을 향상시키고, 클라이언트의 잠재능력을 극대화시키며, 가족을 포함한 일차집단의 보호능력을 향상시키는 것이다.[3] 이러한 케어매니지먼트의 목적을 바탕으로 다양한 모형이 존재할 수 있다.

---

2) J. Intagliata, "Improving the Quality of Community Care for the Chronically Mentally Disabled: The Role of Case Management", in Rose, Stephen M.(Ed.), *Case Management and Social Work Practice*, New York: Longman Publishing Group, 1992, pp.28-29.

3) S. T. Moore, "A Social Work Practice Model of Case Management: The Case Management Grid", *Social Work*, 35(5), Silver Spring, MD: National Association of Social workers, Inc., 1990, p.446.

### 4) 활동장소

케어매니지먼트 모형은 활동장소에 따라 다양해질 수 있다. 활동장소는 케어매니지먼트의 주체를 통해서 예측할 수 있다. 주체와 활동장소가 동일한 경우가 있는가 하면 다른 경우도 있다. 예를 들면, 케어매니지먼트 서비스의 제공자가 생활시설인 경우에는 동일하며, 병원이 퇴원한 환자에게 그들의 가정에서 케어매니지먼트 서비스를 제공하는 경우에는 다르다.

케어매니지먼트는 가정, 장기보호센터, 급성보호센터, 수용치료센터, 낮병원(day hospital), 지역사회 대인서비스기관 등에서 실시하고 있다. 클라이언트 집단이 누구이며 그들이 어디에 거주하는가가 활동장소를 결정할 것이다.

### 5) 수행역할

케어매니지먼트 모형은 케어매니저가 수행하는 역할에 따라 다양하다. 케어매니저는 사정자, 계획자, 중개자, 조정자, 점검자, 평가자, 옹호자, 경계범주자, 기록보존자, 지역사회조직가, 자문가, 협력자, 치료자, 촉진자 등의 다양한 역할을 수행한다. 이러한 각각의 역할에 따라 다양한 모형이 존재할 수 있다.

## 2. 케어매니지먼트 모형에 관한 이론

### 1) 케어매니지먼트의 제공자에 따른 모형

Weil과 Karls는 케어매니지먼트가 케어매니지먼트 전문가, 전문가 팀, 가족 성원, 지역사회 주민, 자원봉사자 등의 다양한 사람들에 의해서 실천될 수 있다고 보고 있다. 그에 따라 그들은 케어매니지먼트의 실천모형을 ① 대인서비스 전문가 또는 특별히 훈련된 준전문가에 의해서 제공되는 케어매니지먼트, ② 클라이언트와 특수한 관계에 있는 비전문가에 의해서 제공되는 케어매니지먼트, 그리고 ③ 종합서비스센터에서 제공하는 케어매니지먼트의 세 가지 범주로 구분하여 제시하고 있다.

첫째 범주에는 ① 케어매니저로서의 통합전문가 모형, ② 케어매니저로서의 일차적 치료자 모형, 그리고 ③ 학제간 팀 모형이 여기에 속한다. 둘째 범주에는 ① 케어매니저로서의 가족 모형, ② 케어매니저로서의 지역사회 주민에 의한 지지적 보호 모형, 그리고 ③ 케어매니저로서의 자원봉사자 모형이 여기에 속한다. 셋째 범주에는 종합서비스 센터 모형이 여기에 속하며, 이것은 클라이언트가 수용되어 있으면서 핵심적인 서비스를 제공받을 수 있는 모형이다.

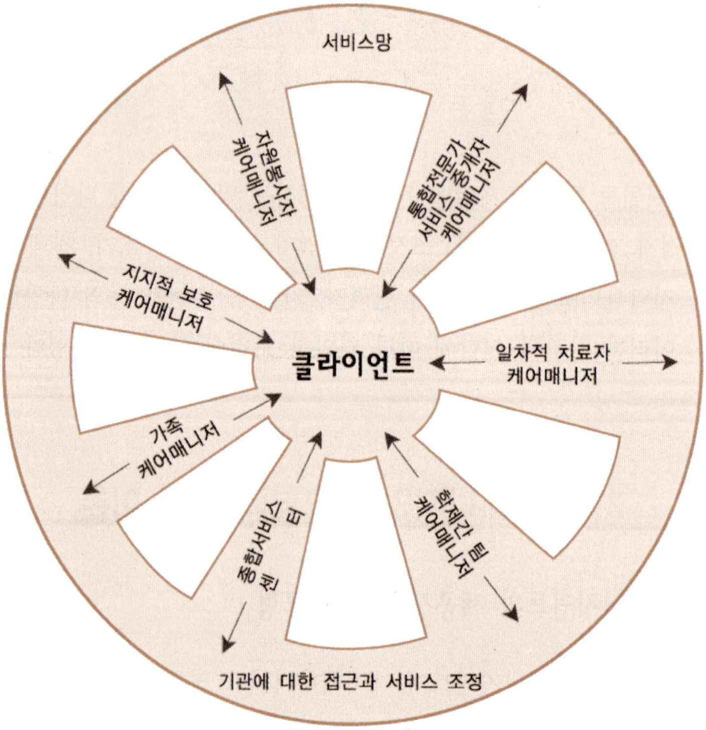


자료 : M. Weil & J. M. Karls, et al., Case Management in Human Service Practice, San Francisco, CA: Jossey-Bass, Inc., Publishers., 1985, p.45.

[그림 8-1] 케어매니지먼트의 모형

이러한 모형들은 [그림 8-1]과 같이 나타낼 수 있으며, 이들은 발달장애 아동과 성인을 위한 입원 프로그램, 만성 정신장애인을 위한 지역사회 보호분야, 허약한 노인을 위한 지역사회에 기반을 둔 프로그램, 약물남용자 치료와 재활 프로그램 등에서 활용되고 있다. 각각의 모형의 특성은 다음과 같다.[4)]

### (1) 통합전문가 모형

통합전문가(generalist) 모형은 케어매니저가 개별 클라이언트 또는 클라이언트 집단의 서비스 조정에 대한 전문적인 책임을 지는 것이다. 이러한 케어매니저는 대개 사회복지실천, 간호, 공공복지, 심리학, 대인서비스 또는 직업재활 등에 대한 훈련을 받은 사람들이다. 그들은 케어매니지먼트 기능 모두를 수행하며, 모든 케어매니지먼트 프로그램에서 필요한 직접서비스, 조정, 옹호 등을 제공한다.

통합전문가는 팔망미인으로서 중개자로서 활동하며 다방면적인 기능을 수행한다. 그들은 대개 대인서비스의 한 분야에서 훈련받은 학사 또는 석사 수준의 전문가이며, 접수, 서비스기획, 서비스 조정, 평가 등과 같은 케어매니지먼트의 전 과정을 통하여 클라이언트에게 관여한다. 따라서 이러한 모형은 케어매니지먼트의 여러 모형 중에서 전통적인 개별사회복지실천 모형과 가장 유사하며, 클라이언트와 필요한 서비스와의 연결, 서비스에 대한 접근과 조정 등을 행하기 때문에 서비스 중개자 모형이라고도 한다.

이러한 모형의 장점은 ① 각각의 클라이언트가 치료기획과 서비스 문제에 관하여 한 사람과 일하며, ② 케어매니저가 다양한 기능을 수행하므로 지루함을 덜 느끼게 되고, ③ 케어매니저의 자율성이 장려되며, ④ 한 사람이 각각의 클라이언트에 대하여 책임성 있게 대처할 수 있다는 것 등이다.

4) M. Weil & J. M. Karls, et al., *Case Management in Human Service Practice*, San Francisco, CA: Jossey-Bass, Inc., Publishers., 1985, pp.44-56.

### (2) 일차적 치료자 모형

일차적 치료자 모형은 통합전문가 모형과는 대조적으로 케어매니저와 클라이언트와의 관계가 주로 치료적이라는 것이다. 일차적 치료자인 케어매니저는 대개 석사학위를 소유한 사회복지사, 심리학자, 또는 정신의학자 등이다. 케어매니지먼트의 기능은 치료적인 개입의 일부분 또는 그 이상을 떠맡는 것이다.

치료적 관계는 치료자와 클라이언트 간의 신뢰와 클라이언트의 관심사와 문제에 대한 치료자의 지식에 기반을 두어야 한다. 여기에서 케어매니저는 고도의 임상적 훈련을 받은 심리학, 사회복지실천, 정신의학 또는 정신의학 간호 등을 전공한 치료자이어야 한다.

이러한 모형의 가장 큰 장점은 클라이언트가 치료, 서비스에 대한 접근 및 사례의 조정에 있어서 한 사람의 케어매니저와 관계를 갖는다는 것이다. 즉, 기능적인 한계를 가진 클라이언트에게 한 사람만을 의지하여 원조를 받는 것은 그들에게 편리함과 편안함을 동시에 제공할 수 있다. 이러한 모형은 소규모의 프로그램과 지역사회에서 적용하기에 적합하며, 대부분의 클라이언트와의 부단한 대면적인 접촉을 갖는 장점을 지니고 있다. 여기에서 이러한 모형은 모든 참여자에게 기능적이며 이익이 되는 프로그램들 사이의 자원의 상호교환에 기반을 두고 운영될 수 있다. 이러한 모형의 가장 큰 문제점은 많은 치료자들이 케어매니지먼트를 치료사업의 부수적인 일로 느끼고 있다는 것이다. 그러나 치료가 주요한 책임으로 간주되도록 하여, 일차적 치료자들이 케어매니지먼트에 능숙해지고 그들의 의무 중에서 케어매니지먼트를 최고의 우선순위에 배정하도록 해야 한다.

이러한 모형은 이상적인 것일 수 있으며, 서비스의 체계와 직원의 적절한 지원이 존재할 때 견실해진다. 그러나 일차적 치료자가 케어매니저로서의 역할을 소홀히 하게 되면, 클라이언트의 문제가 다른 모형을 통하여 해결될 수 있다. 만일 체계의 책임성이 전문적인 윤리와 법적인 책임으로 보장된다면, 서비스 체계는 케어매니지먼트의 모든 기능을 수행하게 될 것이며, 치료, 조정 및 옹호를 신중하게 평가할 수 있을 것이다.

### (3) 학제간 팀 모형

학제간 팀 모형은 성원 각자가 특정한 전문영역의 서비스 활동에 개별적인 책임을 지는 다양한 학문 분야 간의 전문화된 팀의 개념에 기반을 두고 있다. 이러한 모형에서 케어매니저 각자는 특정한 케어매니지먼트의 기능을 수행하며, 전문화된 케어매니저들이 공동으로 케어매니지먼트의 모든 과정을 구성한다. 이러한 전문가들은 특정한 케어매니지먼트의 기능과 그들의 전문 분야에 의해서 담당사례를 결정하며, 학제간 팀에서 접수, 서비스 연결, 서비스 접근 및 점검과 같은 활동을 통하여 책임을 공유한다.

케어매니지먼트 팀의 구성은 케어매니지먼트 과정에서 특정한 전문적인 서비스를 제공하는 다양한 전문가들로 이루어지며, 각각의 전문가들은 이러한 팀을 통하여 독립적이면서도 매우 밀접한 협력관계를 유지해 나간다. 그들은 클라이언트에게 서비스의 연속성과 서비스의 조정을 보장할 책임을 지며, 서비스의 기획과 의사결정에서 상호 협력한다. 이러한 팀 협력 모형에서는 서비스 조정에 책임을 지는 사람의 역할이 대단히 중요하며, 그는 임상적 · 전문적인 기술뿐만 아니라 집단 조성과 의사결정의 기술을 소유해야 한다.

학제간 팀 모형에서 팀 성원들이 클라이언트의 복지에 대하여 확고하게 위임을 받았을 때, 그 팀은 상호 기획과 문제해결을 통하여 양질의 서비스를 제공할 수 있다. 팀은 관련 전문가들에게 지원체계가 될 수 있으며, 소진을 예방하고 난해한 사례에 대한 책임을 공유하는 방법이 될 수 있다. 또한 팀 접근은 보호의 연속성을 더 잘 보장할 수 있으며, 서비스의 기획과 만성질환자 치료에서의 서비스의 통합을 증진시킬 수 있다.

그러나 팀 모형이 최고의 장점으로 내세우는 집단의 상호작용이 가장 큰 잠재적인 약점으로 작용할 수 있다. 팀 성원들이 클라이언트의 복지와 체계의 개입에 대하여 위임받지 못했을 때, 그들은 책임을 회피하거나 부정할 것이다. 그 결과 책임의 한계가 불분명하게 되며, 서비스 효과성에 대한 책임마저도 회피하게 될 것이다. 따라서 책임의 전가를 방지하기 위해서는 팀 성원들이 협력하여 기획,

조정 및 평가의 역할을 수행하는 훈련을 받아야 한다. 만일 팀 성원들이 훈련되어 있지 못하면, 그들은 이러한 전문적인 영역에서 어떠한 역할을 수행해야 하는가를 알지 못하게 된다.

협력전략의 훈련에서 팀 성원들이 그들 간의 그리고 클라이언트와 서비스망 사이의 의사소통의 통로를 개발한다는 것은 대단히 중요하다. 명백하고 빈번한 의사소통은 초기에 문제를 확인할 수 있도록 하며, 서비스망을 통하여 클라이언트를 위한 적절한 조치를 취할 수 있는 가능성을 높이는 데 도움이 될 수 있다. 팀 성원들 간에는 클라이언트의 권리를 보호하고 옹호하기 위한 협력의 역할이 필요하며, 협력과 합의의 기준을 통하여 클라이언트를 위한 옹호에서 독립적인 지위가 확보되어야 한다.

팀 모형에서 제기되는 또 다른 문제는 클라이언트가 그들에게 서비스를 제공하는 다양한 사람들과 교섭을 해야 한다는 것이다. 이것은 심하게 손상된 클라이언트에게 부가적인 어려움으로 작용할 수 있다.

학제간 팀 모형은 팀의 성원들이 협력하여 효과적으로 서비스를 계획하고, 조정하며, 평가하게 되면, 클라이언트에게 개별적으로 각각 제공되는 서비스의 형태보다 더 큰 효과를 거둘 수 있다. 이러한 팀 모형이 성공적이기 위해서는 팀 성원들 간의 협력과 서비스의 조정에 대한 특수한 훈련, 역할의 구성, 절차의 작성 및 의사소통의 통로의 개발 등이 반드시 필요하다.

### (4) 가족 모형

가족 모형은 부모가 발달장애아동의 케어매니저로서, 또는 성인자녀가 허약한 노인의 케어매니저로서 역할을 수행하는 것이다. 이러한 모형은 가족이 케어매니지먼트 과정에 대한 훈련을 받게 되면, 보호의 연속성과 서비스의 질에 대하여 효과적일 것이라는 믿음에 기초하고 있다.

가족 모형에서 부모나 성인자녀가 서비스 전달의 문제를 해결하기 위해서, 그리고 그들의 아동이나 노인의 현재의 조건을 변화시키거나 서비스망에 관해 의

논하기 위해서는 전문가와 부모나 성인자녀와의 협력관계를 발달시키는 것이 중요하다. 그러나 이러한 모형에서 전문가는 서비스의 질을 보장하는 필수적인 기능을 망각해서는 안 된다.

가족은 종종 문제가 많고, 무능력하며, 태만하고 의존적인 성원을 위한 케어매니저가 되지만, 이러한 경우 케어매니지먼트의 책임을 결코 소홀히 해서는 안 된다. 그러나 가족은 대개 이러한 책임을 수행하는 훈련을 받지 않고 시련과 실수를 통해서 많은 것을 배우게 된다. 또한 많은 가족들은 그들의 역할을 적절하게 수행하지 못하고 있으며, 그들에게 부당한 짐이 놓이게 되었다고 느끼고 있다. 그들은 전형적으로 무능력한 성원의 서비스 욕구를 만족시킬 준비가 되어 있지 않다. 그런가 하면 대부분의 대인서비스 체계가 복잡하기 때문에 많은 전문가들이 교섭하는 데 어려움이 존재하며, 가족들이 절망적으로 느끼기도 한다.

그러나 무능력하고 상처받기 쉬운 가족 성원을 위한 케어매니지먼트와 옹호에 대한 훈련은 가족으로 하여금 능력을 부여하는 경험이 될 수 있다. 여기에서 전문가와 정책결정자들은 가족이 사례조정의 의무와 다른 책임을 적절히 떠맡을 수 있는 방법을 검토할 필요가 있으며, 가족이 그러한 과업을 효과적으로 수행할 수 있도록 조직적인 훈련과 지원체계를 개발해야 한다.

서비스의 기획, 조정, 점검 및 평가에 가족의 관여를 증대시키는 것은 바람직한 목표와 취약집단의 사회적 권리를 보장할 수 있는 계기가 된다. 그러나 이 시점에서 전문가들이 그들의 공식적인 책임성과 서비스의 질적인 보장의 책임을 소홀히 해서는 안 된다. 이러한 모형에서 필요한 것은 클라이언트, 그들의 가족 및 전문가인 케어매니저가 효과적인 서비스의 조정과 옹호를 위해 협력하는 것이다.

### (5) 지지적 보호 모형

지지적 보호 모형은 대개 농촌 지역사회나 도시 저소득층 밀집지역에서 활용되고 있다. 이러한 모형은 지역사회 내에서 만성 정신장애인을 부양하는 데 필요한 심리적 지지가 그들의 자연적인 이웃과 일반대중들 내에 존재한다는 신념에 기초하고 있다. 즉, 지역주민들은 직접적인 정신보건서비스를 제공할 수 있으며, 클라이언트와 그들이 필요로 하는 지역사회 지지를 효과적이고 경제적인 방법으로 연결할 수 있다는 것이다.[5]

지지적 보호자들은 정신보건체계의 클라이언트를 원조하는 케어매니저로서 일하기 위해 일반대중 중에서 선정하며, 특수한 훈련을 받고 대개 한 명의 클라이언트와 일하도록 할당되지만, 드물게 한 명 이상의 클라이언트가 할당되기도 한다. 그들은 매달 훈련기간을 통하여 심리학적인 지식과 기능, 서비스의 전달 등에 초점을 둔 훈련을 받으며, 지방의 대인서비스 기관과 계약을 맺고 유급으로 서비스 제공의 업무를 수행한다.

이러한 모형은 정신보건과 옹호에서의 지역사회 관여의 중요성에 기반을 두고 있다. 유급의 지지적 보호자는 우선적으로 클라이언트와의 관계를 형성하고 서비스와의 연결을 발전시키는 데 책임이 있다. 이러한 모형은 지지적 보호자에게 과업을 분담하지만, 정신보건체계의 법적인 의무와 프로그램의 책임을 지속적으로 유지한다. 사례검토와 같은 몇 가지 기능은 기관과 공유하지만, 공식적인 평가와 같은 기능은 기관에서 지속적으로 수행한다.

### (6) 자원봉사자 모형

자원봉사자 모형은 케어매니지먼트에 책임을 지는 기관의 직원과 자원봉사자와의 공동협력을 통하여 일하는 것이다. 즉, 이것은 지역사회의 자원봉사자가 일정기간의 훈련을 거쳐 케어매니지먼트 기관의 전문가의 지도감독을 받으면서 만성정신장애인, 신체장애인, 허약한 노인, 발달장애아동 등의 케어매니저로 활동하는 것이다. 여기에서 자원봉사자는 클라이언트에게 직접적인 서비스를 제공하며, 서비스를 점검하거나 조정하기도 한다.

자원봉사자는 시설에서 지역사회 생활로 전환하는 사람들에게 지지, 이송원조

---

5) I. S. Levine & M. Fleming, *Human Resource Development: Issues in Case Management*, Baltimore, MD: Center of Rehabilitation and Manpower Services, University of Maryland, 1984, p.21.

및 구체적인 서비스를 제공하며, 정신보건체계에서 클라이언트 각자와 개별적인 지원관계를 맺고 활동하기도 한다. 또한 아동복지 분야에서 자원봉사자는 케어매니저로서 아동의 미래에 대해 의논하고 계획을 세우며, 아동의 지지자와 친구로서 행동하기도 한다.

자원봉사자는 준전문가로서 클라이언트를 원조하는 보조협력자의 역할을 수행하지만, 클라이언트의 복지에 대한 책임을 져야 한다. 그러나 자원봉사자가 아무리 클라이언트와 직원을 돕는 열렬한 후원자일지라도, 클라이언트의 복지에 대한 주요한 책임을 이행하도록 해서는 안 된다. 따라서 어떤 프로그램에서 자원봉사자들을 지지자로 활용할 때, 그들로 하여금 자기 자신과 전문가로서의 역할을 명백히 이해할 수 있도록 하며, 그들의 임무에 대한 적절한 교육과 지도감독을 받도록 해야 한다.

### (7) 종합서비스센터 모형

종합서비스센터 모형에서 서비스센터는 사회적·정서적 지지, 직업훈련, 기숙시설 등을 포함한 포괄적인 서비스를 제공한다. 이러한 프로그램은 만성정신장애인, 발달장애인시설의 수용자, 자립생활센터의 거주자, 지체장애인, 장기건강보호가 필요한 사람 또는 위탁보호 가정의 청소년들에게 서비스를 제공한다.

전형적으로 종합서비스센터는 거주자들에게 기본적인 서비스만을 제공하며, 만성정신장애인 또는 약물남용자 등을 위한 재활프로그램과 같은 것들은 다른 기관으로부터 서비스를 제공받는다. 이러한 재활프로그램은 주로 재사회화의 기능을 수행하며, 클라이언트에 대한 지지와 교정적인 정서적 경험을 제공하기 위해서 대리확대가족과 유사하게 운영한다. 이러한 센터에서의 케어매니지먼트는 클라이언트들과 함께 거주하는 직원에 의해 수행되며, 직원은 대개 전문가와 준전문가로 구성되어 있다.

이러한 모형의 장점은 클라이언트에게 복합적으로 개입한다는 것이며, 그 점에서 케어매니지먼트는 기본적인 서비스 기능으로 간주되고 있다. 클라이언트간의 상호보호와 옹호기능은 이러한 프로그램 안에 형성되며, 그것은 클라이언트들이 스스로 케어매니지먼트에 대한 책임을 질 수 있도록 하는 데 도움이 된다. 이러한 모형은 케어매니지먼트가 종합서비스센터 내에서만 적용될 수 있다는 한계를 지니고 있지만, 보호의 연속성을 보장하면서 케어매니지먼트를 실천할 수 있는 강력한 힘이 될 수 있다. 이러한 모형에서 가장 중요한 것은 클라이언트로 하여금 독립적인 생활기술과 사회적으로 생산적이며 개인적으로 만족한 생활양식을 습득할 수 있도록 하는 데 도움이 된다는 것이다.

### 2) 서비스 제공기관의 형태별 모형

Quinn은 케어매니지먼트가 다양한 형태의 기관에서 실천되고 있다고 보고, 서비스를 제공하는 기관의 형태별로 독자기관 모형, 직접서비스 기관 내의 특수단위 모형, 특수단위시설 또는 복합기능기관 모형, 조합 모형 및 보험 케어매니지먼트 모형을 제시하고 있다.[6]

#### (1) 독자기관 모형

독자기관 모형은 자율적으로 관리하는 조직체를 가지고 있으며, 그 기관에서는 단지 케어매니지먼트 서비스만을 제공한다. 그 기관은 다른 어떤 직접서비스를 가정이나 지역사회에 제공하지 않고 케어매니지먼트만을 유일하게 제공하기 때문에, 재원을 유지하고 확대하는 데 어려움이 존재한다. 그러나 이러한 모형은 특수한 서비스의 협정을 통한 재정적인 권리에 관여하지 않기 때문에, 보호기획 과정에서 객관성을 유지할 수 있다.

6) J. Quinn, *Successful Case Management in Long-term Care*, New York: Springer Publishing Company, Inc., 1993, pp.137-139.

### (2) 직접서비스기관 내의 특수단위 모형

직접서비스기관 내의 특수단위 모형에서 케어매니지먼트의 단위는 가족상담, 가정건강보조, 가정조성 또는 안내와 의뢰 서비스와 같은 직접서비스를 제공하는 기관 내에 위치하고 있다. 이러한 모형은 직접서비스 기관이 지역사회에서 획득한 훌륭한 평판을 바탕으로 이익을 얻게 되는 장점을 지니고 있다. 그러나 이러한 모형은 기관의 직접서비스의 기능과 일치하는 케어매니지먼트 서비스만을 제공해야 한다는 한계점을 지니고 있다.

### (3) 특수단위시설 또는 복합기능기관 모형

특수단위시설 또는 복합기능기관 모형에서 케어매니지먼트는 병원, 양로시설 또는 노인복지관 등과 같은 시설 내에서 실시된다. 이러한 모형은 후원시설의 확고한 평판과 경험에서 이익을 얻는다. 여기에서는 케어매니지먼트의 단위가 큰 시설 내에서 제공되는 서비스에 종속되기보다는 오히려 하나의 구성요소로 간주될 수 있도록 다른 시설서비스로부터 분리하여 주체성을 갖는 것이 중요하다.

### (4) 조합 모형

조합 모형은 다양한 기관이 할당된 관리방식으로 협동적으로 일하는 것을 말한다. 케어매니지먼트는 조합 서비스 제공자망을 통하여 클라이언트에게 원조를 제공하는 기능을 수행한다. 이러한 케어매니지먼트의 모형은 광범위한 지원망에 의해서 그리고 각각의 개별적인 협력기관보다 운영상의 자유가 더욱 보장됨으로써 강화된다. 그러나 조합이 다양한 기관들로부터 충분한 지원을 받지 못한다면, 케어매니지먼트 단위는 권위를 상실할 수 있으며, 자율성도 감소될 수 있다.

### (5) 보험 케어매니지먼트 모형

보험 케어매니지먼트 모형은 보험회사의 피보험자에게 케어매니지먼트 서비스를 제공하는 것이다. 케어매니지먼트의 기능은 보통 단기간에 수행되며, 급성 의료사건과 관련되어 있다.

### 3) 서비스 제공기간별 모형

Cline은 케어매니지먼트의 모형이 단순한 안내와 의뢰모형에서부터 복잡한 장기보호모형까지 다양하게 존재한다고 보고, 케어매니지먼트 서비스의 제공기간과 관련하여 세 가지의 실천모형을 제시하고 있다.[7]

#### (1) 의료보호 모형

의료보호 모형은 병원의 퇴원기획과정과 관련된 것으로, 병원퇴원 즉시 뒤따르는 가정건강서비스의 조정과 관련하여 케어매니지먼트를 실시하는 것이다. 클라이언트는 급성질병으로부터 안정된 가정보호서비스까지의 과도기 동안 단기간에 걸쳐 보호를 받는다.

#### (2) 재해보호 모형

재해보호 모형은 대개 보험회사와 관련되어 있다. 이러한 모형은 비용을 억제하고 건강서비스를 효과적으로 활용하기 위한 것으로, 우선 가능한 한 신속히 고액이용자를 확인한다. 케어매니저는 화상피해자, 두부외상자, 척수손상자 등과 같은 고액 클라이언트에게 단기간에 걸쳐 서비스를 제공한다. 이러한 상황에서 케어매니지먼트 서비스는 보통 특정 시점 이후에 종결시킨다.

#### (3) 장기보호 모형

장기보호 모형은 급성 또는 만성질병을 앓고 있는 클라이언트를 대상으로 건

7) B. G. Cline, "Case Management: Organizational Models and Administrative Methods", *Caring*, 9(7), 1990, pp.14-18.

강서비스, 사회적 지지 및 지역사회 지원서비스를 제공하는 것이다. 이러한 모형에서 케어매니저는 클라이언트와 장기적인 관계를 맺으며, 효율적이고 비용효과적인 보호기획을 고안하기 위해 노력한다. 이러한 모형을 통하여 원조를 받는 클라이언트는 허약한 노인, 후천성면역결핍증 환자, 발달장애인, 선천적 결함을 지닌 아동 및 외상성 뇌손상자와 같은 영구적인 손상을 입은 사람들이다.

### 4) 케어매니지먼트의 목적에 따른 모형

케어매니지먼트의 모형은 케어매니지먼트가 표적으로 삼는 사람들, 서비스 제공기관, 관여의 기간, 제공되는 서비스의 유형, 케어매니저의 기능 등에 따라 다양한 형태가 존재할 수 있으나, 대개 케어매니지먼트의 목적에 기반을 둔 세 가지 모형으로 범주화할 수 있다. 그것은 ① 사회적 모형, ② 일차적 보호 모형, 또는 ③ 의료사회적 모형이다.[8)]

#### (1) 사회적 모형

사회적 모형은 지역사회에 거주하는 개인에게 초점을 두고 있으며, 건강보호보다는 오히려 기초적인 지지서비스를 제공하는 것이다. 이것은 지역사회에 거주하는 허약한 노인들과 같은 취약집단에게 사회적 지지를 제공하며, 그들이 앞으로 케어매니지먼트 서비스를 필요로 하지 않도록 그들에 대한 권한부여를 시도한다.

#### (2) 일차적 보호 모형

일차적 보호 모형은 전통적인 의료 모형에 기반을 두고 있으며, 클라이언트에게 최소한의 보호를 제공하는 것이다. 이러한 모형의 일차적 목표는 조정된 방식을 통하여 적절한 보호를 제공함으로써 보호에 대한 비용을 통제하는 것이다. 대

8) J. F. Loomis, "Case Management in Health Care", in S. M. Rose(Ed.), *Case Management and Social Work Practice*, New York: Longman Publishing Group, 1992, pp.161-162.

개 의사가 케어매니저의 역할을 수행하며, 그는 다른 의료서비스의 접근을 통제한다. 만일 환자에게 과도한 보호를 제공하여 재정적인 위기를 초래하게 되면, 필요한 서비스를 불충분하게 활용하는 원인이 된다. 따라서 이러한 모형은 케어매니지먼트의 조절되고, 통제되고, 제한된 보호의 형태이다.

#### (3) 의료사회적 모형

의료사회적 모형은 이미 위험에 처한 클라이언트에게 초점을 두고 있다. 이러한 모형의 프로그램은 클라이언트의 시설생활을 예방하거나 지연시키도록 계획되어 있으며, 서비스의 제공은 그들이 가정생활을 지속할 수 있도록 이루어진다. 케어매니저나 케어매니지먼트 기관은 보조금을 지급받기도 하며, 클라이언트의 적격성기준에 관계없이 필요한 서비스를 제공하기도 한다.

### 5) 프로그램의 포괄성에 따른 모형

Ross는 케어매니지먼트 프로그램의 포괄성에 따라 케어매니지먼트의 모형을 <표 8-1>과 같이 최소 모형, 조정 모형 및 포괄 모형으로 분류하고 있다.[9)]

#### (1) 최소 모형

최소 모형은 케어매니지먼트의 서비스 중에서 출장원조, 클라이언트의 사정, 사례기획 및 서비스 제공자에게 의뢰 등 최소한의 서비스를 제공하는 것이다.

#### (2) 조정 모형

조정 모형은 최소 모형에서 제공하는 서비스인 출장원조, 클라이언트의 사정,

9) H. Rose, *Proceedings of the Conference on the Evaluation of Case management Programs*(March 5-6, 1979), Los Angeles: Volunteers for Services to Older Persons, 1980, and M. Weil, & J. M. Karls, et al., *Case Management in Human Service Practice*, San Francisco, CA: Jossey-Bass, Inc., Publishers, 1985, p.339.

사례기획, 서비스 제공자에게 의뢰 외에도 클라이언트에 대한 옹호, 직접적 개별사회복지실천, 자연지원체계의 개발, 재사정 등을 포함하는 서비스를 제공하는 것이다.

#### (3) 포괄 모형

포괄 모형은 조정 모형에서 제공하는 서비스인 출장원조, 클라이언트의 사정, 사례기획, 서비스 제공자에게 의뢰, 클라이언트에 대한 옹호, 직접적 개별사회복지실천, 자연지원체계의 개발, 재사정 외에도 자원개발에 대한 옹호, 서비스의 질적 점검, 공공교육, 위기개입 등을 포함하는 서비스를 제공하는 것이다.

〈표 8-1〉 케어매니지먼트 프로그램의 포괄성에 따른 모형

| 최소모형 | 조정모형 | 포괄모형 |
|---|---|---|
| 출장원조<br>클라이언트의 사정<br>사례기획<br>서비스 제공자에게 의뢰 | 출장원조<br>클라이언트의 사정<br>사례기획<br>서비스 제공자에게 의뢰<br>클라이언트에 대한 옹호<br>직접적 개별사회복지실천<br>자연지원체계의 개발<br>재사정 | 출장원조<br>클라이언트의 사정<br>사례기획<br>서비스 제공자에게 의뢰<br>클라이언트에 대한 옹호<br>직접적 개별사회복지실천<br>자연지원체계의 개발<br>재사정<br>자원개발에 대한 옹호<br>서비스의 질적 점검<br>공공교육<br>위기개입 |

자료 : M. Weil, & J. M. Karls, et al., *Case Management in Human Service Practice*, San Francisco, CA: Jossey-Bass, Inc., Publishers, 1985, p.339, 재인용.

### 6) 케어매니지먼트의 기능에 따른 모형

Moore는 케어매니지먼트의 기능이 서비스 통합의 수준과 서비스 전달체계 내의 자원의 수준에 따라 다양하게 결정될 수 있다고 보고, [그림 8-2]와 같이 서비

스 통합의 수준, 자원의 수준 및 케어매니지먼트의 기능간의 관계를 제시하고 있다. 이러한 관계를 바탕으로 각각의 기능에 따라 케어매니지먼트의 모형은 할당 모형, 마케팅 모형, 개발 모형 및 중개 모형으로 구분할 수 있다.[10]

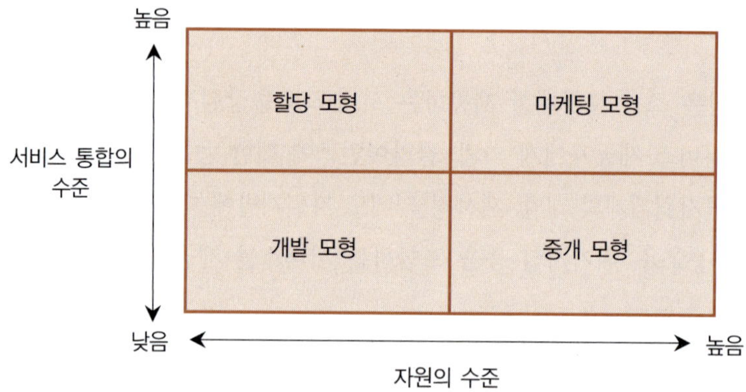


자료 : S. T. Moore, "Case Management and the Integration of Services: How Service Delivery Systems Shape Case management", *Social Work*, 37(5), Washington D.C.: National Association of Social workers, Inc., 1992, p.419.

**[그림 8-2]** 서비스 전달의 기반과 케어매니지먼트의 모형

### (1) 할당 모형

할당 모형은 서비스 전달체계 내의 자원은 불충분하지만 서비스 통합의 수준이 높을 때, 케어매니저가 가능한 한 가장 효과적인 방법으로 자원을 분배하는 것이다. 즉, 이것은 서비스를 제공할 수 있는 법, 제도, 전달체계 및 기관들이 잘 정비되어 있으나 클라이언트에게 제공할 수 있는 사회자원이 부족한 경우에 효과적으로 자원을 할당하기 위한 모형이다.

10) S. T. Moore, "Case Management and the Integration of Services: How Service Delivery Systems Shape Case management", *Social Work*, 37(5), Washington D.C.: National Association of Social workers, Inc., 1992, pp.418-419.

### (2) 마케팅 모형

마케팅 모형은 서비스 통합의 수준과 서비스 전달체계 내의 자원의 수준이 동시에 높은 상황에서, 케어매니저가 클라이언트의 욕구와 적합한 서비스를 결합시키며 서비스 전달을 조정하는 것이다. 여기에서 마케팅이란 용어는 서비스의 판매를 의미하는 것이 아니라 오히려 클라이언트의 욕구와 가장 적합한 서비스와의 연결에 초점을 두는 것을 의미한다. 예를 들면, 종단적으로 통합되어 있는 건강보호 제공자들은 다양한 건강보호 급여를 제공받는 클라이언트들과 이러한 방법으로 상호작용한다.[11)]

### (3) 중개 모형

중개 모형은 서비스 전달체계 내에 유용한 자원이 많으나 그러한 자원을 전달할 수 있는 체계가 통합되어 있지 못한 서비스 환경에서, 케어매니저가 다양한 서비스 제공자들의 서비스를 클라이언트에게 중개하며 일괄 서비스(service package)를 개발하는 것이다. 여기에서 케어매니저는 통합되어 있지 않는 서비스 전달체계를 보충하는 역할을 한다. 예를 들면, 지역사회에 기반을 둔 장기보호 시범사업에서 이러한 방법이 활용되고 있다.

### (4) 개발 모형

개발 모형은 서비스 통합의 수준과 서비스 전달체계 내의 자원의 수준이 낮은 상황에서, 케어매니저가 자원을 개발하고 조정하는 역할을 동시에 수행하는 것이다. 이것은 실제적으로 불가능한 과업이지만, 빈곤한 클라이언트를 표적으로 하는 많은 실천 영역에서 직면하게 되는 현실이기도 하다.

11) J. Newold, "Diversifying? Better Think Case Management", *Hospitals*, 60(16), 1986, p.84.

### 7) 케어매니지먼트의 중심초점에 따른 모형

Rose와 Moore는 케어매니지먼트의 실천에서 중심초점을 클라이언트와 서비스 제공자 중 어디에 두느냐에 따라 케어매니지먼트의 모형을 클라이언트 중심 모형과 제공자 중심 모형으로 구분하고 있다.[12)]

〈표 8-2〉 케어매니지먼트의 중심초점에 따른 모형

| 케어매니지먼트의 특성 | 클라이언트 중심 모형 | 제공자 중심 모형 |
|---|---|---|
| 클라이언트에 대한 기본적인 인식 | 이해하고 행동하는 주체로서의 클라이언트 | 인식되고 수동적인 객체로서의 클라이언트 |
| 케어매니저의 클라이언트에 대한 관심 | 강점의 확인과 개발 | 문제의 확인과 병리의 처리 |
| 케어매니저가 추구하는 노력 | 적극적인 참여, 결함의 재구성, 방향의 제시 | 서비스계획에 대한 순응과 적응 |
| 케어매니지먼트의 목표 | 긍정적인 방향제시, 단계의 이행, 자기확신 | 서비스 소비방식의 개선, 클라이언트로서의 역할행동 |
| 사정 | 클라이언트 지도계획과 목표로부터의 직접적인 획득 | 서비스 제공자의 한정과 산출로부터의 직접적인 획득 |
| 연결 | 전체적인 지역사회로서의 자원, 비공식 사회적 관계망에 대한 강조 | 현존하는 서비스 제공자에게 의뢰, 공식 지원체계의 활용 |
| 점검 | 지도계획과 관련된 과정의 상호평가 | 치료계획의 준수 |
| 평가 | 자율성의 증대, 사회적 맥락의 정밀한 사정, 자기확신의 성장, 비공식 관계망에 대한 관여 | 서비스 소비단위의 증가, 입원일자 감소의 활용, 순응의 향상 |
| 초점 | 목표달성에 대한 강점과 장애의 확인, 사회적 관계망의 개발, 임상적인 판단과 경멸로부터의 해방, 지원 또는 장애로서의 각각의 서비스 체계의 역할의 사정 | 문제의 확인, 의뢰, 치료계획에 대한 클라이언트의 준수, 클라이언트의 행동과 기능에 대한 주의, 가족의 상호작용, 약속이행 |

자료 : S. M. Rose, & V. L. Moore, "Case Management", in National Association of Social workers, Encyclopedia of Social Work, 19th ed., Vol. 1, Washington D.C.: NASW Press, 1995, p.338.

12) S. M. Rose, & V. L. Moore, "Case Management", in National Association of Social workers, *Encyclopedia of Social Work*, 19th ed., Vol. 1, Washington D.C.: NASW Press, 1995, pp.337-338.

(1) 클라이언트 중심 모형

클라이언트 중심 모형은 클라이언트와 케어매니저와의 관계에 초점을 두는 모형이다. 이러한 모형에서 케어매니저는 클라이언트를 적극적인 행동의 주체로 보고 그들의 강점, 잠재력, 성장가능성, 능력 등을 확인하고 개발하는 데 역점을 둔다. 또한 케어매니저는 클라이언트의 욕구를 포괄적으로 사정하고, 비공식 지원체계의 역할을 강조하며, 클라이언트의 자율성의 증대와 자기확신의 성장에 관심을 집중시킨다.

(2) 제공자 중심 모형

제공자 중심 모형은 서비스계획에 초점을 두는 모형이다. 이러한 모형은 클라이언트를 수동적인 객체로 보고 그들의 문제와 병리를 확인하고 해결하는 데 역점을 둔다. 또한 이러한 모형은 클라이언트를 서비스계획에 대한 적극적인 참여자가 아닌 순응자로 보며, 현존하는 서비스에 대한 안내와 의뢰에 역점을 두고, 공식 지원체계의 활용을 강조하며, 문제확인과 클라이언트의 치료계획의 준수에 관심을 집중시킨다.

## 3. 케어매니지먼트의 모형

### 1) 케어매니지먼트의 제공자에 따른 모형

케어매니지먼트의 모형은 케어매니지먼트의 제공자에 따라 가족보호 모형, 지역사회 지원모형, 포괄 모형으로 나눌 수 있다. 가족보호 모형은 클라이언트의 가족 성원이 클라이언트에게 보호를 제공하는 것이며, 지역사회지원 모형은 지역사회의 비공식 지원체계가 클라이언트에게 사회적 지지와 서비스를 제공하는 것이고, 포괄 모형은 케어매니지먼트 기관이 클라이언트에게 포괄적인 서비스를

제공하는 것이다. 각각의 모형의 특성은 다음과 같다.[13)]

### (1) 가족보호 모형(family care model)

가족은 사회의 가장 기본적인 단위로서 인간의 생리적·정서적 욕구를 충족시켜 주는 안식처인 동시에 애정적인 인간관계의 장이다. 그러나 최근 가족구조의 변화, 산업화, 도시화 및 부양의식의 약화 등으로 가족이 이러한 역할을 제대로 수행하지 못하고 있다. 이로 인하여 발달장애아동, 기능적 장애를 가진 노인, 만성정신장애인 등이 가족의 보호를 제대로 받지 못하고 있다.

이러한 시점에서 이들에 대한 보호가 필요하며, 무엇보다도 그들에게는 가족의 보호가 절실히 요구되고 있다. 그러나 그들에 대한 장기간의 보호는 가족 성원에게 상당한 부담이 될 수 있으며, 정서적, 신체적 및 사회적 스트레스를 경험하게 할 수 있다. 이러한 스트레스가 장기적으로 누적되면 가족 성원은 보호의 능력을 상실하게 되고, 결국에는 그들에게도 해로운 결과를 가져다 줄 수 있다. 그러므로 그들에 대한 장기보호의 욕구를 충족시키기 위해서 가족 성원에 대한 교육과 훈련을 통하여 가족보호의 기능을 더욱 강화할 필요가 있다.

가족보호 모형은 부모, 성인자녀 또는 배우자에게 발달장애아동, 기능적 장애를 가진 노인, 지체장애인, 만성정신장애인 등을 적절히 보호할 수 있는 케어매니지먼트 과정에 대한 교육과 훈련을 시켜 적절한 보호를 연속적으로 제공할 수 있도록 하며, 가족 성원이 제공하지 못하는 서비스를 보충적으로 케어매니저가 직접적 또는 간접적 방법으로 제공하는 것이다. 이러한 모형은 발달장애, 신체적 무능력, 만성정신장애 등을 가진 클라이언트에게는 전문가보다 오히려 가족이 그들이 필요로 하는 서비스를 가장 신속하고 적절하게 효과적으로 제공할 수 있으며, 보호의 연속성을 실행할 수 있다는 전제에 기초하고 있다.

가족보호 모형에서 케어매니지먼트의 기능은 ① 가족의 보호능력의 극대화,

13) 이근홍, "한국 재가노인의 사례관리 실천모형에 관한 연구", 중앙대학교대학원 박사학위논문, 1996. 6., pp.134-150.

② 클라이언트의 사회적 기능의 향상, ③ 클라이언트와 가족과의 상호작용의 촉진, ④ 클라이언트와 서비스와의 연결, ⑤ 옹호 등이다.

이러한 모형을 실천하는 방법은 케어매니저가 클라이언트의 보호에 필요한 케어매니지먼트에 관한 지식과 기술을 가족 성원에게 교육과 훈련을 통하여 습득하도록 하여, 가족 성원이 일차적으로 적절한 보호를 제공하도록 하는 것이다. 그러나 가족이 여러 가지 이유로 적절한 보호를 제공하지 못할 때, 케어매니저가 직접 서비스를 제공하거나, 적절한 서비스를 제공할 수 있는 사람이나 기관과의 연결을 통하여 서비스가 제공될 수 있도록 하는 것이다.

여기에서 가족이 적절한 보호를 제공하지 못하는 이유로는 ① 경제적·시간적·심리적 부담으로 인한 보호의 질적인 하락, ② 경제적·지리적·시간적 요인과 장기간의 출타로 인한 보호의 부재, ③ 장기간에 걸친 보호의 부담으로 인한 보호의욕의 상실, 또는 ④ 보호능력의 부족이 있을 수 있다.

가족보호 모형에서 케어매니저의 역할은 대개 직접적인 서비스 제공의 역할과 간접적인 서비스 제공의 역할로 구분할 수 있다. 직접적인 역할은 교육자, 정보제공자, 안내자, 지지자, 치료자, 점검자, 평가자, 지도감독자 등이며, 간접적인 역할은 중개자, 연결자, 조정자, 옹호자 등이다. 이러한 모형에서 케어매니저가 수행하는 역할은 다음과 같다.

① 클라이언트를 부양하고 있는 가족으로 하여금 클라이언트의 보호에 필요한 지식과 기술을 교육과 훈련을 통하여 습득할 수 있도록 한다.
② 케어매니저 자신이 클라이언트에게 일상생활에 필요한 기술을 가르친다.
③ 클라이언트에게 필요한 서비스에 대한 정보를 가족에게 제공하고, 서비스를 활용할 수 있도록 안내한다.
④ 가족이 제공하지 못하는 서비스에 대해서는 그러한 서비스를 제공할 수 있는 서비스의 제공자와 가족과 연결시킨다.
⑤ 가족과 서비스 제공자가 제공하는 서비스를 조정한다.
⑥ 클라이언트와 그들의 가족에게 사회적 지지와 옹호를 제공한다.

⑦ 가족과 그 밖의 서비스 제공자가 제공하는 서비스가 적절하게 이행되고 있는가를 점검한다.

⑧ 케어매니지먼트 서비스의 전반적인 효과성과 보호와 서비스에 대한 클라이언트의 만족에 대하여 평가한다.

가족보호 모형은 클라이언트를 보호할 수 있는 능력을 가진 가족 성원이 반드시 존재해야 한다는 조건이 수반되어야 한다. 이러한 모형이 성공적으로 실천되기 위해서는 무엇보다도 가족과 케어매니저가 협력관계를 유지해야 하며, 가족 성원들로 하여금 케어매니저로서의 과업을 효과적으로 수행할 수 있도록 그들에 대한 조직적인 교육과 훈련이 선행되어야 한다. 또한 가족 성원과 케어매니저가 클라이언트의 보호에 대한 질적인 수준을 보장하고 보호의 연속성과 책임성을 철저히 준수해야 한다.

### (2) 지역사회지원 모형(community support model)

최근 산업화・도시화로 인하여 사회변동이 심화되고 정부의 사회복지에 대한 부담이 점점 커져가면서 지역사회에 대한 관심이 고조되고 있다. 지역사회는 보다 인간다운 생활을 보장하기 위한 주민생활의 터전이며, 다양한 서비스를 개발하고 활용할 수 있는 자원의 보고이다.

이러한 지역사회는 그곳에 거주하는 사회적 취약계층에게 사회적 지지와 서비스를 제공하는 역할을 수행한다. 여기에서 사회적 지지란 가족, 친구, 친척, 직장동료, 이웃을 포함하는 비공식적 체계와 사회복지사, 의사, 변호사, 목사 및 다른 분야의 전문가들을 포함하는 공식적 체계가 사람들에게 감정적 지지, 물질적 원조, 지도, 충고, 보호 등을 제공하는 것을 의미한다.[14)]

지역사회에 거주하는 아동, 허약한 노인, 만성정신장애인 등은 대개 가족의 보호를 받고 있으며, 가족 지지망의 친밀성이 그들의 사회적, 심리적 및 신체적 복

14) L. Maguire, *Social Support System*, 장인협・오세란 공역, 1996, 『사회지지체계론』, 사회복지실천연구소, pp.27-28.

지에 가장 큰 영향을 주는 요인으로 작용할 수 있다. 그러나 그들에게 보호를 제공할 가족이 없거나, 가족이 있어도 그들을 부양할 신체적, 정신적 능력이 부족한 경우에는 친구, 친척, 이웃 및 지역사회 내의 공식 지원망을 통하여 그들에게 사회적 지지와 서비스를 제공하는 것이 바람직하다.

특히 케어매니지먼트가 지역사회에 기반을 두고, 한정되고 결핍된 자원 내에서 서비스 전달의 효과성을 극대화하며, 대인서비스 전달의 비용을 억제하려는 움직임에서 나온 것이기 때문에 지역사회 내에서 가능한 인적 자원을 동원하여 클라이언트에게 서비스를 제공하는 데 활용하는 것도 바람직할 것이다.

지역사회지원 모형은 가족의 보호를 받지 못하는 아동, 기능적 장애를 가진 노인, 만성정신장애인 등에게 사회적 지지와 필요한 서비스를 제공할 수 있도록 하기 위해서, 지역주민 중에서 그들을 보호할 수 있는 능력을 갖춘 자를 선정하여 일정기간 교육과 훈련을 통하여 그들에게 적절한 서비스를 제공할 수 있도록 하는 것이다. 이러한 모형은 가족의 보호를 받지 못하는 클라이언트에게 사회적 지지와 필요한 서비스를 제공할 수 있는 자원이 지역사회 내에 존재할 것이라는 전제에 기초하고 있다.

지역사회지원 모형에서 케어매니지먼트의 기능은 ① 가족을 제외한 지역사회 내의 일차집단의 보호능력의 향상, ② 클라이언트와 지역사회 내의 비공식 지원체계와의 상호작용 촉진, ③ 비공식 지원체계와 공식 지원체계의 상호작용 촉진, ④ 클라이언트와 서비스와의 연결, ⑤ 클라이언트에 대한 상담과 옹호 등이다.

이러한 모형을 실천하는 방법은 지역사회 주민 중에서 지지적 보호자를 선임하여 케어매니지먼트 기관에서 일정기간 교육과 훈련을 시켜 그들로 하여금 지역사회 내의 클라이언트에게 사회적 지지와 필요한 서비스를 효과적이고 경제적으로 제공할 수 있도록 하는 것이다. 그러나 지지적 보호자가 스스로 제공할 수 없는 서비스는 그러한 서비스를 제공할 수 있는 기관과 클라이언트와의 연결을 통하여 제공한다.

지역사회지원 모형에서 케어매니저는 주로 교육자, 자원개발자, 정보제공자, 점검자, 조정자, 평가자, 지도감독자, 옹호자 등의 역할을 수행하며, 케어매니저가 수행하는 구체적인 역할은 다음과 같다.

① 지역사회 주민 중에서 클라이언트를 보호할 능력을 갖춘 자를 선임하여 필요한 교육과 훈련을 시켜 그들로 하여금 클라이언트에게 사회적 지지와 서비스를 제공할 수 있도록 한다.
② 지역사회 내에 존재하는 클라이언트의 보호에 필요한 다양한 자원을 개발한다.
③ 지지적 보호자에게 클라이언트에 대한 정보를 제공한다.
④ 지지적 보호자와 그 밖의 서비스 제공자가 제공하는 서비스가 적절하게 전달되고 있는가를 점검하고 지도감독한다.
⑤ 클라이언트에게 제공되는 서비스가 적시에 적절하게 효과적으로 제공되도록 서비스를 조정한다.
⑥ 케어매니지먼트 서비스의 전반적인 효과성과 서비스에 대한 클라이언트의 만족에 대하여 평가한다.
⑦ 의존적이고 상처받기 쉬운 클라이언트를 옹호하고 그들 자신들을 위해 말하도록 격려한다.

지역사회지원 모형은 클라이언트에게 사회적 지지와 서비스를 제공할 수 있는 특수한 교육과 훈련을 받은 지역주민이 반드시 존재해야 한다는 조건이 수반되어야 한다. 이러한 모형이 성공적으로 실천되기 위해서는 무엇보다도 지지적 보호자와 클라이언트와 관계형성이 중요하며, 지지적 보호자에 대한 케어매니저의 정기적인 훈련, 점검, 지도감독 및 평가가 필요하다.

### (3) 포괄 모형(comprehensive model)

복지국가의 성장과 더불어 사회적 서비스의 유형과 범위가 다양해지고 있으며, 클라이언트의 욕구와 문제도 다양해지고 있다. 이러한 사회적 서비스가 효과적이기 위해서는 각각의 클라이언트에게 적절한 방식으로 서비스가 제공되어야 하며, 서비스가 연속성 있게 포괄적으로 제공되어야 한다. 특히 다양하고 복합적인 욕구와 문제를 가진 클라이언트에게는 포괄적인 서비스가 제공되어야 한다.[15) ] 한편 케어매니지먼트 실천에서의 서비스의 전달은 ① 서비스 이용자에게 폭넓은 서비스가 제공될 수 있도록 다양한 범주의 서비스가 존재해야 하는 서비스의 포괄성, ② 서비스 전달체계의 조정을 통하여 이용자에게 계속적으로 서비스가 제공되어야 하는 서비스의 연속성, ③ 이용자가 서비스를 요청할 때 그것이 충분히 제공될 수 있도록 하는 서비스의 적절성, ④ 이용자가 수용할 수 있는 수준을 충족시킬 수 있는 서비스의 질적인 보장 등을 고려하여 실행되어야 한다.[16)]

케어매니지먼트에서 서비스의 포괄성을 달성하기 위해서는 케어매니지먼트 기관이 다양한 범주의 서비스를 종합적으로 마련해야 하며, 특수한 서비스에 대해서는 다른 기관과 협력하여 서비스를 제공받아야 한다.

포괄 모형은 가족과 지역사회의 지지적 보호자에 의해서 해결될 수 없는 다차원적이고 복합적인 욕구와 문제를 가진 만성정신장애인, 발달장애인, 지체장애인, 만성질환 노인 등에게 케어매니지먼트 기관이 포괄적인 서비스를 제공하는 것이다. 이러한 모형은 복합적인 욕구와 문제를 가진 클라이언트에게는 서비스의 단편적인 접근보다 포괄적인 접근이 그들의 욕구와 문제를 더 잘 해결할 수 있다는 전제에 기초하고 있다.

포괄 모형에서 케어매니지먼트의 기능은 ① 클라이언트와 서비스의 연결, ② 케어매니지먼트 기관 상호간의 조정, ③ 클라이언트와 비공식 지원체계와의 상호작용 촉진, ④ 문제해결, ⑤ 클라이언트에 대한 상담과 옹호 등이다.

이러한 모형을 실천하는 방법은 케어매니지먼트 기관이 다차원적이고 복합적인 욕구와 문제를 가진 클라이언트에게 포괄적인 서비스를 제공할 수 있는 프로그램을 마련하여 그들에게 서비스를 제공하며, 케어매니지먼트 기관에서 제공할 수 없는 특수한 서비스에 대해서는 그러한 프로그램이 마련된 다른 기관과 협력

15) W. A. Friedlander & R. Z. Apte, *Introduction to Social Welfare*, 5th ed., Englewood Cliffs, NJ: Prentice-Hall, Inc., 1980, p.183.

16) M. Payne, *Social Work and Community Care*, London: MacMillan Press Ltd., 1995, p.56.

하여 서비스를 제공받는다.

포괄 모형에서 케어매니저는 주로 상담자, 문제해결자, 위기개입자, 지지자, 계획자, 중개자, 조정자, 점검자, 평가자, 경계범주자, 옹호자 등의 역할을 수행하며, 케어매니저가 수행하는 구체적인 역할은 다음과 같다.

① 클라이언트와 그들의 가족에게 상담을 제공한다.
② 클라이언트가 당면하고 있는 문제를 해결한다.
③ 위기에 처해 있는 클라이언트에게 즉각 개입하여 균형상태를 유지할 수 있도록 위기개입을 제공한다.
④ 클라이언트와 그들의 가족에게 사회적 지지를 제공한다.
⑤ 클라이언트의 욕구를 충족시키기 위한 보호계획을 수립한다.
⑥ 클라이언트와 필요한 서비스를 연결시킨다.
⑦ 클라이언트에게 제공되는 서비스의 적절한 이행과 서비스의 질적인 보장에 관하여 점검한다.
⑧ 케어매니지먼트 기관 상호간의 서비스를 조정한다.
⑨ 케어매니지먼트 서비스의 전반적인 효과성과 서비스에 대한 클라이언트의 만족에 대하여 평가한다.
⑩ 의존적이고 상처받기 쉬운 클라이언트를 옹호하며, 그들 스스로 자원을 개발하고 자신들을 위해 말하도록 격려한다.

포괄 모형은 케어매니지먼트 기관이 클라이언트에게 포괄적인 서비스를 제공할 수 있도록 다양한 서비스를 마련해야 하며, 다른 기관과의 협력을 통하여 특수한 서비스를 제공받을 수 있어야 한다는 조건이 수반되어야 한다. 이러한 모형이 성공적으로 실천되기 위해서는 서비스에 대한 단편적인 접근보다는 포괄적인 접근을 통하여 클라이언트의 복합적인 욕구와 문제가 케어매니지먼트 기관 내에서 해결될 수 있도록 해야 한다.

이와 같은 케어매니지먼트의 제공자에 따른 모형인 가족보호 모형, 지역사회지원 모형 및 포괄 모형의 주체, 대상, 기능, 방법과 케어매니저의 역할은 <표

8-3>과 같이 요약할 수 있다.

〈표 8-3〉 케어매니지먼트의 제공자에 따른 모형

| 구 분 | 가족보호 모형 | 지역사회지원 모형 | 포괄 모형 |
|---|---|---|---|
| 주 체 | 부모, 성인자녀 또는 배우자 | 지역사회의 비공식 지원체계 | 케어매니지먼트 기관 |
| 대 상 | 가족과 함께 거주하는 발달장애아동, 기능적 장애를 가진 노인, 지체장애인, 만성정신장애인 | 가족의 보호를 받지 못하는 지역사회에 거주하는 클라이언트 | 가족과 지역사회의 지지적 보호자가 해결할 수 없는 복합적인 욕구와 문제를 가진 클라이언트 |
| 기 능 | 가족의 보호능력의 극대화, 클라이언트의 사회적 기능의 향상, 클라이언트와 가족과의 상호작용의 촉진, 클라이언트와 서비스와의 연결, 옹호 | 가족을 제외한 일차집단의 보호능력의 향상, 클라이언트와 지역사회 비공식 지원체계와의 상호작용 촉진, 클라이언트와 서비스와의 연결, 클라이언트에 대한 상담과 옹호 | 클라이언트와 서비스의 연결, 케어매니지먼트 기관 상호간의 조정, 클라이언트와 비공식 지원체계와의 상호작용 촉진, 문제해결, 클라이언트에 대한 상담과 옹호 |
| 방 법 | 케어매니저로부터 클라이언트의 보호에 필요한 지식과 기술을 훈련받은 가족성원에 의한 보호의 제공, 가족이 적절한 보호를 제공하지 못하는 경우 서비스 제공자와의 연결을 통한 서비스의 제공 | 지역사회 주민 중에서 일정기간 훈련을 받은 지지적 보호자에 의한 사회적 지지와 서비스의 제공, 지지적 보호자가 스스로 제공할 수 없는 서비스의 경우 서비스 제공기관과의 연결을 통한 서비스의 제공 | 케어매니지먼트 기관이 복합적인 욕구와 문제를 가진 클라이언트에게 포괄적인 서비스의 제공, 케어매니지먼트 기관에서 제공하지 못하는 특수한 서비스는 다른 기관과의 협력을 통하여 제공 |
| 케이스 매니저의 역할 | 교육자, 정보제공자, 안내자, 지지자, 중개자, 연결자, 조정자, 점검자, 평가자, 지도감독자, 옹호자 | 교육자, 자원개발자, 정보제공자, 점검자, 조정자, 평가자, 지도감독자, 옹호자 | 상담자, 문제해결자, 위기개입자, 지지자, 계획자, 중개자, 조정자, 점검자, 평가자, 옹호자 |

### 2) 케어매니저의 역할에 따른 모형

케어매니지먼트 서비스의 전달체계가 클라이언트에게 제공할 수 있는 서비스의 다양성과 전달체계의 정비의 정도에 따라 케어매니저의 역할은 다르게 나타날 수 있다. 이러한 케어매니저의 역할을 바탕으로 케어매니지먼트의 모형을 분류하면 중개 모형, 개발 모형 및 판매 모형으로 나눌 수 있다.

### (1) 중개 모형(brokering model)

중개 모형은 케어매니지먼트 모형 중에서 가장 단순한 것으로, 케어매니저가 직접적으로 서비스를 제공하지 않고 클라이언트와 필요한 서비스를 단순하게 연결시키는 것이다. 이러한 모형은 지역사회 내에 클라이언트에게 유용한 자원이 많으나, 그러한 자원을 전달할 수 있는 서비스 전달체계가 제대로 정비되어 있지 못하다는 전제에 기초하고 있다.

중개 모형에서 케어매니지먼트의 기능은 클라이언트와 서비스와의 연결과 클라이언트와 지역사회 지원체계와의 상호작용의 촉진이다. 이러한 모형을 실천하는 방법은 케어매니저가 클라이언트에게 제공할 서비스를 준비하지 않고, 서비스가 필요한 클라이언트에게 의뢰와 안내를 통해서 서비스 제공자와 연결시켜 규정한 대로 서비스가 전달될 수 있도록 보장하는 것이다.

중개 모형에서 케어매니저는 주로 클라이언트와 서비스 제공자 사이를 단순히 연결하는 중개자의 역할을 수행하며, 클라이언트나 그들의 가족에게 필요한 서비스에 대한 정보를 제공하고 안내하며, 전달한 서비스의 효과성을 점검한다.

이러한 모형은 현존하는 서비스로서 클라이언트의 욕구를 충족시키기 어려운 경우에 유용하며, 케어매니지먼트의 많은 프로그램에서 활용하고 있지만, 이러한 모형에만 전적으로 의존하는 경우는 거의 없다.

중개 모형의 장점은 클라이언트가 다양한 제공자들로부터 서비스를 선택할 수 있는 기회가 많으며, 케어매니저가 다양한 제공자들과 갈등과 이해관계를 갖지 않는다는 것이다. 그러나 이러한 모형은 중개자가 현존하는 서비스 제공자만을 조정할 수 있으며, 전반적인 전달체계 내에서 어떤 현실적인 변화를 초래할 수 없고, 새로운 서비스를 개발할 수 없다는 단점을 지니고 있다.[17]

17) J. Quinn, *op. cit.*, p.24.

### (2) 개발 모형(developing model)

개발 모형은 클라이언트에게 제공할 서비스가 결핍되어 필요한 서비스를 제공할 수 없는 상황에서 케어매니저가 지역사회의 자원을 개발하고 조정하는 것이다. 이러한 모형은 지역사회 내에 클라이언트에게 제공할 유용한 자원이 거의 없으며, 서비스 전달체계도 제대로 정비되어 있지 못하다는 전제에 기초하고 있다.

개발 모형에서 케어매니지먼트의 기능은 자원의 개발, 클라이언트와 지역사회 지원체계와의 상호작용 촉진 및 옹호이다. 이러한 모형을 실천하는 방법은 케어매니저가 지역사회 내에서 서비스를 전달하기 위해 필요한 자원을 파악하고, 비공식적・공식적 지원체계에 대하여 관심을 갖고 면밀하게 분석하여 클라이언트에게 필요한 서비스를 개발하고 조정하는 것이다.[18)]

개발 모형에서 케어매니저는 주로 클라이언트에게 제공될 서비스를 개발하는 자원개발자의 역할을 수행하며, 서비스 전달체계를 정비하는 체계정비자, 자원확보를 위한 계획을 세우는 계획자, 클라이언트에게 제공되는 서비스를 조직하고 조정하는 서비스 조직가와 서비스 조정자의 역할을 수행한다.

개발 모형의 장점은 자원의 개발을 통하여 클라이언트에게 가장 적절한 서비스를 제공할 수 있으며, 서비스 전달체계에 대한 변화를 초래할 수 있다는 것이다. 그러나 이러한 모형은 클라이언트가 서비스를 선택할 수 있는 기회가 매우 한정되어 있다는 단점을 지니고 있다.

### (3) 판매 모형(vending model)

판매 모형은 케어매니저가 클라이언트가 필요로 하는 서비스를 케어매니지먼트 기관이나 특수한 서비스를 제공하는 다른 기관에서 구매하여 일정한 계약을 통하여 클라이언트에게 제공하는 것이다. 이러한 모형은 지역사회 내에 클라이언트에게 제공할 유용한 자원이 많으며, 서비스 전달체계도 잘 정비되어 있다는

18) 이윤로・성규탁, "사례관리: 효과적 서비스 전달을 위한 방법 -피부양노인 사례를 중심으로 한 기법과 모델-", □□사회복지□□, 제118호, 한국사회복지협의회, 1993, p.127.

전제에 기초하고 있다. 그러나 이것은 클라이언트가 필요한 서비스를 자유롭게 구매한다는 것보다는 오히려 케어매니저가 클라이언트의 욕구에 가장 적합한 서비스를 제공한다는 데 초점을 두고 있다.

판매 모형에서 케어매니지먼트의 기능은 서비스의 연결과 서비스 제공기관 상호간의 조정이다. 이러한 모형의 실천방법은 케어매니저가 클라이언트와의 일정한 계약을 통해 케어매니지먼트 기관의 서비스를 클라이언트에게 제공하거나, 다른 기관에서 특수한 서비스를 추가적으로 구매하여 클라이언트에게 제공한다.

판매 모형에서 케어매니저는 주로 클라이언트의 욕구에 적합한 서비스를 제공하는 서비스 제공자의 역할을 수행하며, 서비스 전달과 기관 상호간의 관계를 조정하는 조정자, 서비스의 이행을 점검하는 점검자, 기관들 사이의 경계를 넘나드는 경계범주자, 정보제공자, 안내자 등의 역할을 수행한다.

판매 모형의 장점은 클라이언트가 서비스를 선택할 수 있는 폭이 넓어 그들에게 가장 적합한 양질의 서비스를 제공할 수 있다는 것이며, 이러한 모형의 단점은 다양한 서비스 제공자들끼리 갈등과 이해관계가 존재할 수 있다는 것이다.

이와 같은 케어매니저의 역할에 따른 모형인 중개 모형, 개발 모형 및 판매 모형의 전제조건, 기능, 방법, 케어매니저의 역할과 장·단점은 <표 8-4>와 같이 요약할 수 있다.

〈표 8-4〉 케어매니저의 역할에 따른 모형

| 구 분 | 중개모형 | 개발모형 | 판매모형 |
|---|---|---|---|
| 전제조건 | 지역사회 내에 유용한 자원이 많으나, 서비스 전달체계가 제대로 정비되어 있지 못하다. | 지역사회 내에 유용한 자원이 거의 없으며, 서비스 전달체계도 제대로 정비되어 있지 못하다. | 지역사회 내에 유용한 자원이 많으며, 서비스 전달체계가 잘 정비되어 있다. |
| 방 법 | 케어매니저가 클라이언트에게 제공할 서비스를 준비하지 않고, 서비스가 필요한 클라이언트에게 의뢰와 안내를 통해서 서비스 제공자와 연결시킨다. | 케어매니저가 서비스 전달을 위해 필요한 자원을 파악하고, 비공식적·공식적 지원체계를 분석하여 클라이언트에게 필요한 서비스를 개발하고 조정한다. | 케어매니저가 케어매니지먼트 기관의 서비스를 클라이언트에게 제공하거나, 다른 기관에서 특수한 서비스를 구매하여 클라이언트에게 제공한다. |

| 구 분 | 중개모형 | 개발모형 | 판매모형 |
|---|---|---|---|
| 기 능 | 클라이언트와 서비스와의 연결, 클라이언트와 지원체계와의 상호작용의 촉진 | 자원의 개발, 클라이언트와 지원체계와의 상호작용 촉진, 옹호 | 클라이언트와 서비스와의 연결, 서비스 제공기관 상호간의 조정 |
| 케어매니저의 역할 | 중개자, 정보제공자, 안내자, 점검자 | 자원개발자, 체계정비자, 계획자, 서비스 조직가, 조정자 | 서비스 제공자, 조정자, 점검자, 경계범주자, 정보제공자 |
| 장·단점 | 클라이언트에게 서비스 선택의 기회가 많으며, 다양한 서비스 제공자들과 갈등과 이해관계를 갖지 않으나, 전반적인 전달체계에서 어떤 현실적인 변화를 초래할 수 없고, 새로운 서비스를 개발할 수 없다. | 자원의 개발을 통하여 클라이언트에게 가장 적절한 서비스를 제공할 수 있으며, 서비스 전달체계에 대한 변화를 초래할 수 있으나, 클라이언트가 서비스를 선택할 수 있는 기회가 매우 한정되어 있다. | 클라이언트가 서비스 선택의 폭이 넓어 가장 적합한 양질의 서비스를 제공받을 수 있으나, 다양한 서비스 제공자들끼리 갈등과 이해관계가 존재할 수 있다. |

## | 참고문헌 |


이근홍(1996. 6.), "한국 재가노인의 사례관리 실천모형에 관한 연구", 중앙대학교 대학원 박사학위논문.

이윤로·성규탁(1993), "사례관리: 효과적 서비스 전달을 위한 방법-피부양노인 사례를 중심으로 한 기법과 모델-", 『사회복지』, 제118호, 한국사회복지협의회.

Cline, B. G.(1990), "Case Management: Organizational Models and Administrative Methods", *Caring*, 9(7).

Friedlander Walter A. & Apte Robert Z.(1980), *Introduction to Social Welfare*, 5th ed., Englewood Cliffs, NJ: Prentice-Hall, Inc.

Intagliata, James(1992), "Improving the Quality of Community Care for the Chronically Mentally Disabled: The Role of Case Management", in Rose, Stephen M.(Ed.), *Case Management and Social Work Practice*, New York: Longman Publishing Group.

Levine, I. S. & Fleming, M.(1984), *Human Resource Development: Issues in Case Management*, Baltimore, MD: Center of Rehabilitation and Manpower Services, University of Maryland.

Loomis, James F.(1992), "Case Management in Health Care", in Rose, Stephen M.(Ed.), *Case Management and Social Work Practice*, New York: Longman Publishing Group.

Maguire, Lambert, *Social Support System*, 장인협 · 오세란 공역(1996), □□사회지지체계론□□, 사회복지실천연구소.

Moore, Stephen T.(1990), "A Social Work Practice Model of Case Management: The Case Management Grid", *Social Work*, 35(5), Silver Spring, MD: National Association of Social workers, Inc.

Moore, Stephen T.(1992), "Case Management and the Integration of Services: How Service Delivery Systems Shape Case management", *Social Work*, 37(5), Washington D.C.: National Association of Social workers, Inc.

Netting, F. Ellen(1992), "Case Management: Service or Symptom?", *Social Work*, 37(2), Washington D.C.: National Association of Social workers, Inc.

Newold, J.(1986), "Diversifying? Better Think Case Management", *Hospitals*, 60(16).

Payne, Malcolm(1995), *Social Work and Community Care*, London: MacMillan Press Ltd.

Quinn, Joan(1993), *Successful Case Management in Long-term Care*, New York: Springer Publishing Company, Inc.

Rose, H.(1980), *Proceedings of the Conference on the Evaluation of Case management Programs* (March 5-6, 1979), Los Angeles: Volunteers for Services to Older Persons.

Rose, Stephen M. & Moore, Vernon L.(1995), "Case Management", in National Association of Social workers, *Encyclopedia of Social Work*, 19th ed., Vol. 1, Washington D.C.: NASW Press.

Weil, Marie & Karls, James M., et al.(1985), *Case Management in Human Service Practice*, San Francisco, CA: Jossey-Bass, Inc., Publishers.

# 09

# 케어매니지먼트의 관계와 실무원칙

## 1. 케어매니지먼트의 관계

### 1) 케어매니지먼트 관계의 특징

케어매니지먼트는 클라이언트의 다양하고 복합적이며 장기적인 욕구를 충족시키고 사회적 기능을 향상시키기 위해서 케어매니저가 클라이언트와 사회자원과의 연결·조정·점검 등을 통하여 클라이언트에 대한 보호를 개별적·연속적으로 관리하는 과정이라고 할 수 있다.

이러한 개념에 따르면, 케어매니지먼트의 근본적인 목적은 클라이언트의 욕구를 충족시키고 그들의 사회적 기능을 향상시키는 데 있다. 이를 위해서 케어매니저는 클라이언트와 사회자원과의 연결·조정·점검·평가 등을 통하여 보호를 연속적으로 관리해야 하기 때문에 케어매니저와 클라이언트는 밀접한 관계성을 갖게 된다.

이러한 관계는 통상적인 대인관계와 다른 전문적 목적과 특수한 역할관계를 수반하며, 전문가가 주로 클라이언트에게 이익을 제공하거나 서비스와 연결시키고 관리하는 비상호적인 전문적 관계이다.

케어매니저와 클라이언트 사이의 전문적 관계는 서로에게 진실한 관계가 되도록 수립되어야 한다. 케어매니지먼트 과정의 가장 영향력 있는 측면은 케어매니저가 자신의 클라이언트에 대하여 발전시키는 개인적인 관여의 질이라고 말할 수 있는 것처럼,[1] 케어매니저와 클라이언트 사이의 관계는 특정한 목표를 완수해내는 데 목적을 두면서 케어매니저의 개인적인 감정이 섞이지 않은 객관성과 자아인식을 기초로 형성한다.

케어매니저와 클라이언트 사이의 이러한 관계는 대단히 중요하며, 그들 사이의 관계는 친구, 친척, 또는 동료와의 관계와 같은 통상적인 관계가 아니다. 즉, 케어매니저는 항상 클라이언트보다 권위 있는 위치에 있으며, 이를 간과해서는 안 된다. 훌륭한 전문적인 실천은 이러한 권위를 인식하고 가능한 한 협조적인 관계를 수립함으로써 그러한 권위를 남용하지 않도록 해야 하며, 여기에서 케어매니저는 언제든지 클라이언트의 복지에 책임이 있으며 책임전가는 있을 수 없다.[2]

### 2) 케어매니지먼트 관계의 핵심요소

#### (1) 클라이언트에 대한 관심과 존중

케어매니저는 클라이언트에게 일어나는 모든 일에 대하여 관심을 가지며, 그러한 감정을 전달할 수 있어야 한다. 클라이언트에 대한 관심은 책임, 배려, 존중, 이해, 수용 및 그들의 복지증진 등을 포함하는 것이며, 클라이언트의 생활과 욕구에 대한 무조건적인 긍정적 반응이다.[3]

클라이언트에 대한 관심은 좋아하는 것과는 다르며, 개인적으로 좋아하거나 싫어하는 것과 같은 감정이 더 이상 아무런 의미를 갖지 않도록 배려하는 것을 의미한다.

클라이언트에 대한 진정한 관심은 클라이언트가 바람직한 목표를 향하여 나아

---

1) J. Intagliata, "Improving the Quality of Community Care for the Chronically Mentally Disabled: The Role of Case Management", *Schizophrenia Bulletin*, 8(4), 1982, p.60.

2) S. Onyett, *Case Management in Mental Health*, London: Champman & Hall, 1992, p.96.

3) B. R. Compton & B. Galaway, *Social Work Processes*, 3rd ed., Homewood, IL: The Dorsey Press, 1984, pp.228-229.

가도록 케어매니저가 그의 지식과 기술 및 자원을 제공하는 것을 의미하며, 클라이언트의 욕구에 대하여 민감하게 반응하는 것을 의미하는 것이다. 즉, 이것은 능동적인 기다림이 아니라 실행을 통해서 표현될 수 있으며, 과정의 창조자라기보다는 오히려 과정의 매개인으로서 역할을 수행하는 것을 의미한다.[4)]

관심과 관련된 케어매니지먼트 관계의 핵심요소 중의 하나는 클라이언트에 대한 존중이다. 존중은 인간의 천부적인 존엄성과 가치의 승인을 의미하는 것으로 내면적인 마음의 태도이다. 이것은 케어매니지먼트 관계에서 케어매니저에게 기대되는 것으로 그의 자기지각과 인생철학의 결과로 나타나는 것이다.

이러한 관심과 존중은 클라이언트와의 관계 속에서 여러 가지 방법으로 전달된다. 그것은 면접의 시간을 정확히 지키는 일, 면접의 장소를 최대한 배려하는 일, 가정을 방문하기 전에 미리 약속하는 일, 클라이언트의 이야기를 경청하는 일, 클라이언트의 생각과 감정을 정중하게 다루는 일, 클라이언트의 욕구에 민감하게 반응하는 일 등이다.

클라이언트에 대한 관심과 존중은 클라이언트를 독특하고 가치 있는 인간으로 간주하는 것이며, 클라이언트의 이익과 목적을 수행하는 일에 케어매니저 자신을 헌신하는 것을 의미한다.

### (2) 위임과 의무

케어매니지먼트의 관계는 케어매니저와 클라이언트가 위임과 의무에 의해 연결되어 있어야 한다. 클라이언트에 대한 위임은 클라이언트로 하여금 안도감을 갖게 하며, 초기단계에서 겪을 수 있는 시행착오를 감소시킨다. 이것은 클라이언트로 하여금 자기방어에서 벗어나 당면한 과업에 주의와 정력을 기울이게 한다.

위임과 의무는 케어매니저와 클라이언트 사이에 명시적으로 공유되어야 한다. 이들을 명시하는 일은 케어매니지먼트의 목적을 명료화하기 위한 중요한 과정 중의 하나이다. 그러나 위임과 의무가 명시적으로 규정되든 안 되든 간에, 이들

---

4) A. Keith-Lucaas, *The Giving and Taking of Help*, Chapel Hill: University of North Carolina Press, 1972, p.104.

은 원조를 제공하거나 제공받는 것을 포함한 모든 전문적 관계에서 대단히 중요하고 불가피한 부분이다.

다른 사람에게 원조를 요청하는 사람은 누구나 무의식적으로 위임의 필요성과 의무의 부여를 민감하게 의식한다. 때때로 위임에 대한 기대와 의무에 포함될 수도 있는 어떤 것에 대한 두려움 때문에 사람들은 원조의 요청을 꺼리는 경우도 있다. 클라이언트에게 기대되는 일반적인 의무는 욕구에 대한 정확한 서술, 욕구와 관련된 그들의 대처방법과 능력의 정직한 제시, 원조관계에서 요청되는 절차상의 조건들에 대한 적응 등이다. 클라이언트는 그들이 할 수 있는 한 이러한 의무를 감당할 수 있을 것이다.[5]

케어매니저는 위임과 의무에 더 구속된다. 케어매니저의 의무는 클라이언트와의 관계에서 필수적인 절차상의 조건들을 만족스럽게 충족시켜야 하는 책임을 포함하고 있다. 이것은 출장원조와 같이 스스로 클라이언트를 찾아나서는 일, 예정된 시간과 장소에 출석하는 일, 긴급한 상황이 발생한 곳을 방문하는 일, 클라이언트의 욕구 충족과 관련된 일의 초점을 유지하는 일, 성장과 변화에 도움이 될 수 있는 관계를 조장하고 서비스를 제공하는 일 등이다. 만일 케어매니저의 이러한 위임과 의무가 클라이언트에게 적절한 설명 없이 이행되지 않는다면, 클라이언트는 케어매니저의 원조 의지를 의심하게 될 것이며, 아마도 케어매니저가 자기를 중요하게 여기고 있지 않다고 생각할 것이다.

위임은 주로 클라이언트와의 관계에서의 진실성, 일관성, 성실성, 책임성, 존엄성과 개성의 존중, 보호의 연속성 등을 통하여 전달된다.[6] 이것은 케어매니저가 클라이언트와의 의사소통의 내용이나 서비스의 실행에 책임을 지며, 그의 전문성을 재가해 준 기관에 대해서도 책임을 지는 것을 의미한다.

5) B. R. Compton & B. Galaway, *op. cit.*, p.231.

6) H. Goldstein, *Social work Practice: A Unitary Approach*, Columbia: University of South Carolina Press, 1973, p.74.

### (3) 경청과 민감성

케어매니저의 관심 있는 경청은 클라이언트와의 대화의 의미를 능동적으로 이해하고 수용하는 기술이다. 즉, 청취가 수동적인 기술이라면 경청은 능동적이고 적극적인 기술이다. 그것은 클라이언트에 대하여 기대감을 가진 상태에서 세심함과 감수성이 예민함을 요구하며, 긴장을 풀지 않고 방심하지 않는 것을 요구한다. 청취는 단순한 물리적 과정이지만, 경청은 정신적·정서적 과정인 것이다.[7]

케어매니저는 클라이언트의 말에 동의하지 않을 수도 있다. 그러나 그는 진행되고 있는 의사소통의 내용을 공유하는 일에 가치를 두어야 한다. 특히 원조관계에서 케어매니저는 클라이언트의 감정, 사고 및 생각에 가치를 두어야 한다. 케어매니저는 여하한 방법으로든 클라이언트와의 의사소통의 가치에 대한 인정과 의사소통의 내용을 이해하려는 열망을 전달해야 한다.

클라이언트와의 의사소통 내용에 대하여 적절한 질문이나 논평으로써 반응하는 것은 이와 같은 배려의 한 가지 표현이다. 즉, 케어매니저는 자기의 생각대로 클라이언트가 말하려는 것을 가로질러 지나치게 간섭해도 안 되며, 그렇다고 멍하니 앉아서 듣는 것도 좋지 않다. 그가 들으면서 전혀 반응하지 않으면 클라이언트는 자기에 대해 무관심하다고 생각하여 말할 의욕을 상실하게 될지도 모른다. 이야기하고 있는 클라이언트에게 짧고 적절한 의견이나 질문을 던짐으로써 그의 말의 요점을 파악하는 빛을 보여주는 것이 필요하다.

경청과 관련된 케어매니지먼트 관계의 핵심요소 중의 하나는 민감성이다. 민감성은 클라이언트의 감정에 대한 관찰과 경청을 의미한다. 클라이언트는 때때로 자기의 감정을 표현하지도 않으며 표현할 수도 없을 경우가 있다. 이것은 종종 초기과정에서 클라이언트가 케어매니저에 대해서 신뢰감과 안정감을 갖지 못할 때 발생한다. 또한 이것은 클라이언트의 성격상 외부적인 감정표현이 어려운 경우, 또는 감정이 너무 강렬해서 말로써 표현할 수 없을 경우에 발생할 수 있다. 그러나 클라이언트는 그의 감정을 언어로 표현하지 않는다고 하더라도 눈에 보

---

7) A. Kadushin, *The Social Work Interview*, New York: Columbia University Press, 1972, p.187.

이거나 귀로 들을 수 있을 정도로 그 나름대로의 어떤 방식으로 감정을 명백히 표현한다. 그것은 말하는 방식, 말의 속도, 망설임, 어조, 얼굴표정, 몸짓, 의상, 손놀림 등으로 나타난다.[8)]

민감성은 클라이언트의 감정뿐만 아니라 그들의 욕구와 능력을 파악하는 데에도 적용된다. 즉, 클라이언트의 일상적 욕구, 정신건강 상태, 신체적 기능과 상태, 인지적 기능과 상태, 감정을 다스리는 능력, 다른 사람과의 행동적 기능과 상태, 자신을 스스로 옹호할 수 있는 능력 등을 정확히 파악하는 데 있어서 민감성은 매우 중요한 요소이다.

이와 같이 케어매니저가 클라이언트가 말하는 내용을 주의 깊게 경청하고 민감성을 발휘하게 되면, 클라이언트의 욕구와 능력을 올바로 이해하고 정확한 사정을 하기 위한 적절한 자료를 얻을 수 있다.

### (4) 전문적 권위

전문적 권위는 전문적 지식과 경험 및 일정한 지위를 소유한 전문가에게 클라이언트와 기관이 위임한 힘이다. 전문적 원조관계에서는 두 가지 측면의 권위가 존재할 수 있다. 첫째는 제도적인 측면으로서 전문적 권위가 케어매니저의 지위와 케어매니지먼트 기관의 기능으로부터 나오는 것이다. 둘째는 심리적인 측면으로서 클라이언트가 케어매니저를 그 분야의 전문가로서 받아들임으로써 나오는 것이다.

클라이언트는 대개 원조에 대한 전문적 지식과 기술을 지닌 사람, 즉 전문적 권위를 지닌 사람을 찾게 된다. 전문적 권위는 클라이언트로 하여금 안정감과 자신감을 갖게 하는 중요한 요소가 된다. 이러한 전문적 권위의 중요성은 클라이언트를 원조하기 위해 그것을 얼마나 효과적으로 활용하는가에 달려 있다.[9)]

8) F. P. Biestek, *The Casework Relationship*, Chicago, IL: Loyola University Press, 1957, p.29.
9) B. R. Compton & B. Galaway, *op. cit.*, p.240.

### (5) 일관성

일관성은 케어매니저가 일관되고 정직한 개방성과 진실성을 가지고 클라이언트와의 관계를 유지하는 것을 의미한다. 이것은 케어매니저가 클라이언트와의 행동과 의사소통의 내용에서 항상 서로 조화를 이루어 나가는 것을 의미하며, 또한 가치체계의 기반과 전문가로서의 본질적인 자아가 서로 조화를 이루어 나가는 것을 뜻한다.

일관성은 기관의 절차와 정책에 관한 정확한 지식, 케어매니저 자신과 클라이언트에 대한 전문직으로서의 역할과 관련된 명확한 지식, 그리고 클라이언트에 대한 관심, 존중, 그들의 복지에 대한 위임, 케어매니저의 역할과 지위에 따른 권위 등의 내면화를 통하여 추구된다.

## 2. 케어매니지먼트 실무의 원칙

케어매니지먼트 관계의 목적은 클라이언트에게 안정감과 자신감을 제공하고, 그들의 욕구를 이해하고 정확히 사정하며, 그들의 잠재적 능력을 파악하고 개발하는 데 기여하는 것이다. 이러한 목적을 달성하며 케어매니지먼트의 목적이라고 할 수 있는 클라이언트의 욕구충족 능력의 향상, 그들의 사회적 기능의 개선, 보호와 서비스 전달의 효율성과 효과성의 증대, 보호의 연속성의 보장 등을 달성하기 위해 케어매니지먼트는 다음과 같은 여덟 가지 원칙하에 실천되어야 한다.

### 1) 성장과 변화에 대한 신념

케어매니지먼트의 최고의 가치는 클라이언트로 하여금 그들이 지니고 있는 변화와 성장의 가능성을 생애를 통하여 최대한으로 실현할 수 있는 환경을 조성하는 것이라고 할 수 있기 때문에, 케어매니저는 아무리 클라이언트가 처해 있는 상황이 한계점에 도달해 있거나 폐쇄적인 상황에 있더라도, 변화하고 성장할 가능성이 있다는 신념을 항상 지녀야 한다. 왜냐하면 개인은 끊임없이 변화하고 성장해 감으로써 자기가 가지고 있는 잠재적 가능성을 달성할 수 있기 때문이다.

성장과 변화는 미래와 단절되어서는 안 된다. 클라이언트가 현재의 어려움이 계속 이어진다고 생각하다면, 그들은 자포자기를 하거나 절망에 잠길 수 있다. 클라이언트에게 자기의 소망이나 가능성이 실현될 수 있는 미래가 있다는 전제가 있어야 문제해결을 가능하게 할 수 있다.[10]

장기적이고 심각한 문제를 가진 클라이언트에게 거의 인식할 수 없을 정도로 미세한 변화와 성장이 지속된다면, 이들의 증가량을 민감하게 인식하고 축적하여 궁극적으로 변화와 성장이 일어날 수 있도록 하는 것은 케어매니저의 핵심적인 능력 중의 하나이다.

### 2) 욕구와 보호의 개별화

케어매니지먼트는 개별적인 욕구를 확인하고 개별적으로 설계된 보호계획을 통하여 이를 충족시키는 방법이라고 할 수 있으므로, 욕구와 보호의 개별화는 케어매니지먼트의 절대적인 전제조건 중의 하나이다.[11]

개별화란 각 클라이언트의 독특한 성질을 인정하고 이해하며, 그가 보다 나은 적응을 하도록 원리와 방법을 각기 다르게 적용하여 원조하는 것이다. 이것은 인간성의 공통적 특성이나 인간행동의 공통적 유형은 인정하되, 클라이언트가 똑같은 인간으로서가 아니라 개인차를 가진 인간으로서 개별적으로 취급되어야 한다는 인간의 권리에 기초하고 있다.[12]

클라이언트는 각자가 개인차를 가진 독특한 인간이므로 그의 욕구 또한 다른

10) H. M. Bartlett, *The Common Base of Social Work Practice*, New York: National Association of Social Workers, 1970, pp.66-67.

11) J. Orme & B. Glastonbury, *Care Management: Tasks and Workloads*, London: The Macmillan Press Ltd., 1993, p.51.

12) F. P. Biestek, *op. cit.*, p.46.

클라이언트와 어떤 점에서 서로 다르다. 그러므로 클라이언트 각자의 독특한 욕구를 충족시키기 위해서 보호와 서비스의 내용도 개별화되어야 한다.

모든 사람은 각자 자기가 독특한 존재임을 의식하고 있다. 이것은 특히 원조관계에서 두드러지게 나타나며, 클라이언트는 자신이 하나의 사례, 형태, 및 범주로 취급되기보다는 오히려 한 개인으로 취급되기를 원하는 욕구를 가지고 있다. 또한 클라이언트 각자는 능력에 상당한 차이가 존재하며, 적응양식에도 상당한 차이를 보이고 있다. 따라서 케어매니저는 클라이언트의 욕구, 능력, 적응양식 등에 항상 개인차가 존재한다는 것을 인식하고 보호와 서비스의 제공을 포함한 원조방법을 달리할 필요가 있다.

이것은 클라이언트 자신이 오로지 한 사례가 아닌 특정한 개인으로 인정되고 있다고 느끼고 있으며, 자기의 욕구가 개별적으로 이해되고 취급되고 있다고 느낄 때 비로소 원조관계에 들어갈 수 있기 때문이다.

클라이언트의 욕구와 보호의 개별화를 위해서 케어매니저는 우선 클라이언트 각자에 대하여 세심하게 배려하며, 그들의 다양하고 복합적인 욕구를 잘 파악하고, 그들의 신체적, 정신적, 지적 및 경제적 능력에 대한 확고한 인식을 가지며, 클라이언트의 욕구를 충족시킬 수 있는 공식적 및 비공식적 보호체계에 대한 정보와 이를 활용할 수 있는 능력을 소유해야 한다. 케어매니저의 이러한 개별화의 능력은 전문가로서의 적절한 태도, 전문적 지식과 기술, 가치 등에 기인한다.

### 3) 장점과 잠재력의 강조와 개발

케어매니저는 주로 사회적 취약계층과 활동하기 때문에 클라이언트의 약점과 문제점을 지나치게 강조하고 장점과 잠재력을 보지 못하는 위험을 초래할 수 있으며, 클라이언트를 지속적인 문제, 약점 및 한정된 잠재력만을 지닌 수동적인 인간으로 간주하는 경향이 있다. 그러나 일반적으로 클라이언트는 스스로를 원조관계를 통하여 자신의 능력과 기능을 향상시킬 수 있는 능동적이고 자율적인 인간으로 생각한다.[13)]

따라서 케어매니저는 케어매니지먼트 실천에서 클라이언트의 약점과 결점에 전체적인 초점을 두기보다는 그들의 장점과 잠재력에 주안점을 두어야 한다. 이것은 클라이언트가 지니고 있는 문제를 악화시킬 수 있는 불리한 점들과 부족한 점들을 무시하라는 것이 아니며, 클라이언트가 그들과 사회자원과의 관계에서 그들의 능력과 기술을 전개시키고 개발함으로써 자신의 운명을 개척해 나가도록 해야 한다는 것이다.

대개 자존감이 낮고 자신의 경험을 판단하는 데 있어서 대단히 자아비판적인 사람들의 경우, 그들의 결점, 비정상적인 면, 실패의 경험 등을 전개해 놓고 원조를 시작한다는 것은 결코 그들에게 도움이 되지 못할 것이다. 만일 클라이언트의 장점과 잠재력을 강조한다면, 클라이언트는 해결해야 할 복잡한 욕구와 문제를 가진 사람이라기보다는 오히려 독특한 속성과 능력을 지닌 완전한 사람으로 취급될 것이며, 이것은 원조관계에서 클라이언트에게 도움이 될 것이다. 결국 모든 사람들은 존경, 존엄, 선택, 능력 등을 인정받고, 자신의 자율성을 유지하면서 욕구를 충족시킬 수 있는 원조를 바랄 것이다.[14)]

또한 케어매니지먼트 실천에서 클라이언트의 병리, 약점 및 문제보다는 장점, 자원 및 잠재능력에 초점을 두는 까닭은 그것이 정확한 사정을 하기 위한 더욱 건설적인 접근이기도 하지만, 클라이언트의 존엄성을 존중하면서 클라이언트의 욕구를 충족시키는 데 더욱 도움이 되기 때문이다.

### 4) 클라이언트의 자기결정에 대한 신념

클라이언트의 자기결정은 케어매니지먼트 과정에서 클라이언트 자신이 그의 욕구를 충족시킬 수 있는 보호와 서비스를 스스로 선택하고 결정할 수 있는 자유를 인정하고 존중하는 것이다.

13) A. N. Maluccio, *Learning from Clients: Interpersonal Helping as viewed by Client and Social Workers*, New York: Free Press, 1979, p.399.

14) S. Onyett, *op. cit.*, p.95.

클라이언트는 대개 그의 욕구를 스스로 해결할 수 없다고 생각하여 원조를 제공받지만 그 자신의 문제에 관해서는 스스로 결정할 자유를 갖고 싶어 한다. 즉, 인간은 누구나 천부적인 존엄성과 선택의 자유를 가지고 있으므로 클라이언트로 하여금 가능한 한 자신의 생활유형을 결정하여 자신이 원하는 존재가 되도록 허용해야 한다.[15)]

클라이언트의 자기결정의 원리는 케어매니저가 아무런 대안이나 선택의 결과에 대한 고려 없이 선택의 전적인 책임을 클라이언트에게 부과하는 것으로 잘못 받아들여져서는 안 된다. 이것은 케어매니저가 클라이언트의 일을 떠맡거나 대신하여 결정을 내리는 극단을 피해야 하듯이 클라이언트와 아무런 견해를 나누지 않는 극단도 피해야 한다는 것을 의미한다. 그러한 극단적인 행동은 케어매니저의 판단에서 얻을 수 있는 클라이언트의 이익을 거부하며, 클라이언트가 자신의 의사결정에서 고려하고자 있는 대안들을 거부하는 결과를 초래할 수 있다. 즉, 클라이언트의 자기결정에 대한 신념은 가장 바람직한 대안에 클라이언트의 관심을 기울이게 하는 일을 배제하지 않는 것을 의미한다.

클라이언트의 자기결정은 자신의 삶과 관련된 의사결정을 하는 데 있어서 클라이언트의 권위를 최대화시키고, 가능한 한 그들이 선택권을 행사할 수 있도록 보장하며, 케어매니지먼트의 핵심과업에 협력하여 접근해 나가는 것과 관련되어 있다. 여기에서 케어매니저는 필요로 하는 자원을 확보하는 과정에서 클라이언트를 지원해야 하며, 장기적으로 클라이언트에게 최상의 이익이 될 때 비로소 직접적으로 개입해야 하는 것이다.[16)]

클라이언트의 자기결정에는 다음과 같은 전제조건이 필요하다.[17)]

첫째, 클라이언트가 자기결정을 하기 위해서는 여러 가지 대안이 제시되어야 한다. 대안이 없이는 자기결정의 기회도 없기 때문이다.

15) B. R. Compton & B. Galaway, *op. cit.*, p.75.

16) C. A. Rapp & R. Wintersteen, "The Strengths Model of Case Management: Results from Twelve Demonstrations", *Psychosocial Rehabilitation Journal*, 13(1), 1989, p.26.

17) B. R. Compton & B. Galaway, *op. cit.*, p.79.

둘째, 케어매니저의 주요한 책임은 의사결정을 위한 클라이언트의 기회를 극대화하는 것이다. 케어매니저는 클라이언트에게 실제로 무엇이 최선인가를 판단하는 전문가는 아니므로, 클라이언트를 대신해서 의사결정을 내리는 것은 피해야 한다. 오히려 케어매니저는 공동의 의사결정 과정에서 클라이언트를 돕는 전문가이다.

셋째, 케어매니저는 클라이언트에게 자신의 견해와 제안을 제공할 의무를 갖는다. 이러한 견해와 제안은 클라이언트가 고려할 대안과 투입으로서 제공되어야 하며, 클라이언트에 대한 포고와 정답으로서 제공되어서는 안 된다.

넷째, 클라이언트의 가치가 목표달성을 위한 그들의 노력을 방해하거나 다른 사람의 복지를 침해한다면, 그리고 클라이언트가 그러한 가치를 변화시키려는 노력에 협력한다면, 클라이언트의 가치를 수정하기 위한 노력이 반드시 자기결정의 개념과 모순되는 것만은 아니다.

다섯째, 클라이언트의 자기결정과 케어매니저의 자기결정은 구별되어야 한다. 전문적 원조관계에서 케어매니저는 자신의 자기결정을 빈틈없이 제한하며, 클라이언트에게 최상의 이익이 추구되고 그들의 기회를 극대화할 수 있는 방법으로 행동할 책임이 있다.

이러한 전제조건을 바탕으로 클라이언트가 자기결정을 실현할 수 있게 하기 위해서 케어매니저는 그들이 명백한 전망을 가지고 그들의 욕구를 이해하도록 돕고, 지역사회 내의 적절한 자원을 발견하고 활용하도록 하며, 클라이언트가 성장할 수 있고 그 자신의 욕구를 충족시키는 데 도움이 될 수 있는 환경을 조성하도록 하며, 클라이언트의 잠재력을 자극하고 실천할 수 있도록 원조해야 한다.[18]

그러나 케어매니지먼트 과정에서 케어매니저는 클라이언트를 위한 것이기는 하지만 그들의 의사에 반하여 행동할 때가 있을 수 있다. 한 가지 실례로 어떤 클라이언트가 자기 자신이나 타인에게 위험한 요소로 작용할 때, 케어매니저는 그를 더욱 통제가 가능한 환경으로 이송시키는 데 직접적으로 개입하지 않을 수

18) F. P. Biestek, *op. cit.*, pp.105-106.

없다. 이와 같이 케어매니저가 클라이언트에 대하여 지속적이고 심층적인 관여를 하는 목적은 클라이언트에게 불리한 상황이나 타인에게 해가 되는 행동이 발생하는 것을 막기 위한 것이다. 이렇게 클라이언트의 자기결정이 제한되는 경우도 있지만, 이것은 케어매니지먼트에서 타당하고 달성 가능한 가치이므로 클라이언트와 케어매니저 사이의 권위관계에 의해 무시되어서는 안 된다.[19]

한편 클라이언트의 자기결정은 역시 클라이언트의 선택의 자유를 행사는 무능력에 의해서도 제한된다. 이것은 클라이언트가 자기결정을 행사할 수 있는 권리를 상실하는 것이 아니라 기회를 상실하는 것이다. 이러한 구속은 신체적·정신적 무능력이며, 예를 들면 운송수단을 이용할 수 없는 이동이 불가능함, 선천적인 질병이나 두부외상으로 인한 정신적인 무능력 등이 여기에 속한다. 그렇지만 케어매니저는 기회를 제공하는 자원을 동원하여 자기결정의 상실을 최소한 감소시키는 책임을 져야 한다. 즉, 클라이언트가 자기결정을 행사할 수 있는 능력이 감소되었을 때, 케어매니저는 클라이언트로 하여금 그들의 능력을 최대한 활용할 수 있도록 해야 한다.[20]

### 5) 책임성과 보호의 연속성

케어매니저는 복잡한 정보와 서비스 전달망 내에서 중심적인 위치를 차지한다. 이러한 위치에서 케어매니저의 역할은 클라이언트의 서비스 전달에 책임을 지는 것이다. 책임성은 케어매니저가 클라이언트가 직면하고 있는 문제나 충족하지 못한 욕구를 인식하고, 클라이언트의 현재의 계획과 서비스의 배열이 이러한 욕구나 문제에 대응할 수 있도록 보장하기 위하여 클라이언트에 관한 충분한 지식과 정보를 소유하는 것을 의미한다.

책임성은 대개 프로그램 책임성과 기술적 책임성의 두 가지 차원으로 구분할

19) S. Onyett, *op. cit.*, p.97.

20) D. H. Hepworth & J. A. Larsen, *Direct Social Work Practice: Theory and Skills*, 4th ed., Pacific Grove, CA: Brooks/Cole Publishing Company, 1993, p.73.

수 있다.[21] 프로그램 책임성은 철학, 실체 및 프로그램의 질적인 측면과 관련된 책임을 말한다. 이것은 ① 기획, 평가 및 프로그램 내용의 수정에서의 클라이언트의 참여, ② 적절하게 이해할 수 있는 공적인 정보의 제공, ③ 서비스의 질의 측정, ④ 서비스에 대한 클라이언트의 만족도의 측정, ⑤ 다른 사회경제적 지표의 맥락에서의 프로그램 결과의 정기적인 평가, ⑥ 표적인구집단에 초점을 둔 결과의 평가 등의 기능을 수행할 것을 요구한다.

기술적 책임성은 서비스 체계의 관리와 관련된 절차에 대한 책임을 말한다. 이것은 ① 기획과정, ② 서비스 구매에 대한 계약의 협상과 점검, ③ 프로그램 자료(서비스 수혜자, 비용, 지역 등)의 작성, ④ 재정적 거래의 결산 등의 기능을 포함한다.

또한 책임성은 노력지향의 책임과 효과성지향의 책임으로도 구분할 수 있다. 노력지향의 책임은 케어매니저가 클라이언트의 보호계획이 서비스 제공자들에 의해서 성실히 수행될 수 있도록 보장하는 것이다. 이것은 주로 케어매니저가 효과적인 점검에 종사할 것을 요구한다. 효과성지향의 책임은 케어매니저가 클라이언트의 보호계획이 효과적인 것이 되도록 보장하는 것이다. 즉, 그 계획의 수행이 클라이언트의 욕구를 충족시키는 결과를 가져오도록 하는 것이다.

책임성은 역동적인 개념이어야 한다. 그것은 케어매니저로 하여금 횡단적 · 종단적인 보호의 연속성을 달성하도록 북돋운다. 책임 있는 케어매니저라면 언제든지 클라이언트의 욕구를 충족시키는 데 필요한 자원을 동원할 수 있어야 하며, 클라이언트의 욕구가 변화할 때마다 이러한 자원을 변화시키고 수정시킬 수 있어야 한다.[22]

한편 케어매니지먼트는 시한적 서비스라기보다는 오히려 계속적인 서비스이며, 클라이언트가 원할 때마다 그들이 필요로 하는 서비스를 연속적으로 제공하는 것이기 때문에, 그것은 반드시 보호의 연속성이 보장되어야 한다.

21) American Public Welfare Association, "Policy Statement on Personal Social Services", *Public Welfare*, 35(2), 1977, p.34.

22) D. P. Moxley, *The Practice of Case Management*, Newbury Park, CA: Sage Publications, Inc., 1989, p.145.

보호의 연속성이란 서비스 제공자나 제공기관이 클라이언트의 욕구를 충족시키기 위해 서비스의 중복이나 간격을 최소화하면서 지속적으로 서비스를 제공하려는 노력이다.[23)]

보호의 연속성은 두 가지 차원이 있는데, 그것은 횡단적인 것과 종단적인 것으로 구분된다. 횡단적 보호의 연속성이란 어떤 일정한 시점에서 서비스를 제공할 때, 개인의 욕구를 적절히 충족시킬 수 있는 포괄적이고 조정된 서비스를 제공하는 것이다. 종단적 보호의 연속성이란 시간의 경과에 따라 변화하는 개인의 욕구를 충족시키기 위해 지속적으로 서비스를 제공하는 것이다.[24)]

케어매니지먼트는 주로 장기보호를 요하는 아동, 노인, 장애인 등을 대상으로 그들이 필요로 하는 서비스를 지속적으로 제공하는 것에 주안점을 두고 있기 때문에, 케어매니지먼트 과정에서 보호의 연속성이 보장되도록 노력해야 한다.

### 6) 서비스 제공의 포괄성

서비스 제공의 포괄성이란 클라이언트에게 제공되는 서비스가 그들의 욕구를 충족시키고 그들이 지역사회 내에서 적절히 기능할 수 있도록 광범위하게 체계적으로 제공되는 것을 말한다. 이것은 공식적 지원체계와 비공식적 지원체계의 다양한 서비스와의 연결·통합·조정·점검은 물론 클라이언트에 대한 옹호도 포함한다.

클라이언트는 대개 소득, 보건, 의료, 주택, 교통, 취업, 교육, 문화, 오락, 스포츠, 안전, 정신건강, 사회적 관계 등의 다양한 욕구를 가지고 있다. 또한 그들의 욕구가 복합적이며, 각각의 클라이언트마다 필요한 원조의 유형과 크기가 다양하고, 그들의 욕구도 시간에 따라 변화하게 된다. 따라서 클라이언트에게 제공되는 서비스가 포괄적이어야 만이 그들의 욕구를 충족시킬 수 있으며, 이를 위해서

---

23) R. L. Barker, *The Social Work Dictionary*, 3rd ed., Washington, D.C.: NASW Press, 1995, p.79.

24) M. Test, "Continuity of Care in Community Treatment", In L. Stein(Ed.), *Community Support Systems For the Long-term Patient*, San Francisco, CA: Jossey-Bass Inc., Publishers, 1979, pp.15-23.

케어매니저는 지역사회에 존재하는 실재적·잠재적 자원에 대한 철저한 지식을 가지고, 이러한 자원을 적극적으로 개발하고 활용할 필요가 있다.

### 7) 지역사회 자원의 적극적 개발과 활용

케어매니지먼트의 가치에서 중요한 것 중의 하나는 클라이언트가 그들의 욕구를 충족시키고 잠재능력을 개발할 수 있는 기회를 획득하는 데 필요한 자원과 접근할 수 있도록 하는 것이다. 따라서 케어매니저는 클라이언트가 필요로 하는 자원에 접근할 수 있도록 보장해야 하며, 자원획득을 위한 클라이언트의 노력에 적극적으로 협력해야 한다.

특히 케어매니지먼트는 클라이언트의 욕구를 충족시키는 데 필요한 공식적 보호체계와 비공식적 보호체계를 통합·관리하는 과정이므로, 이러한 자원의 상당한 부분이 존재하는 지역사회에서 클라이언트로 하여금 적절한 보호와 서비스를 제공받을 수 있도록 지역사회의 자원을 적극적으로 개발하고 이를 활용할 필요가 있다. 여기에서 케어매니저는 클라이언트에게 지역사회 자원과 단순하게 연계시켜 주기보다는 클라이언트의 욕구를 충족시키는 데 가장 효과적인 서비스와의 연결에 더 많은 관심을 기울여야 한다.

한편 복지국가의 위기 이후에 사회복지에 대한 공공부문 부담의 많은 부분을 민간부문으로 이양하면서 지역사회 자원의 활용에 대한 관심이 고조되기 시작하였다. 이로 인하여 지역사회 내의 비공식적 자원과 공식적 자원을 적극적으로 개발하고 활용하여 지역사회에 거주하는 요보호자를 보호할 필요성이 날로 증대되고 있다.

이것은 지역사회가 이러한 클라이언트의 욕구를 충족시키는 데 장애물이 되는 것이 아니라 개발하고 활용할 가치가 있는 귀중한 자원이 되기 때문이다. 이와 같이 지역사회는 고용, 사회적 참여, 문화, 여가, 수발 등을 위한 자원이다.

따라서 케어매니지먼트 실천에서 중요한 원칙 중의 하나는 클라이언트의 욕구를 충족시키는 데 도움이 되는 지역사회의 자원을 적극적으로 개발하고 이를 효율적으로 활용하는 것이다.

### 8) 클라이언트의 권리와 비밀의 보장

케어매니저는 클라이언트의 삶의 주요한 부분까지 관여하고 영향을 미치기 때문에, 그의 권위를 남용하여 클라이언트의 기본적인 권리인 존엄성과 자율성을 침해할 수 있다. 케어매니지먼트 실무에서 케어매니저는 클라이언트의 강점보다는 약점을, 장점보다는 단점을 쉽게 발견할 수 있으며, 편견과 선입관을 가지고 그들을 대할 수 있기 때문에, 그들의 존엄성을 침해할 수 있다. 또한 케어매니지먼트 과정에서 클라이언트에 대한 서비스의 증가는 그들의 자율성을 감소시키는 것과 관련성이 있으며, 케어매니저는 클라이언트의 삶을 지배하려는 충동을 이겨내기 힘들다. 따라서 케어매니저는 클라이언트의 기본적인 권리를 계속적으로 인식하고 보장할 필요가 있다.

한편 케어매니저는 클라이언트의 삶에 지속적으로 관여함으로써 그들에 대한 상당한 정보를 얻을 수 있다. 이러한 이유로 케어매니저는 클라이언트의 사생활의 존중에 대한 권리에 특별한 주의를 기울여야 한다.

케어매니저가 다른 사람과 클라이언트에 대한 정보를 공유할 경우, 클라이언트 또는 그들의 법적 대리인의 동의 없이 어떤 정보도 누설해서는 안 되며, 케어매니지먼트의 목적을 달성하는 데 필요한 최소한의 정보만을 기관 내에서 서비스의 제공과 관련된 사람들에게만 제공해야 하고, 목적달성과 관계없는 다른 기관이나 사람들과 정보를 공유해서는 안 된다. 이것은 케어매니저가 클라이언트에게 손해를 입힐 수도 있는 정보를 누설하지 않을 의무를 가지고 있다는 것을 말해 주고 있다.[25)]

이러한 실무의 원칙들은 클라이언트와 케어매니저 사이의 관계를 형성하고, 케어매니저가 수행하게 될 과업의 많은 부분을 결정하게 한다. 또한 그러한 원칙

25) S. Onyett, *op. cit.*, pp.100-102.

들은 케어매니저가 클라이언트와의 의사소통에서 정직하고 신뢰성이 있어야 하며, 장기적이고 심각한 문제를 가진 사람들에 대한 특별한 믿음, 가치, 태도 등을 소유해야 할 것을 요구한다.

## | 참고문헌 |


American Public Welfare Association(1977), "Policy Statement on Personal Social Services", *Public Welfare*, 35(2).

Barker, Robert L.(1995), *The Social Work Dictionary*, 3rd ed., Washington, D.C.: NASW Press.

Bartlett, Harriet M.(1970), *The Common Base of Social Work Practice*, New York: National Association of Social Workers.

Biestek, Felix P.(1957), *The Casework Relationship*, Chicago, IL: Loyola University Press.

Compton, Beulah Roberts & Galaway, Burt(1984), *Social Work Processes*, 3rd ed., Homewood, IL: The Dorsey Press.

Goldstein, Howard(1973), *Social Work Practice: A Unitary Approach*, Columbia: University of South Carolina Press.

Hepworth, Dean H. & Larsen, Jo Ann(1993), *Direct Social Work Practice: Theory and Skills*, 4th ed., Pacific Grove, CA: Brooks/Cole Publishing Company.

Intagliata, James(1982), "Improving the Quality of Community Care for the Chronically Mentally Disabled: The Role of Case Management", *Schizophrenia Bulletin*, 8(4).

Kadushin, Afred(1972), *The Social Work Interview*, New York: Columbia University Press.

Keith-Lucaas, Alan(1972), *The Giving and Taking of Help*, Chapel Hill: University of North Carolina Press.

Maluccio, Anthony N.(1979), *Learning from Clients: Interpersonal Helping as viewed by Client and Social Workers*, New York: Free Press.

Moxley, David P.(1989), *The Practice of Case Management*, Newbury Park, CA: Sage Publications, Inc.

Onyett, Steve(1992), *Case Management in Mental Health*, London: Champman & Hall.

Orme, Joan & Glastonbury, Bryan(1993), *Care Management: Tasks and Workloads*, London: The Macmillan Press Ltd.

Rapp, C. A. & Wintersteen, R(1989), "The Strengths Model of Case Management: Results from

Twelve Demonstrations", *Psychosocial Rehabilitation Journal*, 13(1).

Test, M.(1979), "Continuity of Care in Community Treatment", In Stein, L.(Ed.), *Community Support Systems For the Long-term Patient*, San Francisco, CA: Jossey-Bass Inc., Publishers.

부록 1

# 케어매니지먼트 실무지침[1)]

## 〈케어매니지먼트의 실천역할〉

### ■ 실무지침 1 : 단계적인 과정으로서의 케어매니지먼트

케어매니지먼트 실천과정의 기본적인 구성요소는 (1) 출장원조와 클라이언트 확인, (2) 사정, (3) 서비스기획, (4) 서비스의 연결과 조정, (5) 사후검토와 점검 및 (6) 옹호이다. 케어매니지먼트 프로그램을 시작하거나 평가하고자 하는 기관은 핵심기능으로서 이러한 과정들을 포함시켜야 하며, 그들을 적절히 수행할 수 있도록 직원을 훈련시켜야 한다. 프로그램마다 강조하는 기능이 각각 다양하므로, 기관은 그러한 가변성이 주어진 상황에 적절한가 또는 각각의 기능에 기관의 자원을 더욱 공평하게 적용해야 하는가를 결정해야 한다. 또한 기관의 조직이 지역사회에서 출장원조와 연결, 사정도구와 자문의 제공 등을 위한 시간을 허락하는 것과 같이 구조적·행정적으로 각각의 기능을 촉진하고 있는가에 관하여 검토해야 한다.

### ■ 실무지침 2 : 출장원조

출장원조와 접수노력에서의 신속한 반응시간과 단정적인 사후검토에 대한 필요성 때문에, 다음과 같은 시간 구성은 탈시설화된 클라이언트에 대한 출장원조 노력의 지침이

1) J. Rothman, *Guidelines for Case Management: Putting Research to Professional Use*, Itasca, IL: F. E. Peacock Publishers, Inc., 1992, pp.89-100.

된다. (1) 가능한 한 빨리 퇴원준비를 시작한다. (2) 퇴원에 앞서 사후보호를 약속하며 실무자를 지정한다. (3) 퇴원 후 3일 이내에 사후보호를 제공할 것을 약속한다. (4) 약속시간 이전에 사후검토를 위한 전화와 접촉을 실시한다.

### 실무지침 3 : 복합적인 사정

케어매니지먼트 실천의 기초로서 심리학적 · 사회적 · 의료적 진단을 포함한 철저한 사정이 실시되어야 한다. 사회적 지지와 약물치료 양자의 필요성이 신중하게 고려되어야 한다. 사정은 다방면적인 현상으로 다양한 사람들과 다양한 학문 분야의 개입을 요구한다. 이러한 사정을 실시하기 위해서는 다음과 같은 사항들이 이행되어야 한다. (1) 케어매니저뿐만 아니라 의료진과 다른 전문가가 포함되어야 한다. (2) 철저한 사정을 실시하기 위해서 적절한 시간이 할당되어야 한다. (3) 기관은 쓸모 있고 편리하며 확실한 사정도구를 활용할 수 있도록 원조해야 한다.

### 실무지침 4 : 참여적인 치료기획

클라이언트는 케어매니지먼트 계획의 개발에 최대한 관여시켜야 한다. 사례회의를 위한 준비나 계획의 개발을 위한 다른 매개체, 검토 또는 서비스계획의 수정은 케어매니지먼트의 절차에 통합되어야 한다. 클라이언트는 이러한 일에 참여하는 다양한 수준의 능력을 소유할 수 있다. 케어매니저는 클라이언트와 함께 적절한 수준을 결정하고 그러한 수준의 관여를 극대화할 필요가 있다.

### 실무지침 5 : 클라이언트와 서비스의 연결

케어매니저는 클라이언트와 필요한 서비스를 연결할 때 개인적 지지를 제공해야 한다. 케어매니지먼트의 성공의 본질적인 측면은 케어매니저가 서비스와의 연결에서 클라이언트를 적극적으로 지지하는 것이다. 이것은 그 지지가 환경적인 개입의 실패나 성공 사이의 차별을 둘 수 있을 때, 장애인사무실 또는 재활프로그램에 클라이언트를 반드시 동반하게 할 것이다. 이러한 방식으로 활용되는 시간은 클라이언트의 성공을 위한 투자이다.

구체적인 실천활동에는 (1) 정부의 급여를 위한 준비, (2) 클라이언트와 지역사회 자원의 연결, (3) 교육, 일 및 레크리에이션에서의 클라이언트를 위한 옹호, (4) 클라이언트의 생활에서 그들을 지지하고 원조하는 방법에 대한 다른 사람들의 교육, (5) 문제해결, 위기개입 및 클라이언트의 생활에서 다른 사람들이 제공하는 지지에 대처할 수 있도록 하는 것 등이 있다.

■ **실무지침 6 : 지역사회 생활기술의 교육**

의존적인 클라이언트와 함께 일하는 전문적인 원조자는 심리치료에 집중하는 것보다는 오히려 클라이언트가 환경에 즉각적으로 대처할 수 있도록 원조하는 데 초점을 두어야 한다. 클라이언트가 지역사회에 효과적으로 적응할 수 있도록 하기 위해서는 자연스런 환경에서 클라이언트에게 기본적인 생활기술을 교육시켜야 한다. 이러한 기술은 가정, 생활시설 및 사회보장이나 직업재활과 같은 서비스를 제공하는 기관에서 교육시킨다. 심리사회적 재활에서의 성공과 관련된 기술에는 (1) 과업의 더욱 세부적인 구체화 또는 분류화, (2) 긍정적 강화, (3) 모델링과 역할극 등이 있다.

■ **실무지침 7 : 점검과 평가**

점검과 재사정은 클라이언트의 장기간의 변화하는 욕구를 충족시키기 위한 지속적인 기초 위에 제공되어야 한다. 케어매니지먼트의 기능의 적절한 점검을 보장하기 위해서 두 가지의 실천방안을 제시할 수 있다. 첫째는 케어매니지먼트 계획에 점검을 위한 시간구성을 설정해야 한다. 둘째는 서비스의 점검에서 예정되지 않은 요구, 위기지점 및 서비스 재등록의 준비를 인식해야 한다.

지속적이고 예정되지 않은 문제를 해결하기 위해서 프로그램은 정규의 직무시간 외의 다른 시간에 발생할 욕구를 예상해야 하며, 이러한 위기기간 동안 클라이언트를 위해 일할 수단을 제공해야 한다. 부적절하게 서비스를 종결시킨 클라이언트는 역시 특별한 서비스 노력을 요구한다.

■ **실무지침 8 : 케어매니지먼트와 체계의 변화**

지역사회와 조직적인 요소들이 서비스에 대한 과업과 케어매니지먼트의 역할을 침해할 수 있다. 이러한 문제는 기관에 의해서 직접적으로 제기되거나 또는 케어매니저에게 이러한 문제를 다루는 책임과 권위를 부여함으로써 제기되어야 한다. 이것은 충분한 시간, 재원, 정책적 위임 등을 포함하고 있다. 케어매니지먼트의 역할은 행정적, 지도감독적 및 직접적인 서비스의 관점과 그 밖의 다른 것들에 의해 규정된다. 케어매니저는 책임 있는 행정적 수준에서 확립된 경로를 통하여 체계의 욕구와 의사소통을 해야 한다. 통계상의 기록과 일화의 기록은 이러한 연결의 가치 있는 도구가 될 수 있다.

### 실무지침 9 : 케어매니지먼트 실천에 영향을 미치는 조직적 요소

소정의 기관에서 케어매니지먼트 기능의 수행을 이해하기 위해 고려되어야 할 조직적인 요소들은 기관의 구조, 재원조달과 계약의 관리의 견지에서의 케어매니지먼트 권위의 기반, 기관 직원의 전문적인 구성, 표적인구집단의 특성, 서비스에 대한 직접적인 관여의 정도 등이다. 이러한 사정도구들은 기관 프로그램의 설계에서의 한계, 왜곡 또는 무관심을 상기시킬 수 있다.

### 실무지침 10 : 케어매니지먼트의 권위

케어매니저는 적절한 재정적·법적·행정적·임상적 권위를 통하여 그의 클라이언트에 대한 지역사회 기관들의 서비스의 전달에 영향을 미칠 수 있다. 기관 상호간의 협정, 서비스 계약 및 공동 사례회의는 케어매니지먼트에 권위를 부여하는 수단들이다.

### 실무지침 11 : 치료에 관한 강조의 다양성

균형적인 미시적·거시적 케어매니지먼트를 통하여 서비스를 제공하기를 원하는 기관은 사회적 지지에 대하여 명백한 관심을 갖고 있는 사람들을 모집하고, 그들이 그러한 관심을 가지고 있는가를 결정하기 위하여 지원자를 심사하며, 이러한 기능을 전달하는 오리엔테이션을 실시하고, 사회적 지지 과업을 포함하는 시간을 구조화해야 한다. 균형적인 케어매니지먼트는 광범위한 능력을 가진 개인에게 의지하는 것보다는 오히려 서로 다른 조정된 기능을 수행하는 다양하고 전문화된 프로그램의 직원을 통하여 성취될 수 있다.

### 실무지침 12 : 표적인구집단과 사례담당건수의 규모

사례담당건수의 규모는 욕구의 절박성, 욕구의 유형, 서비스의 이용, 프로그램의 전문성 등과 같은 요소들에 기초하여 다르게 결정되어야 한다.

### 실무지침 13 : 훈련과 지도감독

케어매니저의 역할에 관한 훈련은 신입 워커에 대한 기본적인 오리엔테이션을 포함해야 하며, 이 기간 동안 직원은 더 적은 사례담당건수를 할당받는다. 초기의 훈련과 지속적인 지도감독을 통하여 케어매니지먼트의 기능에 대한 명백한 이해를 전달해야 한다. 현실주의적인 기대의 확립은 소진을 감소시키는 데 도움이 될 수 있다.

## 〈클라이언트와 비공식 지원체계의 연결〉

■ **실무지침 14 : 사회적 지지와 관련된 긍정적 결과**

비공식적인 사회적 관계망은 장기보호를 요하는 클라이언트를 위한 잠재적인 지지의 원천으로서, 케어매니저에 의해서 활발하게 활용되어야 한다. 이것은 일상생활의 문제에 대한 원조, 정서적 원조, 사회적 교제를 포함하고 있다. 지지는 양적인 측면뿐만 아니라 질적인 측면도 고려되어야 한다. 다양한 유형의 지지는 다양한 문제 또는 클라이언트에게 유용하므로, 이들에 대한 적절한 조화가 이루어져야 한다.

■ **실무지침 15 : 케어매니지먼트 자원으로서의 가족의 지지**

케어매니지먼트를 촉진하기 위해 가족 성원들은 욕구를 지닌 그들의 친족에게 케어매니지먼트의 기능을 제공하는 협력자로서 도움이 될 수 있다. 비록 그러한 원조가 대개 비공식적인 기초에 의거한 것이지만, 가족 성원들은 그러한 역할에 대하여 공식적으로나 비공식적으로 훈련을 받을 수 있다. 만일 가족관여체제가 마련되어 있다면, 케어매니저는 가족 성원들과 효과적으로 협력하는 방법에 관한 특수한 훈련을 받을 필요가 있다. 케어매니저는 가족 성원이 자문을 필요로 할 때 언제나 이용 가능하도록 하며, 서비스의 질이 항상 높게 유지되도록 보장할 책임을 져야 한다.

협력 모형에서 케어매니저는 참여할 의사가 있으며 적절하고 생산적인 방법으로 케어매니지먼트 과업을 충분히 수행할 능력이 있는 것으로 인식되는 가족 성원과 밀접하게 일할 필요가 있다. 케어매니저는 그러한 역할에 대한 조직적인 오리엔테이션을 제공하며, 클라이언트와 가족 성원들의 특성을 적절하게 고려한 특수한 과업을 수행할 수 있도록 가족 성원을 훈련시킬 수 있다. 그러한 협력관계에서 나타나는 몇 가지 중요한 문제로는 기관과 가족과의 관계에 대하여 명확하게 정의를 내리는 것, 비밀보장의 방법에 관하여 동의를 이끌어내는 것 및 가족 성원이 이러한 협력적인 계획의 적절한 대상자인가에 관하여 결정을 내리는 기준을 설립하는 것 등이 있다.

■ **실무지침 16 : 가족능력의 변화성**

케어매니저는 가족 성원과의 접촉이 클라이언트에게 무조건 유익할 것이라고 가정해서는 안 된다. 그는 클라이언트의 생활에 대한 가족 성원의 관여를 수용하기 이전에 가족 성원과의 관계의 본질을 신중하게 사정해야 한다. 특히 지지적 배우자가 감정적 요소와 관련된 질병을 가진 클라이언트에게 유용하게 활용될 수 있다면, 그러한 접촉은 생활 스트레스에 대처하는 환자를 돕는 데 아주 유익할 것이다. 만일 케어매니저가 가족 내에서의 정서의 표현과 같은 역동성을 사정할 지식이나 기술을 가지고 있지 않다면, 그는 필요한 사정절차를 배우거나, 지식이 있는 치료자와의 접촉을 통하여 이러한 정보를 얻도록 노력하거나, 가족 내에서의 비적응적인 상호작용의 유형을 사정할 전문가를 데려와야 한다. 표준화된 형태는 케어매니저에 의해서 클라이언트의 가족관계망에 대한 일상적이고 단순화된 사정에 활용될 수 있다.

### 실무지침 17 : 사회적 지지역할에 관한 가족의 부담

의존적인 클라이언트는 가족관계를 악화시키는 원인이 되는 심각한 긴장을 초래할 수 있다. 몇 가지 요소들은 가족 내에서의 클라이언트의 성공적인 기능을 촉진하는 데 중요하게 작용할 수 있으며, 그것에 의해서 시설보호로 인한 비용과 다른 불이익을 피할 수 있다. 첫째로, 클라이언트의 친척들이 도움을 줄 수 있어야 하며, 그들이 지지적 역할을 수행할 수 있도록 적절한 원조가 제공되어야 한다. 클라이언트가 친척과 함께 있는 경우에, 클라이언트의 지역사회에 대한 적응과 일반적 기능이 케어매니저나 다른 적절한 직원에 의해서 점검되어야 한다. 또한 가족 성원들은 그들 자신의 복지와 그들의 클라이언트를 지지하는 능력을 사정받기 위해서 개별적으로 접촉되어야 한다. 결속력이 약한 가족에게 제공될 수 있는 원조로는 교육, 자문, 정서적 지지, 일시적인 휴식, 개인적인 격려 등이 있다. 케어매니저는 클라이언트가 위급한 의료문제를 가지고 있거나, 가족이 가족 성원의 죽음, 질병, 이혼 등과 같은 부가적인 스트레스를 겪고 있거나, 가족이 심한 정서적 갈등을 나타내는 어떤 징후를 보일 경우에 가족의 활용에 관하여 신중해야 한다.

### 실무지침 18 : 서비스 형태의 변화성

일반적인 원칙에 의하면, 어떤 서비스 영역 내의 모든 하위집단에게 서비스를 공정하게 제공하기 위해서는 욕구, 자원 및 서비스의 활용에 대한 사정을 실시할 필요가 있다. 특히 기관의 서비스가 민족이나 인종집단과 같은 다양한 하위집단들에게 동등한 수준에서 이용가능하고 접근가능한가를 사정할 필요가 있다. 더욱이 케어매니저는 비공식적인 지지에 의존하는 것이 적절하며, 이러한 형태의 원조가 집단의 능력에 적합하고 그들이 선호하는가를 분명하게 해야 한다. 이것은 더욱 단호한 입장에서 공식적인 서비스의 제공을 제안할 수도 있다. 만일 비공식적인 지지가 이용가능하고 어떤 인구집단에게 더욱 효과적이라면, 실천가는 이러한 지지를 증진시키고 연속성을 보장할 수 있는 방안을 결정해야 한다. 다른 많은 인구집단들에게 전이시킬 수 있는 원형으로서 이러한 비공식적인 사회적지지 모형을 연구하고 이용하는 것은 아마도 적절할 것이다.

■ **실무지침 19 : 공적 지원**

심각하게 손상된 클라이언트들이 많이 사는 지역사회에서 그러한 환자들에 대한 태도를 사정하는 것은 중요하다. 우리는 일반대중이나 전문가들이 이러한 인구집단에게 지역사회 지지를 제공하는 데 기꺼이 협력할 것이라고 가정할 수는 없다. 한 가지 가능한 접근방법은 지역의 상황을 이해하기 위해서 일반대중, 기관운영위원회 회원 및 케어매니저의 태도를 조사하는 것이다. 만일 그러한 지역사회 사정도구가 표준화된 방법으로 개발되고 저렴하게 공급될 수 있다면, 그것은 계획자들에 의해서 사회적 지지망을 통하여 클라이언트가 쉽게 도움을 받을 수 있는 우호적인 지역사회를 만드는 데 사용될 수 있을 것이며, 신속한 개입을 통하여 더욱 호의적인 견해를 촉진할 수 있도록 다른 지역사회에서 사용될 필요가 있다. 전략적·계획적인 대중매체를 통한 운동, 교육적인 프로그램 및 관련 노력들은 지역사회에 거주하는 클라이언트에 대한 수용적인 태도를 증진시키는 데 극히 중요할 것이다.

## 〈클라이언트와 공식 지원체계의 연결〉

■ **실무지침 20 : 강제적인 영향력**

기관 상호간의 연합의 다양한 형태들은 권위의 연속체로서 정신보건기관에서 유효하며, 거기에는 역시 다양한 잠재적인 연결기제가 존재한다. 많은 연구들은 지역사회에 거주하는 클라이언트들이 다양한 기관들로부터 지원을 받을 필요성이 있으며, 기관들은 협력적인 일보다는 자율적이고 자기주도적인 프로그램을 강조하는 경향이 있다는 것을 지적하고 있다. 이러한 상황에서 케어매니지먼트 기관은 대개 다른 기관들로부터 그들의 클라이언트에게 필요한 서비스를 획득하기 위해서 강제적인 영향력을 행사할 수 있는 주도권을 요구할 것이다. 그러한 강제적인 영향력에는 금전적인 보상, 위임된 자격, 법적 대책, 공식화된 권위관계 등이 있다.

그러한 협정은 대개 케어매니저가 조정하는 것이 아니라 조직의 정책수준에서만 공식화될 수 있다. 연합을 촉진하는 케어매니저의 능력은 그러한 정책이 조직 내의 고위수준에서 설립되었을 때 증대될 수 있다. 케어매니저가 효과적으로 일하기 위해서는 클라이언트에게 필요한 서비스를 최대화할 수 있는 그러한 설립된 정책이 가지고 있는 충분한 잠재력을 공표해야 한다. 만일 강제적인 기관 상호간의 정책이 없이 기관의 자율성과 조직적인 이기주의에 의거하여 일할 경우, 케어매니저는 자발적인 협력을 얻어야 한다. 그 경우에 설득, 핵심적인 인물들과의 우호적인 관계의 발전, 규정에 아주 정통해지는 것 등과 같은 그러한 기술들은 중요한 연계도구로서 활용될 수 있다.

**실무지침 21 : 복합서비스 구조**

하나의 복합서비스센터나 집중적인 접근방법을 활용한 재가 케어매니지먼트 프로그램을 통하여 클라이언트에 대한 서비스의 전달은 통합된 방식으로 이루어져야 한다. 의료적 · 사회적 · 재정적 · 법적 서비스의 전체적인 범위는 그러한 하나의 집중된 기제를 통하여 적절히 이용할 수 있다.

**실무지침 22 : 자원교환**

다른 기관들과 반응적인 연합을 추구하려는 기관은 그들에게 의존하거나, 그러한 의존을 발전시키고 증진시킬 수 있는 기관들을 찾으려고 할 것이다. 의존은 재원, 클라이언트, 정책적 지원, 합법화, 지식, 전문적 기술, 시설, 공간 등에 대한 필요성과 관련되어 있다.

**실무지침 23 : 연합에서의 복합적인 구조적 요소**

조직의 관계는 복잡하고 다차원적이다. 즉, 하나의 변수가 관계를 결정하는 데 결코 우세하게 작용하지 않으며, 강제적인 영향력이 유력하고 효과적일지라도 그것이 항상 우선적인 전략을 제공하지 못한다. 많은 변수들을 통하여 조직을 사정하는 능력은 케어매니저와 행정가에게 필요한 기술이다. 조사연구에서는 의사소통, 규모, 주체, 자율성, 복잡성, 계층화, 중앙집권화, 공식화, 전문화, 지도력의 태도 등을 포함하는 광범위한 변수를 고려할 것을 제안하고 있다. 즉, 특수한 결정적인 변수들에 초점을 두는 합의가 이루어지지 않고 있다. 이러한 구조적인 요소들은 직원채용 및 훈련과 관련되어 있으며, 워커들은 조직을 폭넓게 분석하고 유용한 조직적인 연합을 전략적으로 진전시키는 지식을 활용할 능력을 필요로 한다.

■ **실무지침 24 : 조직과 클라이언트의 복잡성**

케어매니지먼트를 제공하는 기관은 지역사회의 관련기관들과 다양한 형태의 관계를 발전시키기를 기대할 것이다. 이러한 관계는 공식적이거나 비공식적인 연합의 유형에서의 협력과 갈등을 포함하고 있다. 기관은 지역사회에서 완전히 자율적이거나 한정적일 수는 없으며, 다양한 상황에서 다른 전략, 절차 및 직원의 활용을 통하여 협력과 갈등을 동시에 다룰 수 있는 능력을 소유해야 한다. 협력관계는 유용한 의뢰나 다른 수단을 제공하는 교환과 같은 강화를 통하여 유지되어야 한다. 이것은 자발적인 협력이 어렵고 관계가 유동적이기 때문에 중요하다. 클라이언트의 특성과 서비스 욕구에 대한 정기적인 사정은 클라이언트의 상황의 변화와 관련된 서비스를 계획하기 위해서 필요하다. 융통성 있는 조직구조, 직원구성, 기술 및 연결유형이 필요하다.

■ **실무지침 25 : 향상된 프로그램의 수행**

공식적・비공식적인 기관 상호간의 의사소통과 클라이언트에 대하여 책임을 지는 기관들 사이의 합의를 위한 기제들은 케어매니지먼트 체계를 향상시킬 것이다. 비공식적인 관계망을 통해서나 공식적인 협정을 통해서 기관의 서비스 제공자들을 소집하는 것은 직원들이 의존적인 클라이언트를 보호하는 다른 기관들의 문제와 구속을 이해하는 데 도움이 되며, 더욱 효과적인 서비스를 제공하도록 그들을 돕고, 의미 있는 기획을 촉진하는 하나의 방법이 된다. 만일 케어매니저가 지역사회의 다른 대인서비스 워커들의 업무를 조금 더 인식하게 되면, 그는 다른 사람들의 경험으로부터 배울 수 있는 더 좋은 위치에 놓이게 된다. 기관들 사이의 연결을 포함하는 지역사회 기획은 서비스 전달을 향상시키는 잠재적인 자극이 될 것이다.

■ **실무지침 26 : 지역사회의 결함**

지역사회에 기반을 둔 서비스 프로그램은 반드시 체계의 변수들에 유의하여 계획을 세워야 한다. 프로그램들은 필요한 지원기관의 서비스의 유용성에 관하여 고려되어야 한다. 지역사회 자원들은 무익하고 낭비적인 서비스 노력을 방지하기 위해서 주의 깊게 분석되어야 한다. 지역사회 자원의 분석도구의 개발은 이러한 맥락에서 유용하며, 전문적인 직원이 지역사회 분석과 자원개발 기능을 수행해야 할 것이다.

## 〈직원의 구성과 훈련〉

### 실무지침 27 : 직원의 인구학적 특성

케어매니지먼트 프로그램을 시작하거나 확대하려는 기관에 지원하는 사람들의 대부분은 30대 중반의 여성인 경우가 많다. 그러나 클라이언트의 다양한 배경을 고려하여 기관은 케어매니지먼트의 직원을 구성할 때 남녀 비율의 균형을 유지하고 연령층의 폭을 확대시켜야 한다. 출장원조 프로그램과 전문화된 호소를 포함하는 직원채용의 노력에 많은 관심을 기울일 필요가 있다. 이것을 달성할 수 있는 한 가지 방법은 목표집단에게 제공되는 특별연구비와 수업료 보조금을 통하여 전문적인 교육을 지원하는 것이다.

### 실무지침 28 : 교육

케어매니지먼트 프로그램을 향상시키기를 원하는 사람은 사회복지학부에서 전무적인 연구과정을 통해 케어매니지먼트에 관한 많은 훈련을 받을 수 있도록 영향을 미쳐야 한다. 심리학과 간호학은 표적이 될 수 있는 다른 분야들이다. 학생들에게는 케어매니지먼트와 장기간 손상된 사람들에 관한 지식을 제공해야 할 뿐만 아니라 그러한 업무에 대한 적극적인 태도를 가르칠 수 있는 경험들을 제공해야 한다. 이러한 분야의 적절한 교수들이 협력적인 조사연구, 현직훈련 및 자문의 역할을 통해 관련 서비스 프로그램을 이끌어낼 수 있다. 견습생의 훈련에 장학금을 제공하고 적절한 지속적인 교육과정을 제공하는 것은 대학들의 관여를 증대시키고 그들과의 적절한 연합을 발전시키는 데 도움이 된다.

### 실무지침 29 : 교육적 필요조건

기관은 전문가들에게 보다 심층적인 과업에 시간을 할애하고 운영비용을 감소시키는 방안으로 준전문가들을 선택할 수 있다. 그러나 비용의 문제는 업무수행의 질적인 다른 문제를 야기시킬 수 있으며 클라이언트에게 영향을 미칠 수 있다. 행정가들은 새로운 직원구성 방식을 이행할 때 신중해야 하며, 질적인 측면을 보장할 수 있도록 업무수행의 효과성을 평가하는 데 주의를 기울여야 한다. 행정가들은 그들의 프로그램에 여러 가지 배치들의 결과를 점검하는 지속적인 평가체계를 세워야 한다.

### 실무지침 30 : 클라이언트와 직원의 결합

케어매니저들 사이에 그리고 클라이언트들 사이에 개인적인 특성의 차이가 존재한다면, 특정한 클라이언트의 유형에 더욱 효과적인 케어매니저를 할당하는 연구가 필요하다. 만일 특정한 서비스의 배열이 다른 것보다 더욱 효과적임이 확인된다면, 체계적인 기반 위에 특수한 유형의 클라이언트를 특수한 유형의 워커와 결합시키는 것이 가능할 것이다. 경험, 교육, 직업구조 및 특별한 훈련은 이 점에 관해서 고려되어야 할 변수들이다. 케어매니저들의 선택과 훈련에서 케어매니지먼트 서비스의 전달을 잠재적으로 향상시키는 이러한 변수들이 고려되어야 한다.

### 실무지침 31 : 개인적 조직과 팀조직

조사연구를 통하여 우리는 직원조직의 개인적인 형태와 집단적인 형태가 존재하며, 그들 모두가 효과적이라는 것을 알고 있다. 만일 그 조직이 하나의 접근방법으로 분쟁을 경험한다면, 다른 접근방법으로 해결책을 모색할 수 있다. 예를 들면, 불충분한 직원의 사기와 고립감은 팀조직에 의해서 경감될 수 있다. 만일 팀체계 하에서 연속성이나 책임성의 상실이 존재한다면, 개인적인 책임을 더욱 강조하는 것이 도움이 될 수 있다.

### 실무지침 32 : 케어매니지먼트에 대한 전문가의 태도

케어매니지먼트에 대한 훈련된 전문가들의 소극적인 태도는 하나의 문제를 야기시키고 있다. 모든 것이 상호 일관적이지는 않지만 다양한 전략들을 제안하는 조사연구에서 많은 행동적인 관련성이 존재한다. 하나의 접근방법은 더 좋은 교육과정, 잘 구조화된 수련기간 및 케어매니지먼트 분야의 현장배치를 통하여 대학원생들에게 케어매니지먼트가 매력적으로 보이도록 하는 것이다. 이러한 것들은 임상적인 분야와 동등한 매력과 전문적인 지위를 제공하는 것으로 볼 수 있다. 예를 들면, 사회사업대학원생들이 최고수준의 현장배치를 통하여 만성정신질환자들과 일단 접촉하게 되면, 그러한 인구집단에 대한 그들의 실행과 심리사회적인 서비스의 제공이 아주 강하게 나타나고 있다는 것이다. 또한 장기간의 의존적인 클라이언트에게 초점을 둔 훈련 보조금과 수당에 관한 포괄적인 정부의 프로그램이 권고될 수 있다.

높은 수준의 학위를 보유한 사람들로 직원을 배치하여 모든 서비스를 제공할 수 없으므로, 이와 관련된 접근방법은 케어매니지먼트의 과업들을 명백하게 기술하고 복잡성과 난해성의 위계에 따라 그들을 배열하는 것이다. 그 다음은 과업을 책임성 있게 수행할 수 있는 개인의 교육적 준비와 능력에 기초하여 과업을 할당하는 것이다.

**실무지침 33 : 현직훈련**

기관은 전문적인 워커의 결함과 관심에 기초한 지속적인 현직훈련 프로그램의 수행을 고려해야 한다. 그러한 프로그램은 공식적인 교육을 보충할 수 있으며, 특히 중복장애인, 부적응자, 순응치 않는 환자 등과 같은 특정한 욕구를 가진 클라이언트의 문제에 대한 케어매니저의 기술을 향상시킬 수 있다. 훈련은 케어매니저의 활동, 현장에서 필요한 일반적인 지식 또는 특수한 클라이언트 집단에 관한 정보를 포함하고 있다.

## 〈케어매니지먼트의 효과성의 평가〉

**실무지침 34 : 긍정적인 서비스 결과의 연구**

조사연구의 상당부분은 케어매니지먼트가 손상된 클라이언트를 돕는 데 효과적이며, 특히 만성정신장애인에게 효과적이라는 것을 지적하고 있으며, 그러한 연구는 케어매니지먼트의 발달을 촉진하고 있다. 케어매니지먼트는 상습성을 감소시키고 자존심, 사회적 기능, 생활만족, 고용, 사회적 활동 등에서 클라이언트의 적응을 향상시키기 위해 적용될 수 있다. 발달획득으로 불리는 특수한 케어매니지먼트 접근방법은 지역사회 생활조직화 훈련을 행하는 것과 같은 잠재능력을 가지고 있는 것처럼 보인다. 그러나 조사연구의 질적인 측면에서의 제한도 존재하므로 케어매니지먼트의 적절한 적용이 보장되어야 한다.

**실무지침 35 : 부정적인 서비스의 결과**

많은 연구들은 케어매니지먼트의 효과성에 관한 의문을 제기하고 있다. 이러한 부정적인 결과로부터 유래될 수 있는 단정적이거나 규정적인 관련성은 거의 존재하지 않는다. 행정가들과 정책결정자들은 케어매니지먼트를 적용하는 데 신중하고, 회의적이며, 실험적일 필요가 있다. 실천은 빈틈없이 허심탄회하게 이행될 필요가 있다. 추가적인 조사연구는 필수적이다.

**실무지침 36 : 지역사회 자원의 활용**

케어매니지먼트의 효과성은 클라이언트를 필요한 서비스와 연결시키는 실천가의 능력과 관련되어 있다. 심리사회적 지지는 정신장애를 가진 클라이언트의 주요한 욕구이다. 케어매니저는 조직의 의사소통과 관련된 훌륭한 기술과 지역사회에 현존하는 자원에 관한 실용적인 지식을 필요로 한다. 그는 다른 기관들과의 주요한 접촉을 확인할 수 있어야 하며, 다른 단위사업들과의 업무관계를 수립할 수 있어야 한다.

**실무지침 37 : 자원의 이용가능성**

새로운 케어매니지먼트 프로그램을 개발하거나 현재의 프로그램을 확대하기 위해서는, 기관은 현존하는 자원의 수준에 유의해야 한다. 기관의 조사는 새로운 자원의 개발을 자극하거나, 특별한 자원을 제공하거나, 계약과 다른 수단을 통하여 기존의 기관들 사이에 자원을 원조하고 확대하거나, 또는 그 지역사회에 전혀 관여하지 않을 것을 제안하고 있다. 케어매니지먼트 활동이 클라이언트 수준뿐만 아니라 체계수준의 개입을 포함하기 때문에, 새로운 서비스의 개발은 케어매니지먼트의 합법적인 기능이다. 효과적인 케어매니지먼트는 체계 내의 구성요소들 사이의 의사소통과 상호작용에 달려있기 때문에, 서비스의 개발은 케어매니저, 클라이언트, 행정가 및 다른 기관들 사이의 협력적인 노력인 것이다. 케어매니저들은 그들의 지도감독자나 행정가에게 서비스 전달의 현존하는 격차의 기록을 제공함으로써 서비스의 개발에 영향을 미칠 수 있다. 다른 서비스 기관들과의 성공적인 조정을 위해서 워커는 훌륭한 관계망형성의 기술과 의사소통의 기술을 소유하거나 개발해야 한다. 다른 사람들이 충족되지 않은 클라이언트의 욕구에 반응하도록 적극적으로 자극하기 위해서, 워커는 적절한 행동을 옹호할 수 있도록 함께 참여할 수 있다.

케어매니지먼트 프로그램을 실행하는 기관은 제도가 케어매니지먼트 기능을 촉진하는가 또는 방해하는가에 관하여 결정할 수 있도록 조직적인 구조를 검토해야 한다. 예를 들면, 케어매니저에게 권위의 부족, 너무 많은 사례의 담당, 부족한 의사소통의 통로, 고립된 실천상황, 또는 의사결정에서의 참여의 결여 등이 존재할 때, 그 기능은 방해될 수 있다. 서비스의 제공에 영향을 미치는 케어매니저의 능력은 그들의 조직과 지역사회에 의해서 그들에게 할당된 권위와 통제에 의해 일부분 결정된다. 서비스의 전달에서 케어매니저의 역할을 확대하려는 기관은 다른 기관 직원의 서비스 전달을 명령하고 점검할 수 있도록 케어매니저의 권위를 확립해야 하며, 욕구의 사정과 기획에 케어매니저를 참여시켜야 한다. 케어매니저는 기관 상호간의 협정과 기관 상호간의 사례회의를 계약할 수 있는 역할을 부여받을 수 있다. 케어매니지먼트 과정의 구성요소들은 거시적 수준의 서비스의 점검, 사정 및 기획을 포함한 독특한 전문적 지식과 기술을 필요로 하는 영역들이다.

부록 2

# 케어매니지먼트 서식

## 접 수 용 지

| 성 명 | | | (남·여) | 면접자명 | | 印 | | |
|---|---|---|---|---|---|---|---|---|
| 주 소 | | | | 면접일자 | | 년 월 일 | | |
| 전화번호 | | | 생년월일 | 년 월 일(만 세) | | | | |
| 가족사항 | 성 명 | 관 계 | 연 령 | 동거여부 | 직 업 | 소 득 | 건강상태 | 비 고 |
| | | | | | | | | |
| | | | | | | | | |
| | | | | | | | | |
| | | | | | | | | |
| 당면문제 | 1. 경제문제 2. 질병문제 3. 가족관계 4. 수발문제<br>5. 취업문제 6. 심리문제 7. 정신건강 8. 주택문제<br>9. 시설이용 10. 이성문제 11. 신체기능 12. 역할상실<br>13. 이송문제 14. 기타 ( ) | | | | | | | |
| 경제상태 | 월소득 | 만원 | | 직업유무 | 1.없다 2.있다 ( ) | | | |
| | 소득원 | 1.연금 2.공공부조·수당 3.저축 4.자녀용돈 5.기타 ( ) | | | | | | |
| 건강상태 | 건강상태 | 1.양호 2.보통 3.허약 | | 만성질환 | 1.없다 2.있다 | | | |
| | 질병명 | | | 유병기간 | | | | |
| 일상생활 기능수준 | 보 행 | 1. 상 2. 중 3. 하 | | 목 욕 | 1. 상 2. 중 3. 하 | | | |
| | 식 사 | 1. 상 2. 중 3. 하 | | 물건사기 | 1. 상 2. 중 3. 하 | | | |
| | 용 변 | 1. 상 2. 중 3. 하 | | 전화걸기 | 1. 상 2. 중 3. 하 | | | |
| | 착 의 | 1. 상 2. 중 3. 하 | | 약복용 | 1. 상 2. 중 3. 하 | | | |
| 장애유무 | 1. 지체장애 2. 시각장애 3. 청각장애 4. 언어장애 5. 정신지체 6. 정신장애<br>7. 뇌병변장애 8. 발달장애 9. 신장장애 10. 심장장애 11.기타( ) | | | | | | | |
| 수발상황 | 수발자명 | (만 세) | | 동거여부 | 1.동거 2.별거 | | | |
| | 건강상태 | 1.양호 2.보통 3.허약 | | 장애유무 | 1.있다 2.없다 | | | |
| | 수발부담 | 1.크다 2.보통 3.작다 | | 다른 수발자 | 1.있다 2.없다 | | | |
| 생 활 력 | | | | | | | | |
| 면접내용 | | | | | | | | |
| 면접자의 의 견 | | | | | | | | |

# 사 정 용 지

<table>
<tr><td colspan="2">클라이언트명</td><td colspan="2"></td><td>사정일자</td><td colspan="3">년 월 일</td></tr>
<tr><td rowspan="14">클라이언트의 욕구</td><td colspan="2">욕구의 영역</td><td colspan="5">욕 구 의 내 용</td></tr>
<tr><td colspan="2">소득</td><td colspan="5"></td></tr>
<tr><td colspan="2">보건의료</td><td colspan="5"></td></tr>
<tr><td colspan="2">주택</td><td colspan="5"></td></tr>
<tr><td colspan="2">고용(취업)</td><td colspan="5"></td></tr>
<tr><td colspan="2">정신보건</td><td colspan="5"></td></tr>
<tr><td colspan="2">사회활동</td><td colspan="5"></td></tr>
<tr><td colspan="2">여가(레크리에이션)</td><td colspan="5"></td></tr>
<tr><td colspan="2">신체적 수발</td><td colspan="5"></td></tr>
<tr><td colspan="2">교통(이송)</td><td colspan="5"></td></tr>
<tr><td colspan="2">교육</td><td colspan="5"></td></tr>
<tr><td colspan="2">법률</td><td colspan="5"></td></tr>
<tr><td colspan="2">스포츠(체력단련)</td><td colspan="5"></td></tr>
<tr><td colspan="2">시설보호</td><td colspan="5"></td></tr>
<tr><td rowspan="19">클라이언트의 기능</td><td colspan="2" rowspan="2">기능의 영역</td><td colspan="5">기 능 수 준</td></tr>
<tr><td>완전자립</td><td>부분자립</td><td>약간의존</td><td>부분의존</td><td>완전의존</td></tr>
<tr><td rowspan="17">신체적 기능</td><td>보행・외출</td><td></td><td></td><td></td><td></td><td></td></tr>
<tr><td>계단오르기</td><td></td><td></td><td></td><td></td><td></td></tr>
<tr><td>집안내이동</td><td></td><td></td><td></td><td></td><td></td></tr>
<tr><td>옷갈아입기</td><td></td><td></td><td></td><td></td><td></td></tr>
<tr><td>잠자리기상</td><td></td><td></td><td></td><td></td><td></td></tr>
<tr><td>집안일하기</td><td></td><td></td><td></td><td></td><td></td></tr>
<tr><td>식사</td><td></td><td></td><td></td><td></td><td></td></tr>
<tr><td>목욕</td><td></td><td></td><td></td><td></td><td></td></tr>
<tr><td>용변</td><td></td><td></td><td></td><td></td><td></td></tr>
<tr><td>세면</td><td></td><td></td><td></td><td></td><td></td></tr>
<tr><td>세탁</td><td></td><td></td><td></td><td></td><td></td></tr>
<tr><td>청소</td><td></td><td></td><td></td><td></td><td></td></tr>
<tr><td>시력</td><td></td><td></td><td></td><td></td><td></td></tr>
<tr><td>청력</td><td></td><td></td><td></td><td></td><td></td></tr>
<tr><td>언어구사</td><td></td><td></td><td></td><td></td><td></td></tr>
<tr><td>실금</td><td></td><td></td><td></td><td></td><td></td></tr>
<tr><td>약복용</td><td></td><td></td><td></td><td></td><td></td></tr>
</table>

| | 기능의 영역 | | 기능 수준 | | | | |
|---|---|---|---|---|---|---|---|
| | | | 아주높음 | 약간높음 | 보통 | 약간낮음 | 아주낮음 |
| 클라이언트의 기능 | 인지적 기능 | 물건사기 | | | | | |
| | | 전화걸기 | | | | | |
| | | 금전관리 | | | | | |
| | | 기억 | | | | | |
| | | 판단 | | | | | |
| | | 방향감각 | | | | | |
| | | 의지표현 | | | | | |
| | | 사물인지 | | | | | |
| | | 논리적사고 | | | | | |
| | 정서적 기능 | 감정표현 | | | | | |
| | | 감정의 민감성 | | | | | |
| | | 감정의 적절성 | | | | | |
| | | 의지력 | | | | | |
| | | 자기표현 | | | | | |
| | | 좌절시대처능력 | | | | | |
| | 정신적 상태 | 구 분 | 전혀없음 | 약간있음 | 보 통 | 많은편임 | 심각함 |
| | | 불안(근심) | | | | | |
| | | 우 울 | | | | | |
| | | 망상(환상) | | | | | |
| | | 자학성 | | | | | |
| | | 치 매 | | | | | |
| | | 편집성 | | | | | |
| | | 배 회 | | | | | |
| | | 망각증 | | | | | |
| | | 성적 이상행동 | | | | | |

| | | | | |
|---|---|---|---|---|
| 클라이언트의 능력 | 재산(부동산) | 만원 | 자격증 | |
| | 재산(동산) | 만원 | 기술・기능 | |
| | 교육수준 | | 욕구충족노력 | |
| | 취업경험 | | 문제해결능력 | |

| | 자원의 종류 | | 자 원 의 활 용 가 능 성 |
|---|---|---|---|
| 사회자원 | 비공식지원체계 | 가 족 | |
| | | 친 척 | |
| | | 친 구 | |
| | | 이 웃 | |
| | | 직장동료 | |
| | | 종교단체 | |
| | | 자조집단 | |
| | | 자원봉사자 | |
| | | 기타( ) | |
| | 공식지원체계 | 연금보험 | |
| | | 고용보험 | |
| | | 국민기초생활보장 | |
| | | 각종수당 | |
| | | 의료급여 | |
| | | 자활보호 | |
| | | 방문요양 | |
| | | 방문목욕 | |
| | | 방문간호 | |
| | | 주야간보호 | |
| | | 단기보호 | |
| | | 가정봉사원서비스 | |
| | | 배식서비스 | |
| | | 주택수리 | |
| | | 긴급구호 | |
| | | 이송서비스 | |
| | | 밑반찬서비스 | |
| | | 시설생활보호 | |
| | | 전화확인서비스 | |
| | | 노동조합 | |
| | | 기타 ( ) | |

# 보 호 계 획 용 지

<table>
<tr><td>클라이언트명</td><td colspan="3"></td><td colspan="2">작 성 일 자</td><td colspan="3">년 월 일</td></tr>
<tr><td>케어매니저명</td><td colspan="3"></td><td colspan="2">보호기획참여자</td><td colspan="3"></td></tr>
<tr><td>욕 구 내 용</td><td colspan="8"></td></tr>
<tr><td rowspan="2">목 표</td><td>결과목표</td><td colspan="7"></td></tr>
<tr><td>장단기목표</td><td colspan="7"></td></tr>
<tr><td>기 대 변 화</td><td colspan="8"></td></tr>
<tr><td rowspan="2">서비스 내용</td><td colspan="4">수 행 역 할</td><td rowspan="2">제공<br>기간</td><td rowspan="2">제공<br>일시</td><td rowspan="2">제공<br>순서</td><td rowspan="2">비용</td></tr>
<tr><td>서비스<br>제공자</td><td>클라이언트</td><td>케어<br>매니저</td><td>비공식<br>지원체계</td></tr>
<tr><td>소득지원</td><td></td><td></td><td></td><td></td><td></td><td></td><td></td><td></td></tr>
<tr><td>보건의료</td><td></td><td></td><td></td><td></td><td></td><td></td><td></td><td></td></tr>
<tr><td>신체적 수발</td><td></td><td></td><td></td><td></td><td></td><td></td><td></td><td></td></tr>
<tr><td>가사원조</td><td></td><td></td><td></td><td></td><td></td><td></td><td></td><td></td></tr>
<tr><td>배식서비스</td><td></td><td></td><td></td><td></td><td></td><td></td><td></td><td></td></tr>
<tr><td>방문간호</td><td></td><td></td><td></td><td></td><td></td><td></td><td></td><td></td></tr>
<tr><td>이동수단</td><td></td><td></td><td></td><td></td><td></td><td></td><td></td><td></td></tr>
<tr><td>주야간보호</td><td></td><td></td><td></td><td></td><td></td><td></td><td></td><td></td></tr>
<tr><td>상 담</td><td></td><td></td><td></td><td></td><td></td><td></td><td></td><td></td></tr>
<tr><td>우애방문</td><td></td><td></td><td></td><td></td><td></td><td></td><td></td><td></td></tr>
<tr><td>전화접촉</td><td></td><td></td><td></td><td></td><td></td><td></td><td></td><td></td></tr>
<tr><td>재활서비스</td><td></td><td></td><td></td><td></td><td></td><td></td><td></td><td></td></tr>
<tr><td>사회적 지지</td><td></td><td></td><td></td><td></td><td></td><td></td><td></td><td></td></tr>
<tr><td>기 타</td><td></td><td></td><td></td><td></td><td></td><td></td><td></td><td></td></tr>
<tr><td>유의사항</td><td colspan="8"></td></tr>
</table>

# 점 검 용 지

<table>
<tr><td>클라이언트명</td><td></td><td>점검일자</td><td>년 월 일</td></tr>
<tr><td>케어매니저명</td><td></td><td>점검방법</td><td>1. 가정방문 2. 기관면접<br>3. 전화접촉 4. 기타 ( )</td></tr>
<tr><td>서비스 내용</td><td></td><td>점검회수</td><td>회</td></tr>
<tr><td>점 검 대 상</td><td colspan="2">점 검 사 항</td><td>점 검 내 용</td></tr>
<tr><td rowspan="7">클라이언트</td><td colspan="2">목표달성을 위한 노력</td><td></td></tr>
<tr><td colspan="2">자기보호노력의 적절성</td><td></td></tr>
<tr><td colspan="2">서비스의 적합성</td><td></td></tr>
<tr><td colspan="2">서비스의 수용성</td><td></td></tr>
<tr><td colspan="2">서비스의 활용성</td><td></td></tr>
<tr><td colspan="2">새로운 욕구의 발생</td><td></td></tr>
<tr><td colspan="2">새로운 문제의 발생</td><td></td></tr>
<tr><td rowspan="8">서비스 제공자</td><td colspan="2">보호계획의 수행</td><td></td></tr>
<tr><td colspan="2">서비스 제공의 적시성</td><td></td></tr>
<tr><td colspan="2">서비스 제공의 적당성</td><td></td></tr>
<tr><td colspan="2">서비스 제공의 적절성</td><td></td></tr>
<tr><td colspan="2">서비스 제공의 연속성</td><td></td></tr>
<tr><td colspan="2">서비스 제공의 필요성</td><td></td></tr>
<tr><td colspan="2">클라이언트와의 갈등</td><td></td></tr>
<tr><td colspan="2">서비스 제공자들과의 갈등</td><td></td></tr>
<tr><td rowspan="2">비공식<br>지원체계</td><td colspan="2">사회적 지지의 제공</td><td></td></tr>
<tr><td colspan="2">클라이언트에 대한 관여</td><td></td></tr>
<tr><td>케어매니저의<br>의견</td><td colspan="3"></td></tr>
</table>

# 평 가 용 지

<table>
<tr><td>클라이언트명</td><td></td><td>평가일자</td><td>년 월 일</td></tr>
<tr><td>케어<br>매니저명</td><td></td><td>평가방법</td><td>1. 직접면접 2. 전화면접<br>3. 사례회의 4. 기타 ( )</td></tr>
<tr><td>평 가 대 상</td><td colspan="2">평 가 사 항</td><td>평 가 내 용</td></tr>
<tr><td rowspan="9">클라이언트<br>수 준</td><td colspan="2">서비스의 효과성</td><td></td></tr>
<tr><td colspan="2">서비스의 만족도</td><td></td></tr>
<tr><td colspan="2">결과목표의 달성</td><td></td></tr>
<tr><td colspan="2">서비스의 비용효과성</td><td></td></tr>
<tr><td colspan="2">서비스의 질적 수준</td><td></td></tr>
<tr><td colspan="2">신체적 기능의 향상</td><td></td></tr>
<tr><td colspan="2">정신적 기능의 향상</td><td></td></tr>
<tr><td colspan="2">생활수준의 향상</td><td></td></tr>
<tr><td colspan="2">특정한 서비스의 전달</td><td></td></tr>
<tr><td rowspan="8">서비스체계<br>수 준</td><td colspan="2">보호계획의 적절성</td><td></td></tr>
<tr><td colspan="2">보호계획의 수행방법</td><td></td></tr>
<tr><td colspan="2">보호계획의 효율성</td><td></td></tr>
<tr><td colspan="2">자원활용의 적절성</td><td></td></tr>
<tr><td colspan="2">서비스 제공자들의 협력</td><td></td></tr>
<tr><td colspan="2">서비스 제공기관의 정책</td><td></td></tr>
<tr><td colspan="2">서비스 제공기관의 프로그램</td><td></td></tr>
<tr><td colspan="2">보호계획의 수정의 필요성</td><td></td></tr>
<tr><td rowspan="2">비공식<br>지원체계수준</td><td colspan="2">사회적 지지의 영향력</td><td></td></tr>
<tr><td colspan="2">클라이언트에 대한 관여의 효과</td><td></td></tr>
<tr><td>종결에 대한<br>의 견</td><td colspan="3">1. 결과목표의 달성 2. 기능과 변화의 안정화<br>3. 생활시설에의 입소 4. 클라이언트의 서비스의 거부<br>5. 클라이언트의 사망 6. 클라이언트의 비협조적 태도<br>7. 클라이언트의 이사 8. 더높은 수준의 프로그램에의 이전<br>9. 기타 ( )</td></tr>
</table>

# | 찾아보기 |

저/자/약/력

■ 이근홍

중앙대학교 사회복지학과 졸업
중앙대학교 대학원 사회복지학과(석사)
중앙대학교 대학원 사회복지학과(박사)
University of Missouri-Columbia Visiting Scholar
현재 : 협성대학교 사회복지학과 교수
한국노인복지학회 회장 역임

**[저서 · 논문]**

사례관리(양서원)
인간행동과 사회환경(공동체)
노인복지학개론(공저, 학현사)
한국의 노인복지(공저, 인간과복지)
한국노인복지의 새로운 도전(공저, 현학사)
사회복지개론(공저, 신정)
한국사회복지와 불평등(공저, 일조각)
한국 재가노인의 사례관리 실천모형에 관한 연구 외 다수

## 케어매니지먼트

|저 자| 이근홍

|1판 1쇄| 발행 2008년 8월 30일
|1판 2쇄| 발행 2017년 2월 20일

|발행인| 김동훈
|발행처| 공동체

|주소| 경기도 고양시 일산동구 호수로 358-39, 동문타워Ⅰ 905호(백석동)
|전화| 031)920-8305(대표)
|팩스| 031)920-8308
|e-mail| compub@naver.com
|출판등록| 2005년 10월 6일
|등록번호| 제396-2005-36호

|ISBN| 978-89-92737-76-0
**정가 16,000원**